한국사상선 17

김옥균
유길준
주시경

조선의 근대를 개척하다

한국사상선 17

김옥균
유길준
주시경

최원식 편저

조선의 근대를
개척하다

창비
Changbi Publishers

창비 한국사상선 간행의 말

나날이 발전하는 세상을 약속하던 자본주의가 반문명적 본색을 여지없이 드러내며 다수의 삶을 고통으로 몰아간 지 오래다. 이제는 인간 문명의 기본 터전인 지구 생태를 거세게 위협하는 시대에 이르렀다. 결국 세상의 종말이 닥친다 해도 놀랄 수 없는 시대의 위태로움이 전에 없던 문명적 대전환을 요구한다는 각성에서 창비 한국사상선의 기획은 시작되었다. '전환'이라는 강력하게 실천적인 과제는 우리 모두에게 다른 삶의 전망과 지침이 필요하며 전망과 지침으로 살아 작동할 사상이 절실함을 뜻한다. 그런 사상을 향한 다급하고 간절한 요청에 공명하려는 기획으로서, 창비 한국사상선은 한국사상이라는 분야를 요령 있게 소개하거나 새롭게 정비하는 평시적 작업을 넘어 어떤 비상한 대책이기를 열망하며 구상되었다.

사상을 향한 요청이 반드시 '한국사상'으로 향할 이유가 되는지 반문하는 이들도 있을지 모른다. 사상이라고 하면 플라톤 같은 유구한 이름으로 시작하여 무수히 재해석된 쟁쟁한 인물과 계보로 가득한 서구사상을 으레 떠올리기 때문이다. 우리가 겪는 위기가 행성 전체에 걸친 것이라면 늘 그래왔듯 서구의 누군가가 자기네 사상전통에 기대 무언가 이야기하지 않았을까, 그런 것들을 찾아보는 편이 더 효율적이지 않을까 하는 생각은 사실 오래된 습관이다. 더욱이 '한국사상'이라는 표현 자체가 많은 독자들에게 꽤 낯설게 느껴질 법하다. 한국의 유교사상이라거나 한국의 불교사상 같은 분류는 이따금 듣게 되지만 그 경우는 유교사상이나 불교사상의 지역적 분화라는 인상이 강하다. 한국사상이 변모하고 확장하면서 갖게 된 유교적인 또는 불교적인 양상으로 이해하는 방식은 익숙지 않을 것이기에 '한국사상'에 대한 우리의 공통감각은 여전히 흐릿하다고 말할 수 있다.

하지만 이런 사정이야말로 창비 한국사상선 발간의 또 다른 동력이다. 서구사상은 오랜 시간 구축한 단단한 상호참조체계를 바탕으로 세계 지성계에서 압도적 발언권을 유지하는 한편 오늘날의 위기에 관해서도 이런저런 인식의 '전회turn'라는 형식으로 대응하고 있다. 그럼에도 그 위상의 이면에 강고한 배타성과 편견이 작동하고 있음을 지적하는 목소리가 높다. 무엇보다 지금 이곳 — 그리고 지구의 또 다른 여러 곳 — 의 경험이 그들의 셈법에 들어 있지 않고 따라서 그 경험이 빚어낸 사상적 성과 역시 반영되지 않는다는 느낌은 갈수록 커져왔다. 서구사상에서 점점 빈번해지는 여러 전회들이 결국 그들 나름의 뚜렷한 한계 안에서 이루어지는 뒤집기 또는 공중제비에 불과하다는 인상도 지우기 어렵다. 정치, 경제, 문화 등 여러 부문에서 그렇듯이 이제 사상에서도 서구가 가진 위상은 돌이킬 수 없이 상대화되고 보편의 자리는 진실로 대안에 값하는 사상을 향한 열린 분투에 맡겨졌다.

그런가 하면 '한국적인 것' 일반은 K라는 수식어구를 동반하며 부쩍 세계적 이목을 끌고 있다. K의 부상은 유행에 민감한 대중문화에서 시작되어서인지 하나의 파도처럼 몰려와 해변을 적셨다가 곧이어 다른 파도에 밀려가리라 생각되기도 한다. '한류'라는 지칭에 집약된 이 비유는 숱한 파도가 오고 가도 해변은 변치 않는다는 암묵적 전제에 갇혀 있지만, 음악이든 드라마든 이만큼의 세계적 반향을 일으킨다면 해당 분야의 역사를 다시 쓰면서 더 항구적인 영향을 남길 수 있다고 평가받아야 한다. 중요한 것은 이제 한국적인 것이 무시 못 할 세계적 발언권을 획득하면서 단순히 어떻게 들리게 할까가 아니라 무엇을 말할까에 집중할 수 있게 된 점이다. 대중문화에 이어 한국문학이 느리지만 묵직하게 존재감을 발하는 이 시점이 한국사상이 전지구적 과제를 향해 독자적 목소리를 보태기에 더없이 적절한지 모른다.

그러기 위해 한국사상은 스스로를 호명하고 가다듬는 작업을 함께 진행해야 한다. 이름 자체의 낯섦에서 알 수 있듯 한국사상은 그저 우리 역사에 존재했던 여러 사상가들의 사유들을 총합하는 무엇이 아니라 상당 정도로 새로이 구성해야 하는 무엇에 가깝다. 창비 한국사상선은 문명전환을 이룰 대안사상의 모색이라는 과제를 중심으로 이 작업에 임하고자 했는데, 이는 거꾸로 바로 그런 모색이 실제로 한국사상의 면면한 바탕임을 발견하는 과정이기도 했다. 여기 실린 사상가들의 사유에는 역사와 현실을 탐문하며 새로운 삶의 보편적 비전을 구현하려 한 강도 높은 실천성, 그리고 주어진 사회의 시스템을 변혁하는 일과 개개인의 마음을 닦는 일이 진리에 속하는 과업으로서 단일한 도정이라는 깨달음이 깊이 새겨져 있다. 이 점은 오늘날 한국사상의 구성과 전승이 어떤 방식으로 지속되어야 할지 일러준다. 아직은 우리 자신에게조차 '가난한 노래의 씨'로 놓인 이 사유들을 참조하고 재해석하면서 위태로운 세계의 '광야'를 건널 지구적 자원이자 자기 삶의 실질적 영감으로 부단히 활용하는 실천을 통해 비로소 한국사상의 역량은 온전히 발휘될 것이다.

창비 한국사상선이 사상가들의 핵심저작을 직접 제공하는 데 주력한 이유도 여기에 있다. 학구적 관심이 아니라도 누구든 삶과 세계에 대해 사유하고 발언할 때 펼쳐 인용하고 되새기는 장면을 그려본 구성이다. 이제껏 칸트와 헤겔을 따오고 맑스와 니체, 푸꼬와 데리다를 언급했던 만큼이나 가까이 두고 자주 들춰보는 공통 교양서가 되기를 기대한다. 그러기 위해 원문의 의도를 훼손하지 않는 범위에서 되도록 오늘날의 언어에 가깝게 풀어 싣고자 노력했다. 핵심저작 앞에 실린 편자의 서문은 해당 사상가의 사유를 개관하며 입문의 장벽을 낮추는 역할에 더하여, 덜 주목받은 면을 조명하고 새로운 관점을 보탬으로써 독자들의 시야를 넓혀 각자 또 다른 해석자가 되도록 고무한다. 부록과 연보는 사상가를 둘러싼 당대적·세계적 문맥을 더 면밀히 읽는 데 도움이 되고자 한다.

사상선 각권이 개별 사상가의 전체 저작에서 중요한 일부를 추릴 수밖에 없었듯 전체적으로도 총 30권으로 기획되었기에 어쩔 수 없이 선별적이다. 시기도 조선시대부터로 제한했다. 그러다 보니 신라의 원효나 최치원같이 여전히 사상가로서 생명을 지녔을뿐더러 어떤 의미로 한국적 사상의 원류에 해당하는 분들과 고려시대의 중요 사상가들이 제외되었다. 또 조선시대의 특성상 유교사상이 지나치게 큰 비중을 차지한 느낌도 없지 않을 것이다. 하지만 조선의 유학 자체가 송학 내지 신유학의 단순한 이식이 아니라 중국에서 실현된 바 없는 독특한 유교국가를 만들려는 세계사적 실험이었거니와, 이 시대의 사상가들이 각기 자기 나름으로 유·불·선 회통이라는 한반도 특유의 사상적 기획에 기여하고자 했음이 이 선집을 통해 드러나리라 믿는다.

조선시대 이전이 제외된 대신 사상선집에서 곧잘 소홀히 되는 20세기 후반까지 포함하며 이제껏 사상가로 이야기되지 않던 문인, 정치인, 종교인을 다수 망라한 점도 본서의 자랑이다. 한번에 열권씩 발행하되 전부를 시대순으로 간행하기보다 1~5권과 16~20권을 1차로 배본하는 등 발간 방식에서도 20세기가 너무 뒤로 밀리지 않게 배려했다. 1권 정도전에서 시작하여 30권 김대중으로 마무리되는 구성에 1인 단독집만이 아니라 2, 3, 4인 합집을 배치하여 선별의 아쉬움도 최대한 보충하고자 했으나, 사상가들의 목록은 당연히 완결된 것이 아니고 추후 보완작업을 기대해야 한다. 그럼에도 이 사상선을 하나의 '정전'으로 세우고자 했음을 굳이 숨기고 싶지 않다. 다만 모든 정전의 운명이 그렇듯 깨어지고 수정되고 다시 세워지는 굴곡이야말로 한국사상의 생애주기에 꼭 필요한 일이다. 아니, 창비 한국사상선 자체가 정전 파괴와 쇄신의 정신까지 담고 있음에 주목해주시기를 바란다. 특히 수운 최제우와 소태산 박중빈 같은 한반도가 낳은 개벽사상가를 중요하게 배치한 점은 사상선의 고유한 취지를 한층 부각해주리라 기대한다.

창비 한국사상선은 1966년 창간 이래 60년 가까이 한국학에 남다른 관심을 기울여온 계간 『창작과비평』, 그리고 '독자와 함께 더 나은 세상을' 꿈꾸어온 도서출판 창비의 의지와 노력이 맺은 결실이다. 문명적 대전환에 기여할 사상, 그런 의미에서 단순히 개혁적이기보다 개벽적이라 불러야 할 사상에 의미 있는 보탬이 되고 대항담론에 그치지 않는 대안담론으로서 한국사상이 갖는 잠재성을 세계의 다른 구성원들과 공유하는 계기가 된다면 더없는 보람일 것이다. 오직 함께하는 일로서만 가능한 이 사상적 실천에 독자 여러분의 많은 관심과 참여를 부탁드린다.

2024년 7월
창비 한국사상선 간행위원회 일동

차례

일러두기

1. 국립국어원 표기 규정을 따르되, 일부 표기에는 가독성과 당대의 맥락을 고려했다.
2. 일본과 중국의 인명과 지명은 당대의 맥락을 고려하여 한자의 우리 발음대로 표기하되 필요한
   경우 한자와 원어 발음을 병기했다.
3. 각주는 모두 편저자의 것이다.

편저자 일러두기

"한 자도 빼지 않고 한 자도 보태지 않는다"는 번역의 금언을 새기되, 가독성可讀性을 고려해 융통히 번역했다.

최근에 깨달은 것이지만 舘과 館을 가능한 한 분간했다. 중·일에서는 후자라면 한국에서는, 성균관成均館 등 일부 예외가 없지 않지만, 전자가 대세다.

새로운 단어(번역어)가 중국에서 온 것인지 또는 일본에서 유래한 것인지를 가리기 위해, 美國과 米國/法國(法蘭西)과 佛國(佛蘭西)/俄國(俄羅斯)과 魯國 또는 露國(魯/露西亞)을 원문대로 표기했다. 전자는 중국이고 후자는 일본인데, 그 사상의 통로를 알리는 중요한 지표다.

고심 끝에 새로운 말들을 고안한 유길준의 글에서 가령 邦國을 '나라'로 번역하는 관행을 따르지 않았다. 그의 양절兩截체제에 대응하는 '방국'은 열국체제에서는 독립국이지만 대청對淸 관계에서는 '증공국'인 조선의 양면성을 가리키는바, '방국'은 '방국'으로 두고 주를 달았다.

성상聖上이나 조종조祖宗朝 등에 경의를 표하는 전통적 대두법擡頭法은 특별히 표시하지 않았다. 몇 칸 비우고 쓴 특별한 대두법, 예컨대 김옥균의 「치도약론」에 부친 청나라 주일 공사 리 수창의 발문에서 "금수   귀국貴國"으로 띄어(세 칸 띄어쓰기) 조선에 경의를 표한 것이 그 예인데, 역시 반영하지 않았다.

원저자의 협주는 [ ]로 표시해 역주와 구분했고, 중국과 일본의 고유명사는 본문엔 한국식으로 독음하고 주 또는 괄호로 원음을 밝혔다.

서문

삼인행三人行

갑신정변(1884)의 혁명가 고균古筠 김옥균金玉均(1851~94), 갑오경장(1894)의 개혁파 구당矩堂 유길준兪吉濬(1856~1914), 그리고 국문운동의 개척자 한힌샘 주시경周時經(1876~1914), 그들이 맹렬히 활동한 시기는 세계 자본주의 시장의 마지막 고리인 조선에 대한 서구의 직접 충돌이 일단 진정된 후였다. 위정척사衛正斥邪로 무장한 대원군 정권(1863~73)은 미국 무장상선 제너럴셔먼호의 평양 공격(1866), 프랑스 함대의 강화 침공(병인양요 1866), 독일 상인 오페르트 일당[1]의 남연군 묘 도굴 및 영종 습격(1868), 그리고 미국 함대의 강화 침략(신미양요 1871)까지 격퇴한바,[2] 바로 그 성공 속

---

[1] 오페르트(E. J. Oppert) 외에 조선에서 탈출한 프랑스 신부 페롱(S. Feron)과 상해 미 총영사관 통역을 지낸 "빈틈없는 장사꾼" 젠킨스(F. Jenkins), 이들 3인이 다국적 '해적단'의 두목이다. 김명호 『초기 한미관계의 재조명: 셔먼호 사건에서 신미양요까지』 역사비평사 2005, 251~53면.

[2] 서양의 침략에 곧바로 무릎 꿇은 청일과 달리, 조선이 열악한 군사력으로 서양 세력의 잇단 침략을 방어하는 데 성공한 일은 주목에 값한다. 남북전쟁(1861~65)으로 뒤늦게 제국주의 경쟁에 뛰어든 미국과, 정치격동 끝에 서둘러 식민지 쟁탈전에 뛰어든 프랑스 제2제정(1852~70)의 무리수가 침공 실패의 한 원인이지만, 대원군시대는 사상이 무기가 된 기개 높은 시대라는 점 또한 기억할 일이다. 그럼에도 그 승리가 독이 된 점 또한 잊을 수 없다.

에서 위정척사의 역사적 소명은 거의 소진된다. 쇄국의 잇단 승리가 개국의 서막이었으니, 제너럴셔먼호 사건 당시 평양감사로 방어를 지휘한 환재瓛齋 박규수朴珪壽(1807~76)의 재동齋洞 사랑방이 프랑스혁명을 배태한 살롱의 조선판이었다. 북촌의 총준 자제들을 모아 '레쓴'을 베푼 그 속에서 갑신정변과 갑오경장의 혁명가와 개혁파가 산출되매, 과연 환재는 연암燕巖 박지원朴趾源의 손자였다.

그리하여 대내적으로는 양무洋務를 흉내낸 민씨 세도가 성립하는 한편(1873), 대외적으로는 서양은 뒤로 물러나고 그 앞잡이 일본의 유신정권이 조선을 개국하는데(1876), 청의 양무파 또한 임오군란(1882) 후 조선을 형식적 조공국에서 실질적 속방으로 강압하는 정책을 취함으로써, 조선은 서양이 아니라 아시아 이웃 청일의 경쟁 대상으로 되는 기이한 형국이 연출된 터다. 결국 청일전쟁(1894~95)이 폭발한다. 청이 물러난 자리에 러시아가 밀고 들어왔다. 영불연합군의 북경 점령(1860)은 조선에 이중의 충격이었다. 청이 연해주를 할양함으로써 러시아가 조선과 접경한바, 중화의 상징이 유린된 그 연장에서 양이洋夷의 하나인 러시아가 조선의 북쪽 국경에 나타난 이 파천황 속에 개벽파 동학東學이 창도된다. 비상한 때에 비상한 사상이 출현한 것인데, 러시아의 조선 진출은 그럼에도 성공하기 어려웠다. 러시아의 남하를 저지할 방아론防俄論[3]에 서양 열강은 물론 청일도 공동보조였으매, 영미가 일본을 지원하는 러일전쟁(1904~05)에서 러시아의 패배는 현실이었다. 물론 프랑스가 러시아를 후원했지만 역부족이었다. 청일을 대신해 조선의 지배를 노리던 러시아와, 러시아를 후원해 병인

---

3 부동항을 명분으로 대서양으로 나아가기 위한 러시아의 지중해 진출이 크림전쟁으로 저지되자, 러시아가 인도양으로 눈을 돌려 아프가니스탄 혈로를 뚫으려는 데서 영러의 '그레이트 게임'(The Great Game)이 비롯된다. 아프가니스탄전쟁에서 다시 실패한 러시아가 태평양으로 방향을 틀면서 전선은 급기야 동북아까지 연장되는데, 갑신정변 후 고종이 조러밀약으로 움직이자 영국이 예방으로 거문도를 점령한 사건(1885~87)이 발생한 것은 그 초기적 징후다. 아다시피 러일전쟁(1904~05)이 방아론의 종결편이다.

양요의 실패를 보상하려던 프랑스의 야망은 일장춘몽으로 끝나고, 조선은 필경 유일한 비서양 식민지가 되는 운명을 맞이한다.

안으로는 조선왕조를 변혁하고 밖으로는 양무를 권장하며 조선을 속국화하려는 청과, 유신을 권고하며 조선의 지배를 노리는 일본 사이에서, 열렬히 조선의 자주독립을 꿈꾸고 온몸으로 그 실현을 위해 투쟁한 김옥균, 유길준, 그리고 주시경, 이 삼인이 개척한 길은 그대로 조선 근대의 운명이었다. 이 출중한 사상가들이 서양 및 아시아 근대와 부딪친 그 특이한 접촉 속에 비맑스주의적 근대극복의 사유가 숨쉬고 있다면 내 무딘 눈이 놓치지 않기를 바랄 뿐이다.

혁명가 고균 김옥균

고균은 무엇보다도 갑신정변(1884)의 혁명가다. 민당閔黨을 축출하고 대청對淸 독립을 선언, 조선을 근대국가로 혁명하려는 그의 기도는 비록 3일 천하로 그쳤지만, 이후 조선이 나아가야 할 근대의 이정표를 획했다. 국제적 파장도 만만치 않다. 정변을 군사적으로 파괴한 청의 양무파는 사실 자기를 치는 격이었다. 고균이 거사한 직접적 계기는 베트남의 종주권을 둘러싼 청불전쟁(1884~85)의 발발이다. 전쟁으로 청이 뒤숭숭한 틈을 타 전격적으로 조선의 독립을 기도한바, 양무파는 와중에도 중국의 동쪽 문호 조선을 포기하지 않았다. 그러나 청불전쟁의 패배로 중국의 남쪽 문호 베트남이 프랑스로 떨어지면서 양무파에 1차 경고가 울린다. 결국 청일전쟁으로 양무는 총 붕괴하고 변법파에 주도권을 내주게 되니, 갑신정변에 대한 무력개입이 곧 양무 몰락의 신호였던 것이다. 고균의 개화당을 지원하는 척 발을 뺌으로써 정변을 실패로 몰아간 일본 역시 방향 설정에 혼란이 야기되었다. 아시아연대에서 급히 탈아입구脫亞入歐로 선회하면서 군국주의가 조숙하매 결국 일본도 자신의 파멸로 끝날 아시아 침략의 기나긴 길로 들어섰다. 조선은 물론이고 청일 양국에도 나쁜 영향을 드리운 갑신정변의 실패는 요컨대 갈등과 분쟁으로 얼룩진 20세기 동아시아를 여는 원점이었던 것이다.

도대체 고균은 왜 이처럼 엄청난 일을 저질렀을까?

> 하루는 그(김옥균 ── 인용자)가 나에게 국방을 충실히 하자면 정예精銳한 군대밖에 없는데 (…) 일본으로 건너가 무예를 배우라고 권했다. 나는 언하言下에 승낙하고 (…) 15인의 다른 학생들과 일본으로 향했다. 그리하여 우리 학생 일행은 호산戶山학교에 입학되었는데 (…) 그는 늘 우리에게 말하기를 일본이 동방의 영국 노릇을 하려 하니 우리는 우리나라를 아세아의 불란서佛蘭西로 만들어야 한다고 했다.[4]

송재松齋 서재필徐載弼(1864~1951)의 회고다. 갑신정변 1년 전, 동방의 영국에 비길 일본에 대해 조선은 아시아의 프랑스가 되어야 한다는 고균의 지론이 놀랍다. 영불의 긴 항쟁관계를 염두에 둘 때 고균은 결코 일본 추수자가 아니다. 커녕 일본과 대결할 다른 조선을 꿈꾼바, 이만큼 명쾌한 국정 방향을 제시한 담론은 지금까지도 드문 것인데, 이 비유에는 또 하나의 층위가 숨어 있다. 이 발언이 나온 1883년 당시 프랑스는 긴 격동 끝에 공화제가 정착한 제3공화국 시절이기도 했지만, 원래 이 나라는 혁명으로 왕을 처형한 공화국의 대명사다. 영국식 입헌군주제냐 프랑스식 공화제냐는 날카로운 쟁점이었거니와, 대체로 일본은 과격한 후자보다는 타협적인 전자

---

4 서재필 「회고 갑신정변」(『동아일보』 1935.1.1~1.2), 변영로(卜榮魯) 역, 『갑신정변과 김옥균』, 국제문화협회 1947, 84~85면. 이 책은 동명(東溟)이 민태원(閔泰瑗)의 『오호 고균 거사: 김옥균실기』(박문서관博文書館 1926)를 바탕으로 다른 자료들을 더해 해방 후 새로 펴낸 것이다.

를 선호한다. 일어에 능통하고 일본 조야의 흐름에 정통한 고균이 이 논쟁을 모를 리 없을 터인데, 그의 '조선프랑스론'에는 공화제가 깊숙이 껴묻어 있을지도 모를 일이다. 그나저나 말 한마디에 호산학교[5]로 유학 간 송재도 대단하다. 그들이 갑신정변을 옹위한 친위 무력의 기본이라는 점에서 송재와 호산학교 졸업생의 헌신과 희생이 새삼 기룹다.

고균 사상의 또 하나의 열쇳말은 조선·청·일본이 연대하는 삼화론三和論이다. 1894년 마지막 길, 상해 동화양행東和洋行 숙박부에 이와따 미와岩田三和란 변명變名[6]을 사용한 데서 드러나듯 그는 삼화론자를 자처했다. 일본 망명 시절 「이홍장에게 주는 편지(與李鴻章書)」(1886)에도 뚜렷하다.

각하는 어찌 대청국 황제 폐하를 천하의 맹주로 추존하고 (…) 조선을 중립의 나라로 세워 만전 위태롭지 아니한 곳으로 만들지 않으십니까? 각하가 이어 노련한 수단으로 선린우목善隣友睦의 교분을 다하고 보거輔車의 맹세를 굳게 맺는 것으로 동아의 정략을 편즉 이는 조선의 다행일 뿐 아니라 아마도 귀국의 득책이 될 것입니다. (졸역)[7]

중립론과 짝한 데서 보이듯 삼화론의 전제는 조선의 자주독립이다. "일청 제휴에 의한 조선의 독립"을 바탕으로 "동양 3국의 국제동맹"[8]을 이룬

---

5   이 학교의 정식 명칭은 '육군토야마학교(陸軍戶山學校)'다. 1873년 6월, 일본육군사관학교의 토야마(동경 신주꾸新宿) 출장소로 설립되어 이듬해 2월 토야마학교로 명칭이 바뀐 일본 육군의 군학교다.

6   민태원 「오호 고균 거사」, 『갑신정변과 김옥균』, 10면.

7   "閣下何不推尊大淸國皇帝陛下爲天下之盟主 (…) 立朝鮮爲中立之國 作萬全無危之地 閣下繼以老鍊手段 盡善隣友睦之誼 固結輔車之盟 以展東亞之政略 則此不獨朝鮮之幸 恐亦爲貴國之得策." 『김옥균전집』, 아세아문화사 1979, 152면. 원래 이 편지는 『동경일일신문(東京日日新聞)』 1886년 7월 15일자에 실렸다. 이광린 「김옥균전집 해제」, 앞의 책 xii면.

8   한영섭(韓永涉) 편 『고균 김옥균 정전(正傳)』, 서울: 고려서적주식회사 1984, 379면. 이 책은 일본어판이다. 정전이라기엔 의심스러운 대목들이 많아 비판적으로 읽어야 할 것이다.

다는 포부인데, 망명 뒤 이 생각이 깊어진 듯싶다. 금릉위錦陵尉 박영효朴泳孝(1861~1939)가 찬撰한 고균의 「청산묘비문靑山墓碑文」(1904)에 가로되, "동방의 일을 논하여 매양, 삼국이 합종하지 않으면 자줏빛 구레나룻의 걸오와 겨룰 수가 없다고 일렀다".[9] "조선의 독립을 위해서는, 일본이 청국과 일전一戰을 피할 수 없다"[10]는 갑신정변 즈음의 정략으로부터 일대 변화다. 일본의 배신에 기대를 접고, 오히려 청을 달래 조선의 중립화를 통한 독립을 기도한 것이니, 유길준의 구상에 근접한다. 과연 고균은 '조선프랑스론'을 폐기했는가? 두 담론은 동전의 양면이다. 나라 안팎의 간난한 환경에 즉하여 조선의 자주독립을 축으로 그때그때 변화한 것이매, 갑신 전에는 반청친일의 즉각 독립론이고 이후에는 삼화론에 의한 조선 중립론이다. 그 간신한 독립을 견지하면서 궁극에는 일본에도 청에도 당당한 프랑스 같은 강국을 세우는 꿈이 고균의 정치일 것이다.

이쯤에서 고균에게 쏟아지는 의문의 하나인 일본 의존 문제에 대해 정리하자. 결론부터 말한다면 그는 부일파附日派가 아니다.[11] 때로는 일본을, 또 때로는 청을 이용하여 조선의 자주독립을 꾀한 애국자다. 후일 고균을 친일의 선구요 나아가 대동아공영권의 선취로 악용하는 일이 일어났지만 천부당만부당이다. 자기 앞에 부르주아민주주의 혁명 단계를 설정하려는 정치적 계산의 산물이긴 해도, 갑신정변에서 친일의 딱지를 떼고 "당시로서는 불가피한 전술"이라고 평가한 김일성金日成의 지적이 흥미롭다.[12] 실

---

9   『김옥균전집』 160면. 자염(紫髥, 자줏빛 구렛나루)은 양인(洋人)이고, 걸오(桀鰲)는 걸오(桀傲)로 "잘난 체하며 남을 업신여기는 건방진 태도"를 가리킴.

10   한영섭 편, 앞의 책 370면.

11   심지어 고균의 속마음은 반일(反日)이다. "김옥균은 고종 면전에서 '자신은 물론 일본당이지만 일본은 싫다'고 말하고 있다." 강범석 『잃어버린 혁명: 갑신혁명 연구』, 솔 2006, 335면.

12   "그래서 나는 력사학자들에게 김옥균의 개혁운동에서 인민대중과의 결합에 주의를 돌리지 않은 것은 물론 잘못이다. 그렇지만 일본의 힘에 의거했다고 그것을 친일로 평가하면 허무주의에 떨어진다. 그가 일본의 힘을 리용한 것은 친일적인 개혁을 단행하자는 데 목적이 있은 것이 아니고 당시의 력량관계를 면밀히 타산한 데 기초하여 그것을 개화당의 편에 유리

제 고균은 일본에 당당했다. 우왕좌왕하는 타께조에竹添 공사에게 일본의 도움에 관계없이 거사하겠다는 발언이 『갑신일록』 곳곳에 등장하거니와, 금릉위와 함께 유대치劉大致의 집으로 문병 간 대목(1884. 음 11. 16)에서 일본의 지원 여하를 우려하는 대치에게 답한 고균의 말을 잠깐 들어보자.

일본 조정의 논의는 두어두고 논하지 않는 것이 가할 듯합니다. 가령 일본 조정이 우리들을 원조하지 않을 뜻이라도 우리나라가 사세에 있어서 지금 거의 물을 등지고 식량도 없는 그 절박한 상황에 이르렀으니 참으로 일본 조정의 거동을 기다릴 것이 없습니다. 그런데 마침 죽첨이 새로 이르러 그 기색을 살피니 오히려 과격하여 우리들에게 화를 속히 쉬 이르게 할 탄식이매 이 또한 시운입니다. 운은 하늘에 부치고 한번 죽을 뜻을 우리들 이미 결한 바 있어 바라건대 선생은 안심하고 이제 조섭調攝(몸을 보살피다)하소서.[13]

당시 고균은 구석에 몰렸다. 독일인 목린덕穆麟德과 결탁한 타께조에가 방해하여 일본 차관 도입이 좌절되면서 평화적 개혁의 가능성이 사라졌는데 청과 연계한 수구당의 쿠데타는 조여오고, 그동안 개화당에 냉담한 타께조에가 청불전쟁을 타고 조선 개혁에 적극적으로 변화한 것이 오히려 독이 되는 형국이매, 고균을 비롯한 개화당의 결단은 숭고하기조차 하다. 고균의 청일에 대한 인식은 냉철하다. 「마지막 상소」(1886)에서 고균은 말한다.

이제 조선을 위하여 도모하건대 청국은 본래 믿지 못할 것이요 일본도

하게 전환시키자는 데 있는 것이다. 당시로서는 불가피한 전술이었다고 말해주었다." 『세기와 더불어』 1권 23면.

13   『김옥균전집』, 50면.

또한 그러하여 이 두 나라는 각기 자기 집 유지에 여력이 없는 모양이온데 어느 겨를에 타국 부조扶助함을 얻으리까. (…) 오직 밖으로는 널리 구미 각국과 신의로써 친교하고 안으로는 정략을 개혁하여 우매한 인민을 가르치되 문명의 도道로써 하고, 상업을 흥기하여 재정을 정리하고 또 병兵을 기름도 어려운 일이 아니오니 과연 능히 이와 같이 하면 영국은 거문도를 환부還附할 것이요 기타 외국도 또한 침략의 염念을 끊음에 이르리이다.[14]

이 도저한 고균의 사상은 어디에서 왔을까? 개화사상이 실학, 특히 연암 그룹의 이용후생학파와 연계된다는 것이 통설인데, 그 기원은 금릉위다. "그 신사상은 내 일가 박규수 집 사랑에서 나왔소. 김옥균, 홍영식洪英植, 서광범徐光範 그리고 내 백형伯兄(영교泳敎)하고 재동 박규수 집 사랑에서 모였지요." "영준英俊한 청년들을 모아놓고 (…) 연암 문집을 강의도 하고 중화 사신들이 들고 오는 신사상을 고취도" 한바, "연암집에 귀족을 공격하는 글에서 평등사상을 얻었"[15]다는 것이다. 정작 증거는 희미하다. 임형택은 "갑신정변이 일어난 그 무렵 문명개화를 주장하는 개화파의 논설 속에 실사구시의 개념이 구사"된 예로 고균의 「치도약론」(1882)을 들었거니와,[16] 과연 이 논문에 실학의 열쇳말 '실사구시實事求是'가 등장한다.[17] 이어서 김명호는 환재가 고균의 독권관讀券官이었음을 밝혔다.[18] 독권관이란 임금이 몸소 나와 보는 전시殿試의 상석 시관試官으로 급제자의 시제試

---

14   한문본은 남아 있지 않고 『동경일일신문』(1886. 7. 9)에 실린 일역본이 유일본인데, 민태원이 1926년 국한문체로 번역했다.(『갑신정변과 김옥균』, 68~75면) 민태원 역을 졸역. 『김옥균전집』, 146면.

15   이광수 「박영효씨를 만난 이야기: 갑신정변 회고록」(『동광東光』 1931. 3), 『이광수전집 8』, 우신사 1979, 509면.

16   임형택 「실사구시의 학적 전통과 개화사상」, 『실사구시의 한국학』, 창비 2000, 135면.

17   "그러나 구구한 내 어리석은 소견으로는 실사구시만 한 것이 없은즉." 『김옥균전집』, 3면.

18   1872년 고종 9년 2월 "알성시 문과에서 독권관으로서 김옥균을 장원으로 뽑다". 김명호 『환재 박규수 연구』, 창비 2008, 762면.

題를 임금 앞에서 읽는 일을 맡았던 원로 문신이니, 비로소 환재와 고균의 고리가 걸렸다. 고균이 재동 사랑방의 문인門人됨이 자연스러운데, 지구의地球儀 이야기는 백미일 것이다. 환재가 연암의 지구의를 벽장에서 내어 돌리며, "오늘의 중국이 어데 있나냐? 저리 돌리면 미국이 중국이 되며 이리 돌리면 조선이 중국이 되어, 어느 나라든지 중中으로 돌리면 중국이 되니, 오늘에 어데 정한 중국이 있나냐?"[19]는 물음으로 고균의 화이론華夷論을 두들겼으니, 실학과 개화사상의 접속이 아름답다.

고균의 면모 중 특이한 것이 불교다. 일본 망명 시절 그는 고균두타古筠頭陀로 자칭한바, 아다시피 두타는 속세의 번뇌를 끊고 부처의 청정한 도를 수행함을 가리킨다. 그때의 모습을 「청산묘비문」은 "선문禪門의 고요한 깨달음에 마른 중 같았으나 한 조각 근심하고 사랑하는 붉은 마음은 버리지 아니했다"[20]고 기술한 터. 사임당을 여읜 충격으로 일시 출가한 적이 있는 율곡栗谷이나, 주로 유배 시절 중들과 교유한 다산茶山과 추사秋史를 훨씬 상회하는 것이다. 이 역시 금릉위의 증언이 흥미롭다. "김옥균과 나와 먼저 사귀인 것은 불교 토론으로요. 김옥균은 불교를 좋아해서 (…) 나는 그것이 재미가 나서 김옥균과 친하게 되었소." 김옥균·홍영식·서광범 등 정변 4인방은 "교동校洞 금릉위궁"에서 자주 회동했지만, "내 집에서 모이기가 불편할 때에는 탑골승방과 봉계사峯溪寺에서 많이 모였소."[21] 절을 모의 장소로 애용했고 이동인李東仁과 탁정식卓挺植(법명 무불無不)을 비롯한 중들이 개화당을 적극적으로 도왔는데,[22] 금릉위가 밝히지 않은 고리는 누

---

19 「지동설의 효력」은 『단재 신채호 전집: 하권』(형설출판사 1975)에 처음 실렸는데, 정작 출전이 없다. 그 뒤 평양에서 단재 유고를 직접 필사해 와 출판한 김병민의 『신채호문학유고선집』(연변대학출판사 1994)에 「단아잡감록(丹兒雜感錄)」의 제3필임이 밝혀졌다. 여기서는 김병민에서 인용한다.(161면)

20 『김옥균전집』, 160면.

21 이광수, 앞의 글 509면. '봉계사'는 봉원사(奉元寺)와 화계사(華溪寺)를 잘못 합친 것이다.

22 '개화파와 불교'에 관한 자세한 논구는 한석희(韓晳曦) 『일본의 조선지배와 종교정책(日本の朝鮮支配と宗敎政策)』 동경: 미래사(未來社) 1988, 23~49면.

구인가? 대치 유홍기劉鴻基가 그 사람이다. 역관의 가계로 의업으로 생애하며 오경석吳慶錫의 뜻을 이어 갑신정변에 참여했다 실종된 그가 "조선의 사대부들이 의례에는 밝으면서도 '도를 구하는 마음道念'에는 어리석고 못남을 개탄하며"[23] 고균과 금릉위를 불교로 인도했다는 것이 위창葦滄 오세창吳世昌의 증언이다.

위창은 나아가 "오경석은 한국 개혁의 예언자고, 유대치는 지도자, 그리고 김옥균은 담당자"[24]라고 계보화한바, 최근 김종학은 갑신의 추동력으로 중인을 전면에 세운 새 학설을 제출했다. 그런데 환재의 관여를 "박영효의 왜곡된 회고담에 기초하여 만들어진 신화에 불과"[25]하다고 치부하는 데에는 주저하지 않을 수 없다. 위창이 적매赤梅 오경석의 아들이라는 점을 감안하면 그 또한 주관의 침염을 입지 않았다고 여기기 어렵기 때문에 나는 '박규수설'과 '중인설'의 양립 가능성을 주장한 김흥수에 기운다.

오경석이 역관으로 활동을 오래 했지만 수역首譯이 처음 된 것은 박규수가 연행 갈 때였거든요. (…) 아마 오경석이 유능하다는 이야기를 환재가 듣고서 수역으로 천거했을 것이고, 이를 계기로 해서 두 사람 사이에 급속하게 유대 관계가 맺어졌을 가능성이 아주 높다고 생각됩니다. 그래서 김옥균 같은 사람들조차도 박규수를 통해서 오경석과 연결되었을 가능성이 크다고 봅니다.[26]

그런데 갑신정변은 필경, 오로지 고균을 비롯한 혁명가들 전체의 결단과 두신의 몫이었다. 고균을 오경석과 유대치의 지도를 받은 실무자로 격

23   한영섭 편, 앞의 책 28면.
24   같은 곳.
25   김종학 『개화당의 기원과 비밀외교』, 일조각 2017, 374면.
26   「집담회」, 『환재 박규수 연구』, 학자원 2018, 464~65면.

하한 위창의 증언이야말로 사적이다. 육당六堂 최남선崔南善이 벽초碧初 홍명희洪命熹 따라 북촌길에 처음 들었을[27] 정도로 양반과 중인이 격절했는데, 하물며 한 세대 전 고균 때이랴. 요컨대 환재를 매개로 연암학파에 닿고 중인의 도움으로 학지學知와 인맥을 넓힌 바탕에서 조선 안팎의 현실에 대한 목숨을 건 천착 속에서 세운 숭엄한 기투企投가 갑신혁명일 것이다.

대치에 의해 불교에 입문한 고균은 외유내불外儒內佛이라 할 만큼 사상적 회통에 걸터앉았다. 바로 이 지점에서 이 걸출한 혁명가가 근대주의에 그치지 않을 가능성이 발생할 수도 있다. 말년의 삼화론이 심상치 않다. 삼화론의 바탕에는 유교적 교양과 불교적 정진에 기초한 다른 근대의 몽상도 설핏하매, 서구의 충격이 고균 사상의 원점이 아닌가?

끝으로 수록한 글들에 대한 간단한 해제. 『김옥균전집』(전1권)에서 총 세 편을 뽑았다. 첫째는 길 닦는 일에 대한 높고 해박한 경륜을 보인 「치도약론」(1882), 실학의 계승자적 면모가 약여躍如(눈앞에 생생하게 나타나다)한 논설이다. '서론' 및 '치도약칙'은 고균이 짓고, '발문'은 청나라 주일 공사 리수창黎庶昌이 부쳤다. 영불 공사관에서 근무한 뒤 초대 주일 공사(1881~90)로 부임한 양무파 외교관으로 그의 동경 시회詩會가 성황이었다고 한다. 고균도 이 모임에 참석했던 모양인데, 고균의 결연은 과연 비상하다. 둘째는 『갑신일록』(1885). 이번에 다시 촘촘히 읽어보니 위작설은 과장이다. 물론 그냥 방치된 중에 손은 좀 탔겠지만. 텍스트 상태가 열악하다. 최대한 정본을 만드노라 애썼다. 셋째는 「마지막 상소」(1886). 앞에서 지적했듯이, 한문 원본은 남아 있지 않고 『동경일일신문』에 실린 일역본이 유일본인데, 우보牛步 민태원이 1926년 국한문체로 번역해 국내에 소개했다. 그때는 제목이 없었는데, 언젠가부터 '지운영 탄핵소'다. 지운영은 더러운 자

---

27 "내가 남의 집에 가서 자기 시작한 것이 육당의 집에서 잔 것이며 육당이 북촌길에 발들여 놓기 시작한 것이 내 집에 온 것이었다." 최남선의 시조집 『백팔번뇌』(동광사東光社 1926)에 부친 홍명희 발문, 5면.

객이다. 이 글의 한 계기는 되었으되 제목에 그 이름을 올리는 것 자체가 모욕이다. 이번에 옮기면서 제목을 고쳤다. 조선 안팎의 정세에 대한 날카로운 진단에 바탕하여 국정 진로를 밝힌 최후의, 그러나 최고의 논설이다. 부록으로 두편을 뽑았다. 첫째는 팔봉八峰 김기진金基鎭의 역사소설 『청년 김옥균』(1936)에 부친 금릉위의 증언이다. 일종의 교정인데 기존 설과 다른 면이 있어, 갑신정변 재구에 참고할 만한 문헌이다. 소설 뒤에 붙어 덜 알려졌다. 널리 활용되기 바란다. 둘째는 박영효의 「청산묘비문」(1904). 고균의 삶과 사상을 파악한 명문이다. 고균 최고의 동지 금릉위의 글까지 부록으로 올리니 김옥균 편이 갖춰졌다.

마무리는 연보다. 제대로 된 연보 하나 없는 고균의 처지를 슬퍼하며, 『실록』과 『승정원일기』를 검색하여 확인된 사실에 기초하여, 그리고 여러 업적들을 비판적으로 섭수하여, 아주 보수적인 연보를 작성했다. 고생은 했지만 비로소 고균 연보를 가지게 되었다는 자부가 은근하다. 질정을 바란다.

개혁파 구당 유길준

고균이 난세亂世의 혁명가라면 구당은 치세治世의 능신能臣이다. 밝은 임금을 만났더라면 명재상으로 큰 업적을 남겼을 터인데, 난세를 당하여 고군분투에도 불구하고 국치를 막지 못해 자책하며 기독교로 개종한 불행한 애국자다. 그는 일생 근면했다. 나쁜 조건들 속에서도 최선을 다해 나라의 독립을 받칠 개혁의 대책을 궁리하고 발표하고 설득하고 실천했다. 갑오경장(1894~96)이 그 경륜을 펼칠 기회였다. 갑신에서 놓인 근대의 이정표를 구체적인 정책으로 추동한 개혁파의 중추로서 『서유견문西遊見聞』 (1895)을 와중에 완성했다. 가상의 목민관이 부임하여 퇴임할 때까지 일기

一期의 공직시간표를 치밀하게 구성함으로써 정치행정의 유토피아를 기술한 것이 다산의 『목민심서牧民心書』(1818)라면, 구당은 구미歐美 기행을 빌려 개혁정치의 청사진을 밝힌바, 『서유견문』은 말하자면 새로 쓴 『목민심서』다. 그러나 『서유견문』이 일본에서 출판된 데서 암시되듯 경장 내각은 2년 만에 붕괴하고 구당도 고균처럼 긴 일본 망명길에 올랐다.

그에게 귀국이 허락된 것은 1907년, 대한제국은 이미 반식민지로 떨어졌다. 구당은 또 한번 변신한다. 개혁파 정치가에서 애국계몽운동가로. 합법적 공간을 최대한 활용하여 대한제국을 붙들고자 최선을 다하는 한편 나라의 육체인 인민의 교육에 매진함으로써 망국 이후의 국권회복에 대비했다. 구당은 1908년, 프로이쎈의 프리드리히 대왕이 어떻게 소국주의 독일 통일의 기초를 놓았는지를 분석한 『보로사국 후례두익대왕 칠년전사普魯土國厚禮斗益大王七年戰史』, 개혁의 기회를 놓쳐 제국에서 전락하는 오스만투르크를 초점으로 크림전쟁의 실상에 직핍直逼한 『영법노토제국英法露土諸國의 가리미아전사哥利米亞戰史』, 그리고 강대국 폴란드가 어떻게 국망에 이르렀는지를 기술한 『파란쇠망전사波蘭衰亡戰史』를 잇달아 역술譯述했다. 당시 활발하게 전개된 애국계몽문학의 '역사전기' 번역활동에 독자적으로 참여한 것인데, 망명 중에 준비했다 귀국 후 출판한 것이매, 구당이 선편을 쥔 것이다. 전기의 『서유견문』과 짝할 후기 대표 저작 『노동야학독본』 역시 같은 해에 출간되었다. 노심자勞心者와 노력자勞力者, 곧 지식인과 민중의 위계라는 골치 아픈 문제를 천착한 이 저작은, 구당 국민주의의 종합편이다.

개혁파 정치가일 때이건 애국계몽운동가로 진화한 때이건, 구당 사상의 축은 입헌군주제를 토대로 한 현실주의다. 그 배경에는 사대당의 핵인 민영익閔泳翊(1860~1914)이 놓이기도 한다. 원래 개혁파였다가 돌아선 민영익은 구당을 시종일관 지원했다. 1881년 신사유람단 어윤중魚允中의 수행원으로 방일하여 케이오기주꾸慶應義塾에 학업을 부친 것, 1883년 보빙사報

聘使 민영익의 수행원으로 방미하여 더머학원Dummer Academy에 유학한
것, 그리고 갑신정변으로 귀국하여 취운정翠雲亭[28]에 연금된 것 등등. 보수
파와 개혁파에 두루 걸친 인맥을 활용하여 나라의 자주독립이라는 궁극적
목적의 실현을 위해 안팎의 조건들을 면밀히 살펴 혈로를 뚫는 현실주의
가 절박하다. 이 때문에 때로 오해도 샀지만[29] 망국의 저지를 위해서라면
그 어떤 불명예도 감수할 뜻이 무겁던 것이다.

　잠깐, 전기의 '양절체제兩截體制'와 후기의 '학즉사學則士', 이 두 열쇳말
을 고균과 대비해 살펴보자. 먼저『서유견문』의 핵심어 '양절체제'. 이 용
어는 구당이 고심 속에 창안한바, 한국외교사의 개척자 김용구는 "양절이
란, 책을 펼쳐 놓았을 때 왼쪽 페이지와 오른쪽 페이지가 만나면서 갈리는
결절 부분"[30]이라고 풀었다. 요컨대 조선은 열국체제에서는 자주독립국이
지만 대청 관계에서는 증공국贈貢國의 처지에 놓였다는 것이다. '증공국'
도 구당이 만든 말이다. 조공을 바치니까 겉으로는 속국처럼 보이지만 실
제로는 독립국이란 뜻이거니와, 요샛말로 양절체제란 복합체제다. 이처럼
복잡한 속내가 얽혔으니. 청을 잘 달래서 자주독립을 성취해야 한다는 것
이 골자다. 구당은 중립론으로 안받침한 소국주의자다. 청일전쟁 전에는
청을 달래고, 후에는 일본을 설득하는 현실주의를 구사한 구당의 소국주
의는 그럼에도 떳떳하다. 잠깐『보로사국 후례두익대왕 칠년전사』의 '서'
를 보자.

28　민영익의 생부 태호가 1870년대 중반에 지은 것. 유홍준『나의 문화유산답사기 11』창비
　　2022, 178면.

29　가령 구당은 헤이그밀사사건, 의병전쟁, 그리고 안중근(安重根)의 거사에 비판적인데, 무
　　엇보다도 대한제국의 망국을 저지하는 일을 최우선하다 보니 나온 태도다. 과연 일제는 이
　　를 빌미로 식민지화를 앞당겼다. 이에 대해서는 정용화『문명의 정치사상: 유길준과 근대 한
　　국』, 문학과지성사 2004, 101~06면 참조.

30　장인성『서유견문: 한국 보수주의의 기원에 관한 성찰』, 아카넷 2017, 245면에서 재인용.

나라가 작다고 스스로 위축되지 말며, 병사가 적다고 스스로 약해지지 말지어다. 은殷나라 왕 탕湯임금의 70리와 주周나라 무왕武王의 100리는 중고中古의 큰 질박함이 흩어지지 않은 시대에 동족 인민 사이에서 인의仁義로써 포학을 대신함이니 이는 왕도의 자연함이어니와, (…) 인지人智가 점차 자라고 시세가 다름을 따라 (…) 우월한 것은 남고 못난 것은 사라지는 이치가 쟁탈 장변場邊에 잘못 쓰이고, 강한 것은 이기고 약한 것은 패하는 힘은 살벌한 총중叢中(떨거지)으로 전향하매(졸역)[31]

유교적 지치至治의 표상인 은과 주도 겨우 70리와 100리에 지나지 않았음을 들어 소국주의의 명예로운 연원을 밝힌 구당은 사람의 지혜가 열리면서 오히려 약육강식의 대국주의로 전향한 일을 통매痛罵(몹시 꾸짖다)하는데,『칠년전사』를 번역한 것을 보면 과연 구당 소국주의의 속내가 궁금하다. 프리드리히 2세는 계몽군주로 유명하지만 7년전쟁(1756~63)으로 독일의 변방 소국 프로이쎈을 유럽의 강국으로 들어올린 명장이다. 그래서 '프리드리히 대왕'Friedrich der Große으로 존칭되거니와, 구당은 흥미롭게도 대왕을 "양절인兩截人"[32]으로 명명한다. 내치는 지성至誠이지만 외교는 교사狡詐한 복합적 인물이라는 평인데, 양절의 힘으로 인민의 자발성을 끌어올려 사방의 강적을 물리치는 기적을 일궜다고 칭도한다. 이런 군주와 이런 인민의 출현을 조선의 미래에 가탁한바, 구당의 소국주의는 굴종으로 끝나는 소국주의가 결코 아닌 것이다. 그럼 대국주의를 숨긴 것인가? 물론 아니다. 그는 누구보다 약육강식의 대국주의를 규탄한다. 소국으로서 인민의 행복과 나라의 독립을 지킨 프리드리히 대왕의 프로이쎈은 지지했지만 그 뒤 양차대전을 일으킨 프로이쎈의 후신 통일도이치제국과 제3제국을 지지하지 않았을 것을 나는 믿는다.

---

31   『유길준전서 [Ⅲ]: 역사편』, 일조각 1996 중판, 483면.

32   같은 책, 488면.

다음 후기의 열쇳말 '학즉사'. "문벌을 폐지하고 인민의 평등권을 제정"[33]한 고균과 달리 구당은 학식과 도덕을 갖추면 누구나 선비가 된다는 '국민개사론國民皆士論'을 쏘아올렸다. '흥사단' 취지서의 일절을 보자.

예전의 선비는 사민四民(사농공상)의 하나에 있어 일종 특립한 계급을 이루니, 이는 당시 교육을 받아 선비 되기에 족한 지식도덕을 독점한 고로 그 명칭을 향유함이나, 그러나 금일에는 그렇지 않아, 농상공農商工 중 어느 업에 종사하든지, 진실로 선비의 지식과 도덕을 갖출진대 또한 선비니, 하필 그 업무를 인하여 명칭을 구별하리요?[34]

사실 이는 신분제를 철폐한 갑오경장과도 결을 달리하매, 농공상에 종사하는 인민도 선비가 될 수 있다는 사다리론을 구사한 것이다. 『서유견문』에 그 맹아가 보인다. '상고商賈(상인)의 대도大道'에서 구당은 '사농공상'의 최하층에 처한 상인을 들어올린바, "국중의 상고가 능히 당연한 도리로 그 업을 행하여 인민을 편리케 하고 국가를 부유케 하면, 그 공이 나라 지키는 장수에 비견하고 그 덕이 백성 다스리는 재상과 나란히 서"[35]게 된다고 추었다. 말하자면 신상론紳商論이다. 위 취지서의 '농상공'이 원래 '농공상'임을 상기하면 구당은 중상주의重商主義다. 그러니까 구당은 『서유견문』에서 더 나아가 농민이든 상인이든 공장工匠(수공업자)이든 누구나 그 업에서 최고의 가치를 구현하면 선비와 다름없다는 것이매, 정약용丁若鏞의 양반론과 일면 닿는다. 명말 청초의 3대 유로遺老(이미 망한 나라를 위해 일했던 신하)의 하나인 정림亭林 고염무顧炎武의 「생원론」에 부친 짧은 글에서 다산은 말한다.

---

33   갑신정변 때 반포한 정령 제2조. 『김옥균전집』, 95면.

34   「흥사단 취지서」(1907) 『유길준전서 [II]: 문법·교육편』, 364면.

35   『유길준전서 [I]: 서유견문』, 390면.

중국에 생원生員이 있는 것은 우리나라에 양반兩班이 있는 것과 같다. 정림은 천하 모두 생원이 될까 걱정했는데, 내가 한 나라를 통틀어 양반이 될까 걱정하는 것과 같다. 그러나 양반의 폐는 더욱 심함이 있다. 생원은 실제로 과거를 보아 이 호號를 얻지만, 양반은 문무과文武科 어느 것도 거치지 않고 허명虛名을 무릅쓴 것이다. 생원은 오히려 정원이 있으나 양반은 도대체 제한이 없다. 그리고 생원은 세상 따라 변하지만 양반은 한번 얻으면 백세百世에도 버리지 않는다. 하물며 생원의 폐단까지 양반은 다 겸하고 있음에랴! 비록 그러나 내가 바라는 바가 있은즉, 한 나라를 통틀어 양반이 되는 것이니, 그리한즉 한 나라를 통틀어 양반이 없어질 것이다. 젊은이가 있어야 이에 어른이 드러나고, 천한 자가 있어야 이에 귀한 자가 드러나매, 진실로 그 모두 높은즉 높은 바가 없어질 터. 관자管子 가로되, "한 나라 사람이 모두 귀할 수는 없다. 모두 귀한즉 일이 되질 않고 나라에도 이롭지 않다."(승마편)〔졸역〕[36]

「생원론」의 골자는 "천하의 생원을 없애야 세상에 쓰일 인재가 나온다〔廢天下之生員 而用世之材出〕"로 요약될 터인데, 신사의 최하층이지만 관인층의 20배가 넘는 방대한 규모의 생원 집단을 영구 퇴출하자는 과감한 논설이다. 그럼에도 이 논설이 지배계급의 핵심인 상층 신사를 내치자는 것은 아니다. 그에 비해 다산은 바로 조선 신분제의 핵인 양반을 규탄한다. 그러나 대책은 없다. 나라 전체를 양반으로 만들어 양반을 껍데기만 남기자는

---

36 「발고정림생원론(跋顧亭林生員論)」, 『여유당전서(與猶堂全書)』一集 十四卷 296면. "中國之有生員 猶我邦之有兩班 亭林憂盡天下而爲生員 若余憂通一國而爲兩班 然兩班之弊 尤有甚焉 生員實赴科擧而得妓號 兩班竝非文武而冒虛名 生員猶有定額 兩班都無限制 生員世有遷變 兩班一獲而百世不捨 況生員之弊 兩班悉兼而有之战 雖然 若余所望則有之 使通一國而爲兩班 卽通一國而無兩班矣 有少斯顯長 有賤斯顯貴 苟其皆尊 卽無所爲尊也 管子曰 一國之人 不可而皆貴 皆貴 則事不成而國不利也.(乘馬篇)"

일종의 유명론唯名論 전술을 들었지만, 마무리로 인용된 『관자管子』(관중의 책)를 보건대, 그 또한 가능하지 않을 것을 자인한 바다.

구당의 '국민개사론'이 현실적인 출구다. 농공상이 선비로 이동하는 길도 열어놓았지만 그보다는 그 자리에서 최고가 되는 길, 곧 신사농민, 신사상인, 신사공인이 장수와 재상만큼 높다는 인식론적 전환이 종요롭다. 신분을 벽파劈破한 경장내각의 조치를 비판하면서 "전국이 다 양반이 될 일"을 주장한 동농東儂 이해조[37]의 사유도 다산보다는 구당에 가까울 것이거니와, 자기 업 속에서 선비가 되는 길이 선비와 농상공의 호환을 보장하는 것과 어떻게 양립할 수 있을지가 관건이다.

정책과 대책을 아우른 구당의 사상적 연원은 이미 지적했듯이, 실학 특히 이용후생학파다. 첫 논문 「과문폐론科文弊論」(1877)부터 이 열쇳말이 등장한다. "이미 이용후생의 도에 어두운즉 그 용用은 그 삶을 이롭게 할 수 없고 그 과果를 두터이 할 수도 없다."[38] 그 결정적 매개자가 환재다. "학업이 점진漸進하니 환재 박공(…)이 극히 찬상讚賞하여 은연히 후일 국가의 일을 부탁하는 뜻을 보이더라."[39] 원래 두 집안은 세혐世嫌(두 집안 사이에 대대로 내려오는 원한과 미움)이 있었다고 한다. 그럼에도 환재는 구당을 제자로 들이고 구당 역시 아버지의 반대에도 불구하고 그 문하에 들었으니 사제동행師弟同行이다. 환재의 수제자로 재동 사랑을 드나들던 구당은 또한 고균과도 각별했디. 부인 유씨가 구당의 고모뻘인 인연으로 그 댁에 자주 출입하던 구당을 고균이 친동생처럼 아꼈던바,[40] 1883년 보빙사의 수행원으

---

37   반상의 차별에 반대하되, 양반제의 즉각적 철폐에는 신중한 동농이 『자유종』(1910)에서 펼친 주장이다. 이에 대해서는 졸저 『한국근대소설사론』, 창작사 51~53면. 또한 이 소설에서 국문체와 국한문체의 대립에 대해서도 아주 흥미로운 토론을 전개한바, 이 또한 구당에 연계될 터다.

38   『유길준전서 [V]: 시문편』, 240면.

39   유만겸 「선친약사(先親略史)」(1914), 같은 책 363면.

40   정용화, 앞의 책 66면.

로 도미할 때 일본에서 김옥균과 홍영식을 만나 3인이 5년 후에 모종의 거사를 하기로 약조한 것을 다시 다짐[41]했다는 일화도 그렇거니와, 갑신정변으로 미국 유학을 포기하고 귀국하던 구당을 일본에서 만난 고균이 극력 말린 일[42]도 도탑다. 그런데 고균과 동지적 관계는 아니었던 것 같다. 구당의 기본적 점진주의는 운양雲養 김윤식과 함께 환재의 계보가 기본일 테다.

구당은 한편 근대학문의 세례를 받았다. 일본근대의 설계자 후꾸자와 유끼찌福澤諭吉의 제자다. 『서유견문』(1895)이 1880년 후꾸자와가 영국의 클럽을 모델로 세운 사교단체 코오준샤交詢社에서 출판될 정도로 양자의 관계는 각별하다. 또한 모스(E. S. Morse)의 제자다. 동경대에서 진화론을 강의한 미국의 동물학자 모스는 구당을 내제자內弟子로 받아 미국 유학생활을 보살폈으니 구당은 스승 복이 많다. 그럼에도 그들에게 그대로 순종하지는 않았다. 후꾸자와의 탈아론은 물론이고 모스의 탈유교론(동아시아가 유교로부터 탈각해야 근대로 진입할 수 있다)을 계승하지는 않았기 때문이다. 말년에 기독교로 개종하고 호를 천민天民으로 고쳤어도 그에게 공자孔子와 구주救主는 공존한다. "공자는 정치도덕의 성聖이오 우리 구주는 종교도덕의 신神이라."[43] 결국 구당의 기독교도 "국가의 쇠운衰運을 만회하며 사회의 퇴폐한 풍속을 바로잡아 구원"[44]함에 그 뜻이 있으니 종교의 힘으로 망국을 구하고자 하는 간절한 마음이 붉다. 기독(그리스도)조차도 자주독립의 방편인가? 요컨대 외독내유外督內儒(겉은 기독교, 안은 유교)의 애국자이던 것이다. 까다로운 선비 산강山康 변영만卞榮晩의 평이 적실하다.

유길준은 학學은 동서양을 섭렵했고, 마음은 경세제민에 간절했고, 원수

---

41   같은 책 75~6면.
42   같은 책 82면.
43   「사경회(査經會) 취지서」, 『유길준전서 [II]: 문법·교육편』, 397면.
44   같은 책 403면.

를 위해 일하지 않았고, 안분安分하며 일에 힘썼다. 비록 그가 때때로 이기심을 가져 한결같이 공적이지 못하여 사람들에게 비난을 받았지만, 그가 평생 가다듬었던 뜻을 요약해보면 나라를 구제하고 민족을 진작시키는 데 있지 않았던 적이 없었으니, 시대에 부응한 기사奇士가 아니라고 말할 수 없다.[45]

끝으로 뽑은 글들에 대한 간단한 해제. 부득이 분량이 제일 많아졌다. 역시 발표순으로 배치했다. 한문체는 모두 4편인데, 과거제의 폐지를 주장한 첫 논문 「과문폐론」(1877), 신중한 현실주의자인 구당의 글 중 유일하게 급진적이다. 과거제의 폐해를 지적한 시문이 적지 않지만,[46] 이처럼 전면적 철폐를 논리정연하게 주장한 글로서 괄목상대. 거문도사건 (1885)을 예감한 듯 이미 러시아 문제를 거론한 「언사소」(1883), 그리고 저명한 「중립론」(1885). 여기에 산강이 번역한 『이십세기적 대참극 제국주의 二十世紀之大慘劇帝國主義』에 부친 「서」(1908)를 추가한다. 자칫 공로증恐露症[47](russophobia)으로 비화할 '방아론'과 공화제를 부정하는 '입헌군주제'에 대한 지지가 너무나 확고해서 보수파로 오해되기도 한 구당의 처지를 도산島山처럼 안타까워하던 차, 산강 전집에서 이 글을 발견했을 때 눈이 시원했다. "국민주의도 제국주의도 바로 통일의 도구로 되는 데 불과"하

---

45 변영만, 한영규 역, 「사사로운 기록」, 『변영만 전집: 상』, 성균관대 대동문화연구원 2006, 562면.

46 가령 정약용의 「고시 27수」 중 25가 대표적이겠다. "사과詞科는 수나라 양제에서 비롯되어/그 독이 대동강, 한강까지 흘러왔네/고정림의 생원론 빛나고 빛나/통쾌하게 장단 칠 일이건마는/구름처럼 수많은 저 인재들이/모두가 이 속에서 무너져버려/흰머리 성성한 늘그막까지/글 다듬고 꾸미는 일 게을리 않네." 송재소 역주 『다산시선』, 창작과비평사 1981, 182~83면.

47 조선으로 하여금 일본에 의지하게 하려고 일본이 공로증을 조장했다는 설도 참고할 만함. 김학준 『한말의 서양정치학 수용 연구: 유길준·안국선·이승만을 중심으로』, 서울대출판부 2000, 37면.

다고 천명한 이 근사한 글의 후반부를 잠깐 보자.

> 오늘의 통일은 옛날처럼 남의 나라를 군郡으로, 남의 사직을 집으로 함을
> 이르지 않는다. 피차 각 나라가 그 나라 하고, 각 임금이 그 임금 하면서, 별
> 도로 만국 공통의 일대 정부를 세워 세계사무를 관리하고, 세계인으로 하여
> 금 세계의 생활을 지은즉, 그때 나는 장차, 강고한 함대가 상려商旅의 편리
> 에 이바지하고, 예리한 병장기가 농공農工의 연장으로 화하고, 천하의 동산
> 을 들어 일가一家 가운데 둠을 볼 것이다. 밝은 창, 가을 햇살, 서구西球로부
> 터 돌아와 등을 지지며, 이처럼 세계몽世界夢을 짓도다.(졸역)**48**

구당은 여러 나라의 사직社稷을 멸해 통일제국의 군현으로 삼은 진시황
의 통일에 반대한다. 이때 진시황은 대유代喩다. 진秦을 들어 바야흐로 제
국주의로 질주하는 당대 서양 열강 및 일본의 패권주의를 바로 겨냥한 것
인데, 그 와중에서 세계정부론을 구상한 구당의 '세계몽'이 아름답다. "사
해지내개형제四海之內皆兄弟"(『논어』)를 바탕으로 소국주의적 세계주의를
제출한 구당은 칸트와는 독자적으로 영구평화론에 도착한 것이매, "과연
나의 망우亡友 신단재까지도 적지 않게 감탄했다"**49**는 산강 말씀 그대로
다. 그 현실주의의 끝에는 세계정부라는 이상주의가 맥맥히 숨쉬고 있었던
것이니, 새로 찾은 이 글을 특별히 구당 편의 끝에 두어 대미를 장식한다.

다음 "그 국한문 교작交作(섞어짓기)에 이르러서는 일종의 풍유준작豐腴俊
綽(풍성하고 뛰어남)한 풍취가 있어 도저히 타인의 추수追隨를 불허"**50**한다고
산강이 칭도해 마지않은 국한문체. 먼저 이 문체를 처음 실험한 『서유견
문』(1895)에서 여섯편을 추렸다. 이 책의 주지와 함께 문체의 의의를 서술

---

48   실시학사 고전연구회 편『변영만전집 하』, 성균관대 출판부 2006, 42면.
49   변영만「나의 회상되는 선배 몇 분」, 『신동아』 1936. 7, 『변영만 전집: 하』, 271면.
50   같은 곳.

한 '서'와 4대 논설이라 일컫는 '방국의 권리' '인민의 권리' '상고의 대도' '개화의 등급'을 거의 완역했다. 최근 이 책은 장애인 교육의 효시로 주목받는다. 구미의 특수교육, 즉 치아원痴兒院(정신병원)·맹인원盲人院(맹학교)·아인원啞人院(농학교) 및 유아원幼兒院(지체부자유아 및 병·허약아 재활기관)을 소개했는데, 본서에서는 구당이 직접 방문한 견문이 빛나는 '맹인원'과 '아인원' 부분만 수록했다. 그리고 '학즉사'를 제출한 「흥사단 취지서」(1907)와 국문체를 특히 강조한 「소학교육에 대한 의견」(1908)에 이어 후기 저작을 대표하는 『노동야학독본』(1908)에서 일곱편을 뽑았다. 이 책에서 구당은 또 하나의 문체를 실험한다. 한자 위에 국문을 달아 한자를 몰라도 읽을 수 있게 한바, 국문체에 가까워진 국한문체의 진화를 보여준다. 그뿐 아니라 '애국가'와 '노동가'는 국문체 노래다. 여기서는 후자만 실었다. 그런데 이 책 최대의 화두는 이미 지적했듯이 '노심자'와 '노력자'('노동 연설 1')다. 이 문제를 처음으로 제기한 맹자孟子 이래의 난제인데, 우리 몸 안에도 마음이 힘의 주인임을 주장하며 위계를 인정한 맹자의 논의를 심화시킨 한편, 양자를 새의 두 날개에 비유한바, '노심자'는 '노력자' 없이 생존이 불가능하다고 함으로써 맹자에서 진보했다. 그런데 구당식으로 학식과 도덕을 갖추면 모두 주인이 되는 길을 선택해도 결국 '노력자'와 '노심자'의 차별은 순환되지 해결되는 것이 아니라는 점에서 여전히 난제이긴 하다. 마지막으로 『대한문전』 '자서'(1909). 우리 문법의 개척자 구당의 면모가 약여하다. 그의 끝없는 문체 실험이 이에서 비롯되니, 구당은 전인全人이다. 부록으로 장자 만겸의 「선친약사」(1914)를 실었다. 죽음을 앞둔 구당의 면모가 생생한 약전의 귀감이다. 연보는 그래도 고균보다 낫다. 전집에 실린 연보를 바탕으로 최대한 수탐搜探하여 가지런히 했다. 질정을 바란다.

국문운동가 한힌샘 주시경

한힌샘은 동학 2세 교주 해월海月 최시형崔時亨(1827~98)을 닮았다. 수운水雲 처형 후 위기의 조직을 추슬러 재건한 해월의 별명이 '최보따리'다. 서릿발 같은 탄압에 신도들의 집을 전전할 때 해월은 그 집 뒷방 구석에 앉자마자 보따리를 풀어 짚신을 삼았다고 한다. 거룩한 정경이다. 소백산 잠행 시절에서 비롯된 이 별명은 인민의 존경이 담뿍 담긴 최고의 찬사일진대, 희한하게도 한힌샘의 별명이 '주보따리'다. 한힌샘이 헌신한 독립협회(1896~98) 붕괴 후 '앉을 자리가 따뜻해질 겨를도 없이' 분주하게, 강의할 책을 큰 보자기에 싸서 이 학교 저 학교로 뛰어다닌 그에게 '주보따리'는 맞춤이다. "스승은 교단에 서시매, 언제든지 용사가 전장에 다다른 것과 같은 태도로써 참되게, 정성스럽게, 뜨겁게, 두 눈을 부릅뜨고 학생을 응시하고, 거품을 날리면서 강설을 하셨다. 스승의 교수는 말 가운데 겨레의 혼이 들었고, 또 말 밖에도 나라의 생각이 넘치었다."(최현배崔鉉培) 무엇보다 과학적 연구에 바탕한 국어의 정립과 그 보급에 나라와 겨레의 운명을 건 한힌샘은 국어를 위협하는 안팎의 압박, 곧 안으로는 유구한 한문 중심주의, 밖으로는 흉흉한 일본어의 밀물을 제어하고 국어를 치열하게 사유한 위대한 계몽주의자다.

그 치열한 계몽운동의 바탕에 깊고 날카로운 학문이 자리하고 있었으니, 총망怱忙한 일정에도 불구하고 연구에 매진한 한힌샘의 연찬研鑽은 경이 그 자체다. 방법적으로 가장 충실히 스승을 계승한 김윤경金允經[51]은 한

---

51   김정수에 의하면, 한힌샘은 "모든 형태소를 철저히 분해하는 분석주의 말본의 시조"다. 이후 제자들은 세 갈래로 분기한바, "우리 말의 실사와 허사를 분리하고 허사인 토씨(조사)와 씨끝(어미)을 독립적인 낱말로 세우자는" 김두봉(金枓奉)과 김윤경(金允經)의 분석주의, "토씨만 낱말로 인정하는" 최현배의 절충주의, 그리고 "허사의 독립성을 부정하는" 정열모(鄭烈模)의 종합주의가 그것이다. "주시경의 수제자이면서도 일본을 통해 들어온 서양의 말본 체계를 따라 풀이씨(용언)의 구성 요소인 씨끝을 분리하지 않는" 절충주의로 수정한 최

힌샘의 학설을 다음과 같이 요약했다. 첫째 예컨대 모음 ㅑ가 ㅣ+ㅏ, 자음 ㅋ이 ㄱ+ㅎ의 겹소리임을 처음으로 밝히는 등 '소리의 분석'을 통해 "오늘날 국어학의 과학적 토대를 닦"았다. 둘째 "낱말로의 분석과 분류 곧 씨가름"이다. 고립어 한문이나 굴절어 인도유럽어와 달리 교착어인 국어가 "뜻을 보이는 말(실사)과 말본을 보이는 말(허사)로 갈"리는 특질을 파악하여, "실사와 허사를 각각 독립한 말로 보아 씨를 가른 것"인데, 명사·형용사·동사·관사·부사·감탄사의 여섯 씨는 실사요, 조사·접속사·종지사의 세 씨는 허사 곧 토씨로 본바, 품사론의 기틀을 세웠다. 더욱이 종래의 8종성을 버리고 표의적 새 받침을 주장, "모든 종성은 다시 초성을 쓰라"는 훈민정음의 원칙을 되살린 "맞춤법의 한 큰 혁명"을 일으킨 터. 셋째 주어, 객어, 설명어, 수식어 등 문장성분을 철저히 분해하는 "월(문장)의 분석"과 넷째 알파벳처럼 필기하려 한 '가로풀어쓰기'.[52] 이 성근 개괄만으로도 이후 국어연구의 전 국면을 포괄했다고 말해도 전혀 과장이 아님을 짐작하거니와, 한힌샘은 최초 그리고 최고의 언어과학자다.

또 하나 한힌샘이 제자들을 기른 근대적 스승의 효시란 점이다. 서울 온 동네를 발섭跋涉하는가 하면, 때때로 전국을 순회하며 강습활동에 종사하는 한편 그들을 학회로 조직하니, '국어연구학회'(1908)를 설립한 이후 '배달말글몯음'(1911)을 거쳐 '한글모'(1913)에 이르기까지 한힌샘은 근대적 학회의 개척자던 것이다. 주시경 학파라고 할 학단이 꾸려졌으매, 그 스승에 그 제자, 기라성이다. 면면을 보자. 백연白淵 김두봉(1889~1961)과 외솔 최현배(1894~1970). 백연은 한힌샘의 하기강습소 출신의 수제자로 1916년 『조선말본』을 완성, 한힌샘의 분석주의 문법을 계승·발전시켰다. 3·1운동

현배가 해방 후 문교부 편수관으로 막강한 영향력을 행사하면서 남한에서는 절충주의가 대세로 되었다. 김정수 「꼬리말(跋文)」, 김윤경 엮음 『주시경선생 전기』(1960), 열화당 2016, 49~50면.

52 김윤경 엮음, 앞의 책 21~29면.

뒤 중국으로 망명, 이동휘李東輝의 공산당에 입당했지만, 처음에는 대종교大倧敎 신도였다. 1944년 연안延安 독립동맹 주석으로 항일투쟁을 지도하다가 해방 후 북으로 가 1946년 김일성대학 초대 총장을 역임하는 등, 북의 국어학을 이끌었다. 북에 백연이 있다면 남에는 외솔이다. 1910년 봄, 일요일마다 보성중학에서 열리는 조선어강습원에서 주시경의 가르침을 받아 국어운동에 투신한 최현배는 한힌샘의 철저한 분석주의를 절충주의로 수정하는 한편, 조선어학회 사건(1942)을 겪고 해방 후 문교부 관료로 국어교과서를 장악하여 거의 국정國定이 되는 위치에 오르매, 연안파 숙청을 비켜가지 못한 백연과 달랐다. 이처럼 한힌샘의 학통이 남북으로 나뉘어 변동을 겪었지만 또한 공통의 기반이 된 역설이 내일을 위해 천만다행이다.

1911년 조선어강습원에서 제자가 된 주산珠山 신명균申明均(1889~1940)은 중앙인서관을 경영한 대종교인으로 스승을 이어 맹렬히 활동했지만 상황의 악화로 상심하여 결국 자결한 고매한 애국자다. 주산의 가까운 동지 백수白水 정열모(1895~1967)는 종합주의자로되 조선어학회 사건을 겪고 월북해 김대 교수로 북의 국어학을 진작했다. 조선어강습원을 인연으로 국어운동에 투신한 검돌 이규영李奎榮(1890~1920)도 스승의 분석주의를 계승한 특기할 제자다. 1981년 뒤늦게 공개된 필사본 『한글모 죽보기』는 특히 주시경의 이력서에 나오는 '국문연구회'의 정확한 명칭이 '국어연구학회'라는 점을 비롯하여 1907년부터 10년간의 국어운동사의 실상을 알리는 중요 자료다. 역시 분석주의를 계승한 한결 김윤경(1894~1969). 청년학원에서 감화받아 국어학에 투신한 그는 조선어연구회 설립에 참여하고 수양동맹회의 창립회원으로 활동하다가 해방 후 학계에서 스승의 분석주의를 수호하느라 고투했다. 스승의 정통적 계승자였기에 끝내 비주류였다.

운동가요 학자요 스승으로 1인 3역을 감당한 그 힘은 어디에서 오는가? 그는 독립협회 세대다. 갑신정변에 투신했다 미국으로 망명한 서재필이 귀국하여 창립한 독립협회는 기존의 쿠데타 방식을 포기했다. 소수의 급진적 엘리뜨가 혁명으로 권력을 잡고 위로부터 개혁을 내려 먹이는 갑신정변 및 갑오경장 방식 대신 비폭력 대중운동으로 전환한 것이다. 언론, 결사, 집회, 출판의 자유를 행사한 방법적 진화를 실험했으니, '독립협회'와 『독립신문』이 그 축이다. 한힌샘은 송재를 만나 '독립협회'에 투신했고 송재에 뽑혀 『독립신문』에서 일했다. 아다시피 갑신정변과 갑오경장의 핵심 주체는 양반이다. 그것도 집권층의 중심에 자리한 북촌 양반들이다. 이는 러시아 혁명운동의 새벽을 연 뿌슈낀을 비롯한 참회귀족에 비할진대, 한힌샘은 운동 주체의 이월을 상징한다. 부모의 이름도 비결정적일 정도로 평민이다. 더구나 황해도 봉산생鳳山生이다. 흥미롭게도 독립협회는 차별받은 서북인의 진출 통로가 되었으니, 황해도 출신의 우남雩南 이승만(1875~1965)과 평안도 출신의 도산 안창호(1878~1936)가 모두 독립협회가 배출한 스타였다. 한힌샘 또한 참회귀족에서 평민으로 넘어가는 그 전환을 웅변하는 사상가다. 우남·도산과 달리 정치보다 더 근본적인 곳을 내다봤다. 독립협회 세대의 국문론자로서 국민국가를 안받침하고 그에 영혼과 육체를 입히는 가장 핵심적 작업, 국어를 연찬하고 국문체의 도야에 용맹정진했다.

한힌샘은 서재필의 후계자다. 고균의 '조선프랑스론'에 깊이 공명한 송재(독립협회가 건립한 독립문이 빠리의 개선문을 모델로 한 것도 그 영향일 것)는 미국 망명의 경험까지 더해져 대국주의가 자연스럽다. 그의 국문체에 대한 확고한 지지에는 조선이 프랑스, 구경究竟에는 미국이 되기를 바라는 소망이 껴묻은바, 공화주의도 마땅히 함께할 것이다. 물론 한번도 발화되지 않았지만 미국식 공화제가 독립협회 해산의 빌미가 된 것을 보면 아주 무관하지도 않을 터. 한힌샘의 정치 역시 송재의 '조선미국론'과 은밀히 공명했을까?

주시경 일생의 동지 상동尙洞교회의 전덕기全德基(1875~1914) 목사와의 어느 날의 대화는 가히 역사적이다.

탑골승방에서 돌아오다가 전덕기 목사를 보고 "무력 침략과 종교적 정신 침략은 어느 것이 더 무섭겠습니까?" 하고 물을 때에 전 목사는 "정신 침략이 더 무섭지" 하매, 선생은 "그러면 선생이나 나는 벌써 정신 침략을 당한 사람이니 그냥 있을 수 없지 않습니까?" 했다. 전 목사는 "종교의 진리만 받아들일 것이지 정책은 받지 않으면 될 것이오" 했지마는, 선생은 과거 사대사상이 종교 침략의 결과임을 말하고 종래의 국교인 대종교(곧 단군교)로 개종하여 동지를 모으려고 최린崔麟, 기타 여러 종교인들과 운동을 일으켰으므로 종교인들에게 비난과 욕을 사게 되었다.[53]

한힌샘은 이처럼 심각한 고뇌로 생애 거의 끝자락에 기독교에서 대종교(1909년 창립)로 개종했다. 제자 극웅極熊 최승만崔承萬의 회고 또한 생생하다.

중학 3학년 때 외국지리를 배웠는데 서양인의 동양 침입 야욕을 몹시 비판하시면서 애국사상을 강조하시었다. 키는 작으신 분이요, 얼굴은 둥그신데 안색은 누르고 혈색은 좋지 않으셨다. 늘 사색 중에 걸어 다니시다가 전신주에 부딪치시는 일이 종종 있다는 말을 들었다. 중학을 마친 뒤 마음에 몹시 감명되어 선생님을 찾아뵌 일이 있었다. 선생님 댁은 내수사內需司 안이었다. 내수사는 옛날 궁중에서 쓰는 미곡, 포목, 잡화 등을 맡아보던 관청이었다. (…) 조그마한 기와집 사랑으로 (…) 무슨 좋은 말씀 듣고자 왔습니다 했더니 대종교人倧敎를 믿으라고 하시는 것이었다.[54]

---

53 김윤경 엮음, 앞의 책 41~42면.

54 최승만 『나의 회고록』, 인하대출판부 1985, 36면. 또한 "보성중학교 1년급 교실"에서 "매주 일요일 오후 두시부터 시작"되던 주시경 한글강습회는 "청강자가 2, 3백명"이란 증언도 소중하다.

한힌샘이 외국지리도 가르쳤다는 것은 이로써 처음 알려진바, 그가 대종교에 얼마나 성심이었는지가 침중하다. '사대주의'에 억압된 '찬란한' 조선 고대문명의 부활을 꿈꾼다는 점에서 대종교도 개벽파다. 대종교야말로 국수적 대국주의의 현신인데,[55] 한힌샘이 대종교에 움직인 것이 흥미롭다. 고균-송재로 이어지는 대국론과 무관한 것이 아닐지도 모르거니와, 최린과 접촉한 점 또한 이채롭다. 고우古友 최린(1878~1958)은 천도교天道敎 (1905년 창립) 지도자다. 동학의 후신인 천도교는 기본적으로 평민의 종교인지라, 양반 출신 지사들과 친연한 대종교와 차별된다. 고우와는 이북 출신이라는 공통기반이 움직였을까? 한힌샘이 생애의 끝에서 필경, 개벽파들과 접점을 이룬 점이 상징적이다. 평생의 동지 전 목사와 논쟁도 불사할 만큼 심각한 번뇌 속에 개종했어도 그가 과연 기독을 배교했는지는 확신할 수 없다. 개종 이후에도 상동교회는 한힌샘 운동의 견결한 거점이었고, 그의 장례식도 상동교회에서 치러졌다. 대종교와 감리교가 동서同棲했다고 보는 게 자연스럽다. 말하자면 외독내종外督內倧(겉으로는 기독교되 안으로는 대종교)이다.

불혹에도 이르지 못한 채 국어국문에 순절한 한힌샘의 원고들은 다행히도 국어학의 태두 이기문李基文에 의해 『주시경전집 상하』(아세아문화사 1976)로 알뜰하게 집록되었다. 심악心岳 이숭녕李崇寧의 수제자임에도 한힌샘을 정독한 이기문 선생의 학덕을 새삼 추모하면서 선選에 임했다. 솔직히 나는 자격이 없다. 일석一石(이희승李熙昇)·심악이 좌정한 과에서 수학한지라 주시경을 접할 기회가 없었다. 가끔 심악이 지나가는 말로 "거 날틀

---

55 그럼에도 대종교의 국수주의가 민주주의와 연속적이란 점은 기억할 일이다. 예컨대 박은식(朴殷植)의 『몽배금태조(夢拜金太祖)』(1911)에 부친 대종교 지도자 윤세복(尹世復)의 서문은 그 단적인 예다. "평등주의로써 현 세계의 패권을 독점한 강권주의자"에 도전함으로써 "인권평등의 개가(凱歌)"를 창도하자는 윤세복의 공감은 대종교 민족해방 투쟁의 고갱이에 속할 것이다. 『백암(白巖) 박은식 전집』제4권, 동방미디어 2002, 42~43면.

이 뭐야" 하시는데, 비행기를 '날틀'이라고 부르는 외솔 일파를 짐짓 냉소하는 말씀이다. 더구나 어학은 전공필수만 겨우 들었으니 국어학은 문외한이다. 부끄럽게도 처음으로 해설을 참고하여 한힌샘을 읽어나가면서 그 학문의 정밀함과 그 교수의 열정에 감탄을 금치 못했다. 본격적인 논문보다는 계몽적인 국문체 글들에서 네편을 추렸다.

첫째 『독립신문』에 발표한 첫 논문 「국문론」(1897). "22세의 젊은이가 쓴 글이라고는 생각되지 않을 정도로" 훌륭한 문자론이다. "한글만 쓰자고 주장한 것과 '옥편' 편찬의 필요를 말한 것과 명사와 조사를 구별해 쓸 것을 주장한 것, 가로쓰기의 이점을 지적한 것 등" "이미 한힌샘의 국문에 관한 사상이 확립"[56]되어 있음을 알리거니와, 과연 서재필이 「『독립신문』창간사」(1896)에서 밝힌 국문론의 실질적 실천자가 바로 한힌샘임을 증명한 명논설이다. 둘째 「국문」(1906). 『가뎡잡지』에 연재된 문답식 글인데, 본격적 논저 『대한국어문법』(1906)의 "내용을 쉽게 고쳐 쓴 것"[57]이다. 셋째 서우西友학회의 기관지 『서우』에 실린 「국어와 국문의 필요」(1907). "말과 글이 그 나라의 자주의 표지"[58]임을 주장한 계몽적 국문론이다. 넷째 『보중친목회보普中親睦會報』에 실린 「한나라말」(1910). 본격적 연구서 『국어문법』(1909)을 "마친 뒤에 그 '국문의 소리' 부분을 개필한" 글로 한힌샘 필생의 업적 『말의 소리』(1914)의 "형성과정을 보여주는 소중한 자료"[59]다. 당시 보성중학의 강사로 취임한 기념으로 교지에 발표한 데서 보이듯 학생 및 교사에게 돌리는 애국통신 같은 성격이 우리로서는 더욱 뜻깊다. 마지막으로 『보중친목회보』 '잡조雜組'에 실린 한힌샘의 경구 「큼과 어렵음」(1910). 적음과 쉬움을 가벼이 여기면 큼과 어려움을 이룰 수 없음을 단 네

---

56 이기문 「해설」, 『주시경전집: 상』, 아세아문화사 1979, 3면.
57 이기문 「해설」, 『주시경전집: 하』, 15면.
58 이기문 「해설」, 『주시경전집: 상』, 3면.
59 앞의 글 10면.

개의 문장으로 결속한 시적 산문이다. 원문대로 옮긴다. 부록으로 서재필의 「『독립신문』창간사」(1896). 앞부분은 신문의 주지主旨를 천명하고 뒷부분은 국문만의 길을 선언한 기념비적 글이다. 역시 원문대로 올린다. 한글체를 새로이 창제해가는 빛나는 자욱으로 될 송재 서재필과 한힌샘 주시경의 사자후獅子吼에 모쪼록 직접 닿이시길!

끝으로 연보. 참으로 기이하게도 연보가 종작이 없다. 다행히『주시경전집 하』의 끝머리에 편자가 그의 자필 이력서 일곱통을 추려 실었다. 이를 바탕으로 사실적인 연보를 작성했다. 고생했지만 보람이다. 질정을 바란다.

* * *

어찌어찌 김옥균과 유길준과 주시경까지 묶는 버거운 선집을 맡게 되었다. 그 덕분에 내 젊은 시절의 주제로 오랜만에 회귀한 셈인데, 막상 작업을 진행하니 새록새록이다. 일찍이『매천야록梅泉野錄』으로 그 시절의 골목골목을 엿본 데다 개화파 연구의 개척자 이광린李光麟·강재언姜在彦의 저술을 통해 내 나름의 졸가리도 세웠거니와, 특히 강재언의『조선근대사연구』(일본평론사 1970),『근대조선의 사상』(키노꾸니야서점紀伊國屋書店 1971), 그리고『근대조선의 변혁사상』(일본평론사 1973), 3부작은 나의 등대였다. 이때의 연찬을 바탕으로 하나의 가설에 도달했다. 우리 계몽사상의 두 근원으로 유길준의『서유견문』(1895)과 서재필의『독립신문』(1896~99)을 비정比定하고, 전자는 국한문체 계몽주의, 후자는 국문체 계몽주의로 잠정 명명했다. 소국주의적 중립론과 대국주의적 독립론으로 대조를 두고, 그 후계 정치까지 생각했다. 안창호는 유길준과 '흥사단'으로 엮이고(유길준이 1907년 서울에서 창립한 '흥사단'을 독립협회 출신의 안창호가 1913년 샌프란시스코에서 계승했다), 이승만(그의 유별난 친미는 미국을 이용하여 독립 또는 통일을 꿈꾼다는 점에서 조선시대의 사대와도 다르매, 왜곡된 대국주의에 가깝다)은 서재필과 '독립협회'로 묶인다.

그러나 정작 그들의 저작을 골똘히 정독한 바는 드물었다. 좋은 공부의 기회다. 젊은 연구업적들을 톺아가면서 나의 낡은 개괄을 진화할 학업을 닦은 게 수확이다. 당연히 약간의 수정과 보충이 더해졌다. 서재필의 근본이 김옥균임을 절감했고 주시경 역시 이 계열에 드는데, 이승만이 정치적 후계자라면 주시경은 언어사상적 상속인인 셈이다. 김옥균-서재필-주시경·이승만 대對 유길준-안창호가 뚜렷하다. 이로써 김옥균 및 유길준의 사상과 이후 계몽문학의 연계가 더 충실히 궁구될 것이거니와, 당장 신소설 최고의 작가 이해조李海朝의 맥락을 새로이 깨쳤다. 종래 나는 양반철폐론과 한문폐기론에 대한 흥미로운 토론을 전개한 이해조를 운양雲養 김윤식金允植과 연계했는데, 이번에 보니 유길준 계보다. 유길준의 정치적 후계자는 안창호(안창호는 「협동론」에서 생전에는 무시당한 유길준이야말로 "우리의 지도자"라고 그에 대한 경의를 직접 표현하기도 했다(『삼천리』 1937.1))지만, 문학적 후계자는 이해조가 되는 것이다.

또한 한문체·국한문체·국문체가 견고튼 우리 근대문체의 탄생 과정에 새삼 주목했다. 김옥균은 모두 한문체다. 혹자는 「치도약론」(1882)에 나오는, 한자와 언문을 섞어 쓴 간판에 착안해 이를 국문론의 맹아라고 기리지만, 신어新語들이 족출하는 그의 한문체 자체가 근대문체의 발생과 훨씬 연속적이다. 유길준은 국한문체의 발명자다. 그런데 『노동야학독본』(1908)에서는 국문체까지 실험했다. 단순한 국한문체주의자가 아니었던 것이다. 세 문체를 두루 시도한 유길준이야말로 우리 근대문체의 진정한 개척자다. 주시경도 세 문체를 섭렵했거니와, 역시 특장은 국문체의 의식적인 실험에 있다. 그의 각고로 한글이 비로소 언문에서 탈각하여 국문으로 진화한바, 그 과정이 문장마다 임리淋漓하다.

창제자가 밝혀진 유일한 문자로 명예로운 훈민정음은 창제원리가 알려진 유일한 문자로도 드높다. 어머니 철학과 아버지 과학의 성대한 결혼으로 탄생한 훈민정음은 지배계급 남성에 거의 독점된 한문이란 단일언어를 균열함으로써 침묵당한 여성과 평민남성 들의 혀가 된바, 남북 합쳐 문맹률 세계 최저라는 데서 보이듯 그 쓸모조차 최고다. 그러나 창제 이후에도 한문의 하위에 자리한 언문으로 시종했거니와, 마침내 갑오경장(1894)을 기다려 국문으로 상승했으니, 드디어 훈민정음이 근대문학＝근대국가의 디딤돌이라는 본래적 지표를 드러낸 것이다. 사상 연찬研鑽이 곧 문체 탁마로 이월된 김옥균·유길준·주시경의 노고로 국문이 발명되었고 그 작업은 나라의 멸망에도 불구하고, 아니 그 때문에 더욱 집합적으로 성수成遂되었으니, 3·1운동(1919)을 모태로 태어난 신문학운동은 그 꽃이다. 식민지시대의 문학이 해방 후 독립의 기초가 되었듯, 4월혁명(1960)에서 배태된 민족문학이 산업화와 민주화를 동시에 달성한 오늘의 한국을 만들었다. 또 하나의 임계점에서 한반도의 안팎을 원융圓融할 한국어의 미래는 어디에서 동틀 것인가? 그들의 선구적 문체 실험이 목하目下 법고창신法古創新의 종요로운 참조처가 될지도 모를 일이다.

그들의 저작이 원문을 영인한 상태의 전집(『김옥균전집』 아세아문화사 1979, 『유길준전서』 을유문화사 1971, 『주시경전집』 아세아문화사 1976)으로 수습되어 있던 것도 다행이다. 그 덕분에 원문을 일일이 확인하는 노동에서 해방되었을 뿐만 아니라 그 간난한 문체 실험을 가능한 한 생생히 전달할 수 있게 되었다.

도움받은 이들이 많다. 러시아의 특수한 직함은 김영석 대사에게, 국어학에 대해서는 장윤희 교수에게, 서울의 낯선 지명은 염복규 교수에게, 일본의 까다로운 관직은 최자명 교수에게, 그리고 중국 인명·직명은 손제자 송향경 교수에게 자문했다. 『세기와 더불어』의 출전을 확인해준 인천문화재단의 김락기 관장도 고맙다. 덕분에 주석이 정밀해졌다. 끝으로 강범석의 『잃어버린 혁명: 갑신정변 연구』(솔 2006)를 구해준 임우기 형께 감사한다.

애는 썼지만 번역이나 주석에 오류가 있을지 모른다. 강호제현의 질정을 바란다.

조언을 아끼지 않은 간행위 및 실행위에 감사하며, 실무 박대우 형의 꼼꼼한 챙김을 각별히 기억하고 싶다.

핵심저작

김옥균

김옥균(1851~1894) 초상

1장
『치도약론』[1]
(1882)

서론

내 듣건대, 태평의 세世에는 법이 수성守成(조상의 업적을 지킴)을 귀히 여기고, 환란의 뒤에는 도道가 정돈하고 삼감에 있다 한다. 지금 우리나라가 새로 변란[2]을 겪은 뒤, 성상聖上(고종을 이름)께서 가엾이 여겨 슬퍼하는 윤음綸音(임금의 말씀)을 내리사 벼슬아치와 선비, 아전과 백성으로 하여금 각기 자기들의 의견을 말하게 하여, 무릇 나라에 이롭고 인민을 편하게 할 방책에 관계된다면 그날로 의논하여 행하지 않음이 없으니, 대개 빠르게 조

1 　治道略論, 서-본-발로 구성된 이 글은 고종 19년(임오년壬午年) 음 11월 15일(1882. 12. 24) 즈음 즉 일본 방문 중에 집필되었다. 텍스트는 『김옥균전집』에 실린 서울대 규장각 목판본이다. 국사편찬위원회의 역통(한국역사정보통합시스템)에 실린 『한성순보(漢城旬報)』본 (1884. 7. 3)도 참조한바, 전집본이 그래도 낫다. 번역은 『김옥균 외/한국의 근대사상』(삼성출판사 1981)에 수록된 이민수(李民樹) 역본(87~96면)을 참고하여 내가 새로 했다. 출전은 『김옥균전집』(약칭 『전집』), 아세아문화사 1979, 3~19면. 이하 이 책의 인용은 면수만 표시한다.

2 　1882년 7월에 폭발한 임오군란. 군란으로 대원군이 다시 집권했으나 청의 개입으로 대원군이 8월에 납치됨으로써 민씨 세도가 복구되고, 조선을 둘러싼 청과 일본의 각축이 더욱 격렬해졌다.

처해서 실효를 거두고자 한 것이다. 생각건대 조정의 제현諸賢이나 초야의 영민하고 준수한 인재에게 반드시 좋은 꾀와 큰 계획이 있으리니 우리 임금의 밝은 들음에 날로 나아가, 상하가 한마음으로 부지런히 임금을 도와 중흥의 때에 가히 발돋움하기를 눈을 씻고 기다릴지라.

대개 말하기를 오늘날 먼저 힘써야 할 것은 그 반드시 가로되, 인재를 씀이요, 재물의 씀씀이를 줄임이요, 사치를 누름이요, 바다를 널리 열어 이웃 나라와 잘 사귐이니, 이 중에 진실로 하나라도 빠지면 불가하다 한다. 그러나 구구한 내 어리석은 소견으로는 '실사구시'만 한 것이 없은즉 한두 가지 긴요한 실마리를 급히 가려 시행하여, 뽐내며 기약한 원대한 꾀로 하여금 헛되이 빈말에 떨어질 따름이 되게 하지 말지어다.

바로 이때에 온 세계 기운이 크게 변하여 만국이 교통하매, 화륜선이 바다 위로 엇갈려 달리고 전선이 온 지구를 그물처럼 둘러쌌다. 그 밖에 금과 은을 열어 캐고 쇠를 녹여 기기器機를 만드는 등 일체 민생과 일용에 편리한 일 같은 것은 가리키자니 거의 꼽을 수가 없다. 그런데 각국이 그 절실히 필요한 정책을 구한즉, 첫째 가로되 위생이요, 둘째 가로되 농업과 상업이요, 셋째 가로되 도로인데, 이 세가지는 비록 아시아의 성현이 나라 다스리는 길이라고 해도 또한 능히 어긋나지 않을 것이다.

춘추 시절에도 남의 나라에 초청되면 먼저 도로와 교량을 보고 그 나라 정치의 득실을 알았다. 내 일찍이 듣긴대 외국인으로 우리나라에 여행한 자가 돌아가 반드시 사람들에게 말하기를, "조선은 산천이 비록 아름다우나 인구가 적어 부강하기를 급히 꾀하기 어렵다. 사람과 가축의 똥·오줌이 도로에 가득 차 막히니, 이것이 가히 두렵다" 한다니, 이 어찌 차마 들을 것인가. 어호, 우리 조종조祖宗朝에서 나라를 열고 법을 제정할 처음에 도로와 교량을 닦고 다스리는 일은 수조水曹[3]에 속한바, 또한 준천사濬川司를

---

[3] 고려 초기에, 영선(營繕, 건축·수리)·도야(陶冶, 도기와 철물 제작) 따위의 일을 맡아보던 공관(工官)의 관아. 성종 14년(995)에 상서수부로 고쳤다가 문종 때 없앴다.

설치해 도랑과 개천 치는 것에 오로지 힘써 그 규모가 치밀하지 않음이 없어, 풍속이 무너짐에 따라 버릇을 이룸 같은 것이 없었다. 비록 자기 한 몸에 아픔을 주는 절실한 것일지라도 오직 또한 구차히 인순因循(낡은 습관을 그대로 따름)함을 일 삼아, 좋은 법과 아름다운 뜻이 한낱 헛이름으로 남을 뿐이었다.

수십년 전부터 괴질과 여역癘疫(전염성 열병)이 여름과 가을 사이에 성행하여, 한 사람이 병에 걸리면 전염하여 천백에 이르러 사망이 서로 잇거늘, 대략 다수는 일꾼처럼 부릴 장정이다. 이는 비단 거처의 불결함과 음식의 절제 없음에 말미암을 뿐 아니라, 더러운 물건이 거리에 쌓여 있어 독기의 공격하는 바를 외곬로 받는 때문일 따름이다. 이때를 당하여 그 혹 부귀한 이로서 섭양攝養에 대해 좀 아는 자는 초조히 마치 붉은 화로 가운데 앉은 듯 빌고 주문 외우고 부적 붙이기까지 이르지 않음이 없던 것이다. 또 기황의 술[4]을 대략 아는 자는 몰래 달아나 숨을 길이 없으매 좌로 끌리고 우로 당겨 창황히 분주하다가 요행히 무사한즉 문득 말하기를, "금년 운기가 그리 시켰다"고 할 뿐이다. 그러다 날씨가 점점 추워져 전염증이 잠깐 그치면, 사람마다 모두 양양히 스스로 기뻐하며 익히 잊고 마는 것이다. 가히 매우 어리석다고 이를지니 또한 가히 아처롭다.

바로 지금 구미歐米 각 나라는 기술 과목이 매우 많은데, 오직 의업을 제1등에 둔다. 생민生民의 목숨에 관계되는 바이기 때문이다. 우리나라는 관청으로부터 민가에 미치기까지 문정門庭(대문이나 중문 안의 뜰)이 축축하게 습하고 하수구가 흐르다 막혀 악취가 사람을 다그쳐 코로 가려도 견디기 어려워 탄식함이 있으니, 실로 외국의 조소 받을 사항일 것이다.

전권대신 박공,[5] 부사副使 김공[6]이 일본을 사신으로 방문한 때, 옥균 또

---

4   岐黃의 術, 의술을 이름. 기백(岐伯)과 황제(黃帝)는 의술의 비조.
5   박영효, 반남(潘南)인, 호는 춘고(春皐), 철종(哲宗)의 부마 금릉위(錦陵尉), 임오군란 수습을 위해 1882년 특명전권대신으로 김옥균과 함께 일본에 건너가 교섭한 뒤, 1884년 김옥균

한 두루 거쳐 다시 동경에 이르렀다.[7] 어느 날 양공兩公이 나에게 일러 가로되, "우리가 장차 치도를 숙달하게 배운 자 3, 5인과 함께 돌아가 정부에 보고하고 치도 한가지 일을 빠르게 시행하고자 하는데 어떠한가?" 내가 대답해 가로되, "지금 우리나라는 크게 장경張更[8]할 기회에 당하여 공들이 마침 이 무거운 위임을 안고 특별히 외국에 왔는데, 복명復命(명령을 받고 일을 처리한 사람이 그 결과를 보고하다)의 날 보고 들은 것에 의거, 건의하여, 국가에 공훈 있는 사업을 세우는 것이 공들의 책임이다. 어찌하여 또한 겨우 치도 한가지 일을 선무先務(먼저 처리할 일)로 삼는가?" 공이 웃으며 가로되, "그렇지 않다. 우리나라에 있어서 금일 급무는 농업을 일으킴만 한 것이 없고, 농업을 흥하는 요충은 실로 밭에 똥거름을 줌에 있다. 밭에 똥거름 주는 것을 부지런히 한즉 더러움을 가히 제거할 수 있고, 더러움을 제거한즉 여역을 가히 흩을 수 있다. 설령 농사일이 법을 얻었다 할지라도 운수運輸가 불편한즉 강 동쪽의 곡식을 강 안쪽으로 옮길 수 없다. 이것이 치도를 요충으로 삼는 까닭이다. 도로가 이미 다스려져 수레와 말을 이용한즉 일꾼 열이 힘쓸 것을 일꾼 하나가 능히 하매, 그 나머지 일꾼 아홉의 힘은 공작기예工作技藝로 옮긴다면 예전 놀고먹던 무리로 하여금 각기 일정한 직업을 얻게 하니, 나라를 편히 하고 인민을 이롭게 함이 정녕 이보다 나은 것이 있겠는가?" 내가 이에 일어나 절하고 가로되, "참으로 그렇다. 공들이 말하는 위생, 농상農商, 도로 같은 것은 고금 천하의 바꿀 수 없는 정법定法이다. 내가 본국에 있을 때 일찍이 아는 친구들과 더불어 이 일을 논

과 함께 갑신정변을 주도한 개화당의 영수.

6 김만식(金晩植, 1834~1901), 청풍(淸風)인, 호는 취당(翠堂), 운양(雲養) 김윤식의 종형으로 1882년 일본에 파견된 사절단의 부사.

7 김옥균은 1882년 3월 도일하여 각지를 돌아 동경에 갔다가 임오군란으로 급거 귀국했고, 1882년 9월 금릉위의 수신사에 참여하여 다시 동경을 방문했다. 이때가 두번째 동경 방문인데, 「치도약론」은 이때 탄생한 것이다.

8 장경은 경장. 해현경장(解弦更張, 거문고 줄을 풀어 고쳐 당김)에서 유래한바, '위로부터의 개혁'을 가리킴.

급론及했지만, 하나를 들어 여럿이 이처럼 치밀하게 잘 갖추어질 줄은 오히려 몰랐다. 내가 또 듣건대 일본이 변법變法(1868년 명치유신) 이래로 온갖 일을 경장한바, 치도의 공이 효력을 크게 거두었다. 공이 돌아가 아뢰어 빨리 행한다면 장차 전일의 조소받던 것이 변하여 흔연히 서로 축하함을 보지 않겠는가? 우리나라 부강의 꾀가 실로 이에 비롯할 것이다." 김공이 이에 옥균에게 치도 규칙 몇 조목을 만들어 시행에 편리하게 하라고 위촉했다. 옥균 감히 글하지 못한다고 하지 못하고 삼가 장정章程을 아래와 같이 흉내내니, 오직 바라기는 기무機務⁹ 제공諸公이 유의하여 채택한다면 매우 다행하고 매우 다행하도다.

성상 즉위 19년 임오(1882) 11월 보름 김옥균 삼가 씀

치도약칙治道略則

1. 치도국治道局은 마땅히 급히 부部를 나누어 큰 거리 요지要地에 개설하되, 반드시 대사헌大司憲에게 맡겨 관장케 한다. 경조윤京兆尹(정2품 한성판윤漢城判尹)과 같은 직이 가히 이 임무를 감당할 것이며, 그 나머지 관원 및 심부름꾼은 각 부 넓이의 크고 작음과 호구戶口의 많고 적음을 보아 차등을 정한다. [도성의 일 처리를 기다려 유효한즉 점차 외읍으로 넓혀 행한다.]

2. 이번 차에 공사가 데리고 가는 치도사治道師 3인, 목공木工·철공鐵工 각 1인은 모름지기 잘 나누어 배치하여 우대하고, [지금 추운 절기를 당하여 즉시 거행할 수 없다. 여러 도구를 마련해 준비하자면 자비自費에 시간이 걸릴 것이다.] 목공·철공은 마땅히 재주 있는 자를 먼저 택해 더불어 학습을 강구하되 미리 기계를 갖춘다. 또 치도하는 사람으로 하여금 성안과 오강五江¹⁰ 등지의 형

---

9   고종이 1882년 음 7월에 개혁 작업을 위해 다시 설치한 기무처.

10   중요한 포구가 있던 서울의 다섯 강가 마을. 한강(漢江) 용산(龍山) 마포(麻浦) 현호(玄湖)

세를 살펴보아 착수할 차례를 편히 정하게 할 일이다. [치도의 법은 다른 기술의 어려움에 비할 바 없어, 열심인 자라도 몇 달을 배워 요령을 얻은즉 교사를 가히 돌려보낼 수 있을 것이다.]

3. 먼저 도기점陶器店에 신칙申飭(단단히 경계하여 이르다)하여 수통水桶(물이 통하는 관)을 구워 만들게 하여 도랑을 묻는 데 쓸 수 있게 준비하고, 또 옹기로 장군을 많이 만들어 더러운 뒷간 같은 곳에 쓸 수 있도록 준비한다. [수통은 공사(박영효)가 양식을 지니고 왔다.]

4. 민호民戶의 측간(변소)은 마땅히 각각 만들되 그 집 터전의 넓고 좁음을 헤아릴 것이다. 무릇 소와 말과 닭과 개의 똥은 재와 볏짚, 나무와 돌의 찌꺼기와 섞이지 않게 하고 마당 밖으로 배출하거나 도로 사이로 버려 그 도로의 경계 구분에 따라 집을 배정하여 담당하게 하고, 날을 매기고 때를 정하며 조목을 엄밀히 베푼다. [겨울철 같으면 눈 치우는 일은 이미 행한 예가 있으니 어긴 자는 징벌한다. 벌 주는 법은 가볍고 무거움의 몇 등을 나누어 응당 일정한 한도가 있어야 할 것이다.]

대궐 안 각 관청과 각 궁원의 일하는 자의 근면과 태만은 또한 치도국에 맡겨 세밀히 살피게 한다. [비록 공경公卿의 집이라고 해도 법에 위배되는 일을 하면 그에 따라 징벌을 무겁게 하여 혹 정에 얽혀 봐주는 일이 없게 하면 연후에 백성이 이에 윗사람의 명령을 받들 것이다.]

5. 본국本局에는 따로 자금을 마련하여 매달 말이면 각 부내部內에 저장된 똥오줌을 그 호구의 크고 작음을 봐가며 값을 주고 사들인다. [이 일절은 마땅히 한가지로 헤아려 계획할 일이다.] 사대문 밖에 넓게 구덩이를 파 석회로 발라 완성하고 이미 사둔 똥오줌을 날라 저장하여 기운이 새나가 그 성질을 잃지 않게 하고, 그 독기가 모두 맑아지기를 기다리는데 능히 흙으로 덮어 전염병의 폐를 없애야 한다.

서강(西江). '한강'은 현 용산구 한남동(漢南洞)으로, '현호'는 현 마포구 현석동(玄石洞)으로 비정된다(염복규 교수).

6. 본국부터 똥 수레와 똥통[뚜껑을 갖출 것]을 만들어 운반하는 데 쓴다. 일꾼들이 똥통을 덮지 않는 자가 있을 것 같으면 수시로 벌주어 경계한다.

7. 국을 설치한 뒤 여러 일을 거행한즉 순검巡檢[11](명목은 오직 재량함이 마땅하다]의 임任을 두지 않을 수 없다. [대충 매 50호에 순검 하나를 둔다.] 부지런하고 성실하고 일을 아는 자를 골라 임명장을 주고 직을 제공한다. 순시하고 규찰할 때 죄인을 일부러 놓아주거나 뇌물 받을 일을 부지런히 찾을 것 같으면 징벌은 마땅히 평민의 배가 된다. 또한 마땅히 총괄할 순검을 두어 수시로 독찰督察해 내쫓는다. [이미 순검을 둔즉 순라巡邏의 법은 스스로 맡아 혁파한다. 그리고 좌우포청의 군교軍校와 나졸羅卒, 오부의 서원과 사령, 형한양사刑漢兩司(형조와 한성부, 두 관청)의 서리와 사령은 실직에 오른 자 외에 임시적인 가출加出(정원 외에, 명의만의 사원)은 내보낸다. 또 계방 명목은 참으로 번거로워 그 한갓 손가락을 구부려 열에 여덟아홉으로도 모자라매, 조정도 알지 못하는 바다.[12] 그중 실제로 급료를 받은 자도 족히 살아갈 수 없는데, 그 밖에 이름만 투탁投託(남의 세력에 기대다)한 자는 평민을 괴롭혀 구복口腹을 채우는 것을 본분으로 삼으니, 아, 상례로 굳어 교정할 수 없어 폐단이 허다하도다. 각 아문衙門과 각 궁가宮家에서 공경의 집에 이르기까지 하인배들은 모두 일정한 직업이 없는 투탁자다. 외도外道(경기도 이외의 도) 각읍의 서리와 장교, 관노와 사령의 폐를 논할 것 같으면 더욱 심한 바가 있다. 그 까닭을 찾으면 실은 가히 꾀할 생활이 없어서 그렇지, 대개 인심이 불량한 탓이 아니다. 만약 바름으로 이끌고 믿음으로 부린다면 어찌 이 폐단을 없애지 못할까 근심하리요? 이제 순검의 일을 행하여 규모가 엄밀한즉 적폐를 고쳐 바로잡을 단서를 잡는바, 여기에만 그치지 않을 것 같다.]

8. 매 순검이 관할하는 경계에 간판 붙인 장대를 하나 세워 법식法式을

---

11 조선 후기 경무청에 속해 있던 판임관 벼슬의 하나. 지금의 순경.
12 본문 중 오부(五部)는 조선시대에 한성을 다섯부(동서남북중)로 나눈 행정 구역을 말한다. 또한 서원(書員)은 서리(書吏)가 없는 관아에 두었던 벼슬아치이며, 사령(使令)은 각 관아에서 심부름하던 사람을 가리킨다. 그 밖에 서리(書吏)는 중앙 관아에 속하여 문서의 기록과 관리를 맡아보던 하급의 구실아치이며, 계방(契房)은 부역의 면제를 위해 관청의 하리(下吏)에게 돈과 곡식을 주던 일을 말한다.

새겨 게시한다. 한자와 언문을 섞어 써 인민으로 하여금 항상 이를 눈에 익게 하면 거의 허물을 멀리할 수 있을 것이다.

9. 매 순검이 관할하는 경계 안에 본국本局으로부터 나무 헛간 두세칸을 짓고 칸마다 따로 나무통을 묻어 행인들이 급히 똥오줌을 누는 데 쓴다. 이처럼 했는데도 여전히 냇가 둑이나 축대 및 담장 아래, 그리고 행랑 옆에 함부로 누는 자는 벌칙을 꾀함이 마땅하다.

10. 도로가 이미 닦인즉 인력거와 마차가 불가불 다니게 된다. 다만 인력거를 마땅히 먼저 많이 만들어 각동各洞 교부轎夫(가마 메는 사람)들 기다리는 곳에 나누어주어 매월 가벼운 세금을 가려 거두는데, 더욱이 마땅한 제도를 정하여 통용하도록 한다. 비록 녹봉이 높은 관원이라도 반드시 인력거나 마차를 타게 해야 할 것이다. [인력거를 이용하여 운수에 편한즉 소와 말의 힘을 농사짓는 데 가히 돌릴 수 있다. 소와 말의 힘으로써 수레를 부리면 말과 소 또한 병들어 쇠약해지는 것은 면하겠지만, 온역瘟疫(급성 전염병)의 근심을 새로 일으키매 이는 진실로 성인聖人(어진 임금)의 은택이 짐승에까지 미치는 것이 아니다. 또 우리나라는 본디 말이 나는 나라라고 칭했으나 목축의 정책을 폐지하여 강구하지 않은 지 오래다. 비록 한두곳 목장이 있다 하나 수초水草를 먹여 기름에 이미 그 방법을 잃었다. 또 그중 조금 큰놈은 해마다 가려 빼니 남은 바 모두는 여위고 파리한 데 속한다. 이것은 토산土産이 불량한 것이 아니라 실로 종자를 기록하여 취하는 데 그 법을 얻지 못한 것이다. 또 왕왕 단지 암컷만 있고 수컷이 없으니 장차 어찌 새끼를 불릴 수 있단 말인가? 이 또한 빨리 크고 건강한 종자를 마땅히 강구하여 중국에서 사 와야 한다. 여러 섬의 목장을 있는 대로 다시 설치한다면 5, 6년 안에 장차 화류驊騮[13] 같은 좋은 말이 서울의 큰길에서 달림을 볼 것이다.] 가히 하인을 많이 데리고 다녀 박봉薄俸을 주며 거느리는 것을 면할 터이니, 하인배들 또한 각기 공업에 맡기게 할 수 있다. [이 법 행한 지 오래지 않아 민은 꼭 그 편하고 쉬움을 알아 살아갈 방도로 의지한즉, 치도의 공이 마땅히 인력거꾼의 출력出力에 있을

---

13   주 목왕이 타던 팔준마의 하나. 하루에 3만리를 달림.

것이다. 또 궁궐 안에서도 그대로 따라 많은 금령을 자주 내려 마침내 행함이 한결같지 않게 하지 말아야 한다. 그리하면 관원도 따라 한갓 번다하고 구차한 거조를 문득 제거할 수 있을 것이다.]

11. 똥구덩이에는 응당히 치도국에서 감독하고 지키는 관리를 두어 농부에게 팔되 값은 반드시 싸게 하는 것으로 마땅히 항규恒規로 삼아야 한다. 오직 도성의 안팎 땅이 넓은 곳에서 스스로 농업을 하는 자는 이 예에 있지 않지만, 또한 응당히 구덩이를 설치해 깊이 묻어 함부로 어겨 벌을 받지 않도록 해야 한다. [대개 분전糞田(똥거름을 준 밭)의 법은 행한 지 1, 2년 안에 민으로 하여금 그 이익이 배가 되는 것을 알게 한 연후에는 공가公家(조정이나 왕실)의 규찰을 기다리지 않아도 구덩이를 파 저장하는 법을 스스로 맡아 규칙을 이룰 것이다.]

12. 거리 및 마을에서 볏짚을 엮어 가가假家(임시로 지은 집)를 만드는 풍속은 불가불 금해야 한다. 회록回祿(화재를 관장하는 신)의 잦은 경보가 미상불未嘗不(아닌 게 아니라 과연) 이로부터 말미암은바, 마땅히 빠르게 모두 철거한다. 수레와 말이 다니지 않는 빈 곳에는 우산을 펴 야시夜市하는 법을 허하여 민으로 하여금 게을러 업을 잃지 않게 해야 한다. [석탄 광산을 연즉 등유의 사용을 가히 취할 수 있고, 여러 궁중에서 벽돌 만드는 법을 행한즉 회록의 재앙을 가히 멀리할 수 있다.]

13. 무릇 죄인에게 붉은 수의를 입히는 징역의 법은 고전에 실려 있는 것으로 지금 해외의 나라가 모두 행한다. 일본도 근래 또 행하고 있는데, 오직 조선만 복고復古하지 못했다. 성인聖人(고종)의 정치에 모자란 바는 치도와 순검과 징역으로 정족鼎足(솥 밑에 달린 세 개의 발)의 세와 같아 하나라도 빠지면 차례를 정할 수 없다. 현행 형정刑政으로써 논하건대 법이 오래 문란해져 목숨을 빼앗고 재산을 탈취하는 해독이 전국에 미침에도 허물없는 체 탄평坦平(근심이 없이 마음이 편하다)이다. 못과 송곳을 한번 훔치고 호강豪强을 한번 욕만 해도 등한히 사람의 목숨 없애기를 초개草芥같이 가벼우니 화기和氣를 범해 상하게 함이 이에 극極하도다. 어진 사람과 군자의 마

음에 어찌 통탄하고 슬퍼하지 않으리요? 요순堯舜의 세世에 인민이 통하지 않을 리가 없건만, 법관이 있었고 속금贖金(죄를 면하려고 바치는 돈)이 있었으니 이것이 징역의 법이 유래한 바다. 마땅히 새로이 법률을 정해 무릇 가벼운 죄를 범한 자는 눌러 공인工人을 만듦으로써 스스로 속죄하게 한다. 그러매 이는 반드시 임금으로부터 재가를 얻어 바야흐로 그 실효를 기약해야 한다. [법률의 학이 흥한 연후에야 제반 사무가 이에 가히 잘 진행될 것이다.]

14. 50호마다 순검 한명을 두는 법을 행한즉 십오의 법[14]이 스스로 개정되기에 이를 것이다. 마땅히 빨리 호구를 샅샅이 조사하여 경조윤으로 하여금 총괄함으로써 민구民口(일정한 지역 안에 거주하는 백성들의 수효)의 늘고 줆을 살피게 한다. [지금 구미 여러 나라에서는 호적법으로 매년 호구를 샅샅이 조사하여 남녀의 생사와 이사하는 숫자가 손금처럼 밝다. 이는 나라를 지니는 바꿀 수 없는 법이니, 이 법이 만약 혼란한즉 화폐를 찍고 병정을 뽑는 것 또한 점검할 수 없다.]

15. 순검이 거처하는바 나무집은 그 부部의 요지에 세워 밤낮으로 머물고 쉬며 비를 피하는 곳으로 삼는다. 물과 불을 막고 도적을 경계하여 살피는 등의 변고는 모두 그 순검에게 걸린 책임이다. 이런 까닭에 관官에서 기계를 주고 번番을 고쳐 순시하게 할 것이다. [순검의 매 초막에는 마땅히 두명을 둔다. 많아도 세명을 넘지 않는다.]

16. 땔나무 파는 곳은 마땅히 헤아려 각 문의 안팎 및 각 큰 동洞의 요지 빈터에 배치하여 가는 길에 지장을 주시 않게 한다. [무릇 마을의 불난리는 흔히 마른 섶 쌓아놓은 데서 발화되는지라 마땅히 땔나무 때는 것을 없애고 마들가리[15]를 쓴다. 그러나 서울 근처에는 이미 수목의 울창함이 모자른즉 사세가 급히 땔나무 때는 풍속을 없애지 않을 수 없다. 오직 잘 자라는 나무를 불모의 빈터에 많이 심고 분전법을 써 가꾼즉 여러 해 안 되어 도끼가 들어갈 만큼 자랄 것이다. 이는 불 때는 이로움에만 그치지 않을 것

---

14   什伍의 법, 집을 열 또는 다섯씩 묶는 법. 아마도 조선시대의 오가작통五家作統을 가리키는 듯.

15   골돌(榾柮), 잔가지나 줄거리의 토막으로 된 땔나무.

인즉 또한 장마와 가뭄을 막을바, 지금 천하 각국 정무政務의 일대 관절關節(핵심)인저.]

17. 각 조례 중 꼼꼼하지 않거나 확실하지 않은 곳은 총무를 기다려 자세히 조사해 더하고 뺀다. 지금 공사가 가지고 가는 활자와 인판印板(인쇄하는 데 쓰는 판)으로 마땅히 빨리 정본正本을 박고 아울러 언역諺譯을 반포해, 어리석은 사내와 어리석은 여자 또한 그 이로움과 해로움의 소재를 알게 하면 바라건대 고무하는 데 도움이 될 것이다. [번역은 정무와 관계되는 것이다. 인판을 써 반포해 인민의 지혜가 날로 자라게 하는 것이 지금 천하를 개통하는 요긴한 일이다.]

위 각 조목은 반드시 공가公家로부터 행해야 할 것이다. 단연코 민에게만 경계하지 않아야 실효를 기할 수 있다. 나라를 지니는 큰 정치에 어찌 큰돈 쓰는 것을 아끼리요? 생각건대 자금 마련하는 길은 작은 재주로는 능히 알지 못할 바다. 그러나 폐단은 혁신하고, 번다한 것은 간추리고, 쓸데없는 것은 도태하고, 많은 것은 줄이고, 숨은 것은 조사하고, 빈 것은 채운즉, 큰돈을 마련할 길이 진실로 그중에 반드시 있을 것이다. 지금 사세는 부득불 큰 경장의 기회에 처한바, 만약 오히려 인순고식因循姑息(낡은 폐단을 벗어나지 못하고 당장의 편안함만을 취함)한다면 종사宗社(종묘와 사직)와 생령生靈(백성)의 복이 아닐까 두렵다. 김옥균 삼가 씀.

발문

도로를 잘 닦는 것, 이는 옛 선왕先王의 바꿀 수 없는 정치다. 서양인이 이어 행해 더욱 넓히고 정치精致하게 해 규모가 어머어마하게 커졌으니, 전세前世에 없던 일이다. 그런데 그 드는 비용 또한 크다. 서양 도회는 윤돈倫敦(런던)과 파려巴黎(빠리)를 으뜸으로 미는데, 그 길 닦음에 윤돈은 즉 공회公會가 맡아 가옥과 토지 등의 세금을 거둬 비용을 충당했고, 파려는 즉 모두 공사公司가 주식을 모아 받들어 처리하고 지방에서 각종 세금을 거둬 보태서 돌려주었는데, 들건대 그 세금이 매우 무거워 어느 정도는 국가가 정식으로 부과한 것과 거의 같았다고 한다. 정형이 이와 같으니, 지금 귀국貴國에서 이 정치를 거행하려면 먼저 비용을 꾀하는 것을 첫째로 삼아야 한다. 비용이 가히 마련되면 비로소 능히 처리하는 법을 의논할 수 있다. 그리고 길 닦는 데 능한 자를 길러 고용하는 것이 또 처리 가운데 첫째다. 그런 뒤에 민의 힘으로써 그 부족한 일을 돕게 해야 비로소 이룰 것이다. 삼가 원고를 읽으매 참람하게도 망령되이 고치고 아울러 소견을 적어 고명한 뜻을 질정質正했다. 천번 생각에 한번 이득의 도움이 있을지 모르겠다.

광서光緖(청 광서제 때의 연호) 임오 11월 여서창[16] 절하고 기록함.

---

16   黎庶昌(리 수창), 청(淸) 귀주(貴州) 준의(遵義)인. 양무파로 궈 숭타오(郭嵩燾)를 수행해 영국·프랑스 공사관 참찬(參贊)을 지내고 초대 주일 공사(1881~90)로 복무한바, 이때 임오 군란을 본국에 알렸다.

2장
『갑신일록』[1]
(1885)

개국開國 490년 신사辛巳(1881년, 고종 18년) 12월에 우리 대군주의 명을 받들어 일본에 출유出遊했다가 이듬해 임오 6월 귀로에 적마관赤馬關[2]에 배를 댈새 본국의 변사變事(임오군란)를 듣고 일본 공사 화방의질花房義質[3]과 함께 같은 배로 인천仁川에 이른바, 그때 허다한 일은 다 기록하지 않는다.

난이 조금 진정되고 일본에 사신을 보내게 되자 정부는 내게 이 책임을 지우려 했다. 나는 고사하고 금릉위 박영효를 보거保擧[4]했다. 상上이 명하사 내가 잠시 일본에 놀아 정황을 좀 아니 박군과 함께 가기를 바라시며

---

1 甲申日錄. 김옥균이 갑신정변(1884) 실패 직후 일본에 망명한 지 1년 뒤 지은 일록체(日錄體) 회고록. 역시 전집본(경도대학본京都大學本)이 텍스트다. 오자와 오류가 많은 본이지만 가능한 한 바로잡으며(교감한 데가 원체 많아 주를 거의 생략함) 번역했다. 김영진(金永鎭) 역(『갑신정변과 김옥균』)과 이민수 역(『김옥균 외/한국의 근대사상』)과 조일문·신복룡 역(『갑신정변회고록』, 건국대출판부 2006)을 참고했다. 출전 『김옥균전집』 23~105면.

2 아까마가세끼, 지금의 시모노세끼(下關).

3 하나부사 요시모또, 1842~1917, 오까야마 번사(藩士) 출신의 일본 외교관. 구미 유학 후 외교에 투신 주조선 일본 공사로 임오군란의 수습책으로 제물포(濟物浦)조약을 강제함. 자작(子爵).

4 예전에 고위직 관원이 재주와 학식이 많은 이를 책임지고 임금에게 천거하던 일.

고문으로 삼았다. 내가 사양하지 못했다.

이 해 8월에 다시 일본 동경에 도착했다. 때에 일본 정부는 바야흐로 조선에 주의하여 독립국으로 보고 공사 대하기를 자못 융숭했다. 내가 그 참마음과 실제 사정을 살피고 이에 박군과 의론한 뒤 마침내 일본에 의뢰하기로 뜻을 기울였다. 그런데 우리나라는 새로 변란을 겪고 경비가 다하고 궁색해 공사가 옴에 또한 반전盤纏(먼 길 다닐 때 드는 돈)을 넉넉히 갖추지 못해 일본 외무경外務卿[5] 정상형井上馨[6]에게 애써 청하여 횡빈橫濱(요꼬하마)의 정금正金은행에서 12만불을 겨우 빌려 보상금을 갚고 겸하여 여러 비용에 썼다. 그러나 그때 공사가 국채위임장을 가지고 오지 않아 자못 형세가 곤란했다. [일본 조정의 특별한 교분으로 대출이 이루어진 것이다.]

박군은 일을 마치고 복명하고, 나인즉 잠시 일본에 머물며 일본 사정 및 천하의 형편을 다시 탐지하라는 명을 받들어 몇 달을 머물었다. 때에 일본 정부는 술과 담배의 세를 더해 해육군海陸軍을 확장하기 위해 뜻을 벼리고 있었다. 어느 날 내가 외무경을 방문하여 얘기하던 차 정상이 말하길, "지금 우리나라가 군세를 확장하는 것은 우리나라의 근본을 튼튼히 하는 것뿐 아니라 귀국의 독립 일사一事를 위해서 또한 주의하는 바가 있어서요" 운운했다. 대개 일본 정부의 취향이 이와 같다. 나는 또 일본 조정의 당로當路(중요한 직위를 맡고 있는 사람) 제인諸人과 더불어 때로 동양의 사세를 논했고, 우리나라 재정이 곤핍하여 진작振作할 까닭이 없음에 미치면 제군諸君이 똑같이 "만약 조선 정부가 국채위임장을 꾀한다면 일이 가히 이루어질 것이요"라고 했다. 나는 드디어 뜻을 결決하고 귀국했다. [계미癸未 (1883) 5월]

---

5 일본 외무성의 수장. 1885년 내각제 이후 외무대신으로 변경됨.

6 이노우에 카오루, 1835~1915, 초오슈우번(長州藩) 하사(下士) 출신의 정치가. 영국에 유학한 뒤 외무성에 들어가 1876년 조일수호조약으로 조선의 개국을 강제했고 5대 외무경 및 초대 외무대신을 지냄. 후작(侯爵).

때에 조영하趙寧夏(1845~1884)[7]가 청국에서 덕인德人(독일인) 목린덕穆麟德[8]이란 자를 데려오니 서양인 고용이 등록된 초유다. 무릇 민영목閔泳穆(1826~84)[9] 민영익閔泳翊(1860~1914)[10]의 무리에 따라붙어 이기利己의 꾀로써 빙자하여 도모하지 않음이 없었다. 내가 목과 더불어 외아문外衙門[11]에 함께 근무했는데 때로 그 말하는 것과 행동하는 것을 보건대 자못 의혹이 있어 가히 편치가 않던 것이다. 어느 날 당오·당십전當五當十錢 만드는 일은 그 단서가 비롯한 것이 청나라 장군 오장경吳長慶[12]인데, 민태호閔台鎬(1834~84)[13] 윤태준尹泰駿(1839~84)[14] 같은 무리가 그 일을 주도하여 임금을 속이고 황홀하게 해 그 꾀가 거의 행해지게 되었다. 내가 여러 민 및 윤태준과 임금 앞자리에서 논쟁하기가 누차였고 건백서를 올리기 몇십번이었다. 대신으로부터 이하 재보宰輔[15][즉 여러 민]에 이르기까지 사이에 입이 쓰고 뿔이 닳도록 싸워 입술과 혀가 거의 해졌다. 민영익이 마침내 아뢰어 말하길, "목린덕 곧 외국인이라 반드시 정치와 학문에 우수하오리니 지금 화폐의 일을 가히 질문하소서." 상이 명하사, "김옥균과 더불어 의논하고 같

---

7 풍양(豊壤)인으로 조대비의 조카. 대원군의 집권을 도왔으나 그 탄핵에 앞장서 사대당의 영수로 임오군란 때 청에 가 원병을 청하고 대원군을 납치하게 했다. 청에서 귀국하면서 목린덕을 데려왔다. 갑신정변 때 살해되었다.

8 P. G. von Möllendorff, 1848~1901. 독일 출신으로 이홍장(李鴻章)의 추천으로 1882년 12월 조선에 와 협판에까지 올랐다. 개화파를 견제하고 친러 노선을 걸어 배청(排淸)의 혐의로 결국 이홍장에게 해임됨.

9 여흥(驪興)인으로 명성왕후의 조카. 사대당의 영수로 갑신정변 때 피살됨.

10 여흥인으로 민씨 세도의 수장. 갑신정변 때 피습되었으나 구사일생하여 권력을 누렸고 을사늑약 때 홍콩으로 망명하여 상해에서 죽었다.

11 1882년 12월 기무처를 내아문과 외아문으로 개편해 개화정책을 본격적으로 추진했는데, 외아문은 외교를 통괄함.

12 우창칭, 1834~84. 안휘성 출신으로 이홍장의 군에 합류하여 태평천국을 격멸하고, 또 조선에 건너와 임오군란을 진압한 청의 군인.

13 아들 영익을 민승호(명성왕후의 오라비로 척족의 중심으로 활약했으나 1874년 폭사함)의 양자로 보내고 민씨 세도의 중심으로 활약하다가 갑신정변 때 피살됨.

14 파평(坡平)인으로 임오군란 때 명성왕후의 피신을 도와 출세한 무관. 갑신정변 때 피살됨.

15 임금을 모시고 관리를 지휘하는 2품 이상의 관원.

이 꾀하여 아뢰라."

영익이 나와 같이 목을 민의 집으로 초대해 드디어 화폐 일사를 논했다. 그 이야기가 심히 길다. 목이 말하되 "금은 화폐를 고루 주조하는 것이 우선이나, 경비의 급함을 위해 당오, 당십, 당백까지라도 마땅히 만들어 눈앞의 급함을 펴도 조금도 폐 될 게 없소." 내가 이에 반박하여 가로되, "이미 구주인歐洲人일 것 같으면 재정상에 응당 본 바와 들은 바가 있을 터인데, 지금 그대 논한 것을 들건대 의혹이 극하도다. 만약 아주 짧은 시간 안에 화폐를 만드는 정책이 나라에 맹독을 먹임과 같은 것을 몰랐다면 이는 배운 것도 없고 아는 것도 없는 것이고, 만약 폐 됨을 알고도 한갓 구태여 남의 말을 따름을 중시하여 그랬다면 이는 심술이 바르지 않은 것이요." 논쟁하기를 반나절 하다가 돌아왔다. 나는 곧 임금 앞에 나아가 실상을 갖춰 아뢰었다. 상이 마침내 나의 아룀을 허락하시고 3백만 원의 국채위임장을 수여하시면서 간곡한 부탁이 특히 무거웠다. [때에 미국米國 공사 후트[16]가 내조來朝했다. 일본에 유학한 생도 윤치호尹致昊(1865~1945)[17]가 통사通詞로 같이 왔다. 일본 동경에서 떠날 때 외무대보 길전청성吉田淸成[18]을 보니 길전이 말하되, "그대는 꼭 내 말을 김아무개에게 전해라. 만약 국채위임장을 얻어 오면 큰일을 가히 이루리니 이를 잊어서는 아니되오" 운운했다. 나는 드디어 이 뜻을 상께 고하니 상이 심히 기뻐하셨다.] 그러나 여러 민 무리는 목과 부동符同(좋지 않은 일에 한통속이 됨)하여 백방으로 방해함에 이르지 않음이 없었다. 오직 상의 마음이 굳게 정해져서 저들이 틈을 엿볼 수 없었다. 나는 다시 일본에 건너갈 계획을 세웠다.

때에 죽첨진일랑竹添進一郞[19]이 일본 공사로 경성에 주차駐箚하고 있었

---

16   Lucius H. Foote, 1826~1913. 미국 초대 조선 공사로 1883년에 부임하여 85년에 이임했다. 한국 이름 복덕(福德) 또는 복특(福特).

17   해평(海平)인. 1881년 신사유람단의 수행원으로 일본에 건너가 유학생이 되었고 1883년 후트의 통역으로 귀국, 개화 관료로 활동하다가 갑신정변 실패 후 일본에 망명.

18   요시다 키요나리, 1845~91. 사쓰마(薩摩) 번사(藩士) 출신으로 영미 유학 후 관료의 길을 걸어 1882년 외무대보(外務大輔, 외무차관 격)에 임명됨. 자작(子爵).

는데 나와는 사귐이 정말 두터웠다. 목이 외아문에 출사出仕하고부터 때로 죽첨과 어울리면서 날로 죽첨은 나를 성기게 보고 나를 의심하는 눈치다. 떠남에 임해 죽첨을 보고, "목은 가히 믿을 수 없다"고 말하자 죽첨이 크게 노여운 뜻을 보이며, "결코 그렇지 않다"는 것이다. 나는 드디어 임금께 하직하고 다시 동경에 이르렀다. [내가 나간 뒤 여러 민이 상의 마음을 흔들어 이에 당오전을 주조하여 반포하니 그 폐가 날로 자심해 백성이 거의 보전하지 못할 지경이었다고 이른다.] 외무경 정상형을 먼저 만나니 그 언사와 그 기색이 전일과 아주 달랐다. 그때에 나에 대한 의심과 꺼림이 아울러 나타나매 나는 죽첨이 목 무리의 모함을 듣고 이미 보고한 바가 있음[듣건대 죽첨이 말하기를, "김아무개가 소지한 위임장은 즉 가짜니 가히 믿을 수 없다"고 이름]이 분명함을 알게 되었다. 그런데 일본 조정의 정황을 대개 논하자면 죽첨이 반간反間(이간질)을 지었을 뿐 아니라, 두세달 사이에 일본 정부 정략의 취향이 아주 변하여 조선을 향해 짐짓 손을 거두고 움직이지 않는 것이, 즉 그 주된 뜻이다. 내가 이미 그 실황을 알게 되니 진실로 구차히 말할 필요가 없지만, 대개 사세를 논한다면 지난날 뜻을 기울여 일본의 손을 빌리려는 계책, 내가 돌아가 임금께 고하고 정부에 고할 일은 허사로 돌아가지 않음이 없으매, 세가 또한 어찌할 수 없다.

곧 실상을 들어 미국 공사 빙함[20]에게 의논해 그의 주선으로 횡빈에 거류하는 미국 상인 모스[21]를 미국에 보낸바 다시 영국에 이르러 일을 꾀했다. 그러나 여러 나라로서는 조선이 어떤 나라인지 알지 못해 일이 뜻대로되지 못했다. [듣건대 일본 조정이 방해하고 목이 경성에서 영국 장사꾼과 다방면으로 방해했다고 이르나 이는 깊이 믿을 수 없다.] 중도에 모스가 돌아오고 일도 성과를

---

19   타께조에 신이찌로오, 1842~1917. 쿠마모또(熊本) 출신의 외교관. 임오군란으로 하나부사 공사가 물러난 뒤 조선 공사로 부임하여 갑신정변 때 개화당을 지원하다가 배신함.

20   John A. Bingham, 1815~1900. 미국의 법률가이며 외교관. 주일본 미국 공사(1873~74)를 역임함.

21   James R. Morse는 이를 기화로 조선에서 후일 운산 채굴권과 경인선 부설권 등을 땄다.

거두지 못했을 따름이다. 결국 일본제일국립은행의 삽택영일澁澤榮一[22]에 게 일을 도모하여 혹 10만이나 20만 원을 꾸려고 했으나, 또한 외무경이 불허하여 이루어지지 않았다고 한다. [들건대 일본 조정이 김옥균 박영효 무리를 가볍고 부박浮薄하다고 여겨 일을 의논할 뜻이 없었다.] 내가 이에 귀국했다. [갑신 3월]

때에 죽첨 또한 잠시 귀국하고 도촌구島村久[23]가 대리공사 일을 한바, 종종 나에게 친근한 뜻을 보였지만 내가 이미 일본 정부의 정황을 알고 있던고로 처음부터 깊이 관계하지 않았다. [그사이 허다한 일은 모두 생략함.] 들건대 민영익은 미국에 사신으로 나갔다 구주를 두루 유람하고 귀국해 뜻이 자못 방자했다. 누차 건백한 것이 있는데 그중에는 내가 찬성한 것도 있고 또한 반박한 것도 있다. 민은 마침내 나에게 반대하는 뜻을 가졌고 나 또한 그 칼날을 피해 더불어 다투지 않았다.

시국을 대강 논하자면 민태호 민영목 민영익 민응식閔應植(1844~1903)[24] 4인이 즉 민씨성 가운데 권력이 있는 자들인데 때때로 권력을 다투어 그 세가 서로 용납하지 않았다. 이조연李祖淵(1843~84)[25] 한규직韓圭稷 (1845~84)[26] 윤태준 같은 무리들은 때에 따라서 세력을 믿고 덤비는데, 권력이 많은 자에게 아첨하고 붙는 것을 자기 계책으로 삼았다. 이른바 당오전은 아래로 폐가 폐를 낳아 민정民情이 날로 곤하고 국세國勢는 날로 쪼그러들어 거의 지탱할 수가 없다. 상이 심히 근심하여 때로 나에게까지 의논한 적이 있었다. 여러 민 무리들 및 당초에 그 일을 주관한 자들은 그 실책

---

22 시부사와 에이이찌, 1840~1931. 대장성 관료로 일한 뒤 제일국립은행의 장이 되는 등 은행가 및 기업가로 활동했다.

23 시마무라 히사시, 1850~1918. 1882년 일본 공사관 서기관으로 조선에 부임하여 1884년 부영사가 되었다가 1885년 조선을 떠났다.

24 임오군란 때 명성왕후의 피신을 도운 공으로 출세한 민씨 척족.

25 연안(延安)인으로 친청 양무개혁을 지지한 문신이나 사대당으로 지목되어 갑신정변 때 피살됨.

26 청주(淸州)인으로 명성왕후의 총애를 받은 무관으로 갑신 때 피살됨. 한규설(韓圭卨)의 형.

에 스스로 부끄러워 누차 폐단을 구할 방법을 생각하여 목에게 꾀를 물었다. [내가 돌아온 뒤 외아문에서 형세가 목과 더불어 양립이 불능했다. 때로 의논이 합하지 않아 논쟁이 그치지 않았다. 목은 또 세관 일로 실착이 극히 컸다. 내가 때로 변론해 면박하매 목 또한 부끄러워하면서 미워했다. 마침내 협판協辦(차관)의 직에서 갈리기에 이르니 이로부터 나에게 원수 같은 마음을 품게 되었다.] 목이 이에 한 꾀를 낸즉 여러 민 사이에서 중재하여 그 말에 가로되, "지금 조선을 위해서 제거할 해악은 당오전에 있지 않고 김옥균에게 있으니 마땅히 급히 그를 먼저 없애야 합니다. 온갖 일로 임금을 속여 제군에게 해를 끼치는 것은 즉 김옥균 하나뿐입니다. 제군은 어째서 해악의 근본은 생각지 않고 그 끝을 다스리려 합니까? 또 제군은 같은 문중의 같은 핏줄로 서로 교분이 어그러지니 나라의 복이 아닙니다. 청컨대 제군은 서로 합쳐 나라 제일의 폐된 자를 제거하는 것이 계략의 득이 아니겠습니까?" 여러 민이 드디어 함께 모의했다. 민영익이 즉 청당淸黨(친청 사대당)의 괴수가 되어 밖으로 우리 당을 배척하는 꾀를, 안으로는 민태호 민영목이 우리 당을 모함하는 꾀를 만들었다. 날로 심해지던 어느 날 이로부터 문득 양당의 세는 서로 용납할 수 없게 되었다.

내가 어느 날 상께 아뢰어 가로되, "지금 국내 사정을 살피니 정령政令은 하나도 이루어진 바 없고 단지 분당分黨의 번짐으로 말미암아 염려가 이르지 않는 바가 없습니다. 신은 청컨대 잠시 시골집으로 물러나 그 화禍를 풀어 후일을 도모하는 계책으로 삼을까 합니다." 상이 비록 깊이 그리 여기시나 차마 떠나보내지 못했다. [그 당이 자질구레한 일로 갖은 음모를 꾸민 것은 가히 다 기록할 수 없다.]

내가 잠시 동교東郊(동대문 밖) 별사別舍에 나가 머물며 정황을 살폈다. 때에 일본조약 통상장정通商章程의 균점均霑[27] 일사로 자못 논의가 분분해 세

---

27 국제법에서, 다른 나라와 똑같은 혜택을 받는 일. 국제법에서, 다른 나라와 똑같은 혜택을 받는 일. 청군이 임오군란(1882)을 진압하고 강제한 조청상민수륙장정(朝淸商民水陸貿易章程)에서 서울 및 내지통상권이라는 유례없는 불평등조항을 명문화하자 일본도 이와 같은

번 부르심을 받고 돌아왔다. 이때 일본 공사관의 형편을 살피니 자못 우리 당에 주의하는 기색이 있었으나, 지금도 슬그머니 의심스럽다. 때에 죽첨은 까닭없이 나를 끊고 도촌에게 비웃고 낮추었으니, 도촌은 자못 부끄럽고 뉘우치는 뜻이 있었다. 그런데 민영익은 구미를 유력遊歷한 이래로 청에 붙을 뜻이 더욱 높아 일인을 증오하여 빛이 밖으로 나타났다. [이는 그럴 까닭이 있다. 민영익이 처음 미국을 향할 때 일본을 경유하여 가면서 미국인 조단[28]을 통사로 보補(관직에 임명하다)하기로 약정한바 일본 조정이 막아 파기했기 때문이다.]

도촌 또한 들어 알고 있어 때로 이 일을 언급했는데 나는 매양 완곡한 말로 무마했다. 그러나 민은 여러 간사한 패와 더불어 짐짓 작당할 뜻을 우리 당에 보이고 으르고 협박하는 형세를 지었다. 날마다 변발한 청인들을 초대하여 회식하는데 무릇 우리 당에 속한 사람과는 애초에 상종하지 않았다.

내가 어느 날 일본 주회酒會를 마련하고 도촌, 기림磯林(이소바야시) 중대장, 고목高木(타까끼) 및 다른 일인 10여명을 불렀다. 또 청당으로 지목된 민영익 무리도 모두 헤아려 초대했다. 저들은 사양하지 못하고 모두 약속대로 모임에 왔다. 술이 한창이자 일인을 보고 한결같이 대들 듯한 기색이 있었다. 술이 몹시 취하여 사달이 생길까 두려워 나는 드디어 민과 김 여러 사람들에게 돌아갈 것을 넌지시 권하여 두점 종을 칠 때 모임을 파했다. 이로부터 우리 당의 일관日館(일본 공사관)과의 교제가 전날과는 달라졌다.

어느 날 나는 홀로 일관에 가서 도촌을 만나 한동안 이야기했다. 도촌은 때로 국가대세로 말을 던지기에 나는 이에 조선 한 나라는 일시도 보존할 수 없다고 통론痛論하고 또 일본 정부가 애들 장난처럼 정략을 변함을 한탄했다. 도촌은 그렇지 않다고 강다짐하며, "각하의 지난 해 일은 죽첨과

지혜택을 요구하여 강화도조약(1876)보다 악화된 조일통상장정(1883)이 조인되기에 이르렀다. 오두환『비교 한국경제사 하』, 경인문화사 2023, 189면.

28 원문에는 造端. 조단(Peyton Jaudon, 1831~96)은 1881년 7월부터 일본 정부에 고용되어 영어번역 업무를 담당한 미국인. 김홍수「『갑신일록』진위에 대한 재고」,『규장각』48호, 2016, 234~35면.

서로 마음을 주고 받음을 다하지 못한 때문이며, 또 정부가 각하를 소홀히 대함은 죽첨의 보고가 있었기 때문입니다. 죽첨의 의심 역시 그때 사세가 본디 그러함이지 우리 정부의 조선을 대하는 정략이 어찌 조금이라도 변한 것이겠습니까. 하물며 지금 동양 대세는 청불관계[29]의 급함이 가파르고 가파르기가 달걀을 쌓은 듯하매, 당신들이 능히 나라를 위해 개혁에 나설 것 같으면 우리 정부 또한 불가하다고 여기지는 않을 것입니다."

대개 그 언사가 활발해서 들을 만했다. 나는 그래도 그것이 도촌 한 사람의 뜻인지 혹은 일본 조정의 어떤 교사敎唆가 있었는지 의심하고 오히려 십분 참말로 믿지 않았다. 점차 교제하면서 이야기가 종종 깊은 곳에 들어가기도 한바, 어느 날 죽첨 공사가 장차 경성에 다시 이르러 주차한다는 이야기를 듣고 나는 참으로 걱정했다. 방금 '저편'의 당에서는 청의 세를 빙자하여 은연중 화를 일으킬 조짐이 있는데 죽첨의 다시 옴까지 겹쳐 목과 부동한다면 그 해 됨이 장차 어느 지경에 이를지 알 수 없은즉, 도촌을 가서 보고 참마음으로 말했더니 도촌은 또 그렇지 않다고 한다. "죽첨이 얼마 전 제군을 의심하고 꺼린 것은 즉 사사私事요, 금일 공들이 꾀한 것은 국사國事가 됩니다. 어찌 사사로써 국사를 폐할 리가 있습니까? 결코 근심의 끝이 될 수 없습니다." 나는 이 말을 듣고 그 까닭을 알았으나 혼자 가슴속에 묻어두었다. [그사이 기록할 것이 허다하지만 일체 생략한다.]

신력新曆(양력) 10월[구력舊曆 갑신 9월] 30일 죽첨 공사가 인천으로부터 경성에 들어왔다. 외무독판 김홍집[30] 및 협판 김윤식金允植(1835~1922)[31]이 편

---

29   청의 베트남 종주권에 도전한 프랑스와 청이 벌인 전쟁 즉 청불전쟁(1884~85)을 앞둔 시기
      인지라 일본이 갑신정변에 대해 종래의 소극적 태도에서 적극적 태도로 변모함.

30   외무독판(外務督辦)은 통리교섭통상사무아문의 으뜸벼슬. 金弘集(1842~96), 경주(慶州)인
      으로 박규수의 문하생. 1880년 수신사의 일행으로 일본을 방문한 뒤 조선의 외교정책을 주
      도했다. 갑오경장(1894) 때 총리대신으로 개혁을 지휘했으나 아관파천 후 광화문에서 군중
      에 의해 피살되었다.

지로 나와 함께 죽첨을 방문하자고 했다. 이날 나는 신축한 운동장에서 척구蹴球(테니스) 경기가 열려 이에 늦은 저녁을 먹게 되었다. 미 공사 후트 부처와 영 영사 애스턴[32] 부처도 모임에 참석하고 민당閔黨의 두령들도 모두 모임에 올 것이라, 독판이 함께 죽첨을 방문하자는 일을 사양했다. [들으니 김홍집 김윤식이 죽첨을 방문한 때 죽첨이 방금 천하대세로써 청불관계를 통렬히 말하고, 이어 김홍집에게는 "내 듣건대 귀국의 외아문 안에는 또한 청국 노예 된 자가 몇 사람 있다 하니 내가 그들과 함께 주선하기가 부끄럽소" 했고, 또 김윤식에게는 "그대는 본디 한학에 능하고 또 청에 붙을 뜻이 깊은데 어찌 청국에서 벼슬하지 않는 거요?" 했다는 것이다. 기타 이야기한 바가 많은데 사람들로 하여금 허리를 끊지 않음이 없던 것이다.]

10월 31일 일찍 나는 정상각오랑井上角五郎[33]을 불러 죽첨이 새로 도임한 뒤 무슨 들을 만한 것이 있는가 물었다. 정상이 말하되, "어제 가보았더니 별 얘기는 없었어도 그 기색이 대단히 활발해서 실로 전일의 죽첨진일랑이 아니었습니다." 내가 다시 그 사정을 톺아보고 듣고 본 대로 내게 알려달라고 부탁했다. 오후 세시에 내가 홀로 죽첨을 찾았더니 죽첨은 배 안에서 걸린 감기로 상한바 그제도 이불을 끌어안고 누웠다가 나를 한 침실로 안내하여 맞았다. 예를 파한 후 나는 앞뒤를 가리지 않고 우리나라의 세가 위망危亡에 날로 이름을 밝혀 직설直說하고, 또 말하되 전년 이래로 무단히 니가 그대에게 의심을 받아서 나의 계획이 모두 실패했다고, 크세 소리질러 매우 꾸짖기를 마지않았다. 죽첨은 오직 묵묵부답이다. 내가 그 기

---

31 청풍(淸風)인으로 호는 운양, 역시 박규수의 문하생으로 친청양무노선을 지지한 개화파. 임오군란과 갑신정변을 진압하는 데 힘썼고 갑오경장 때 입각했다가 을미사변 뒤 제주에 유배되었다.

32 William G. Aston, 1841~1911. 일본에서 영사로 일하다가 1884년 조선 총영사로 부임한바, 한국에 거주한 최초의 서양인 외교관이었으나 정치적 불안정으로 이듬해 이임했다.

33 이노우에 카꾸고로오, 1860~1939. 1882년 신문 발간을 위해 조선에 건너와 『한성순보』를 발행하고 갑신정변에 가담했다가 일본에 돌아간 뒤 죽첨의 배신을 비판했다.

색을 살피니 과연 전일과 크게 달라진 것이 있어 오히려 부끄러워하고 겸연쩍은 뜻이 있었다. 무릇 내가 말한 바에 구구句句이 찬성하고 결코 저지하는 뜻이 없다. 헤어질 때에 말하되, "만약 타국에서 귀국의 개혁을 찬조한다면 그대들은 어떻게 생각하오?" 내 웃으며 말하되, "내가 3년 전부터 어리석은 소견이나 우리나라를 독립하고 구습舊習을 개혁하려면 일본의 손을 빌리는 것밖에는 대책이 없다는 데 이르러 그사이에 시종일관 애쓰고 애썼건만, 귀 정부의 변화가 모양 없음으로 말미암아 우리 당에 끼친 낭패가 비할 바가 없소. 지금 공의 말이 무엇을 이름인지 알지 못하겠소." 죽첨이 웃으며 말하되, "무릇 나라의 정략은 수시로 변하고 정세에 응해 움직이니, 어찌 보는 것이 한 모퉁이에만 구애될 뿐이겠습니까?" 마침내 내가 작별하고 돌아왔다.

돌아오는 길에 금릉위를 보고 그 일을 자세히 밝혔다. 나는 박군과 더불어 기뻐했다. 일본 정부의 정략이 크게 변했음을 이로써 가히 알지니 만약 이 기틀을 타서 움직이지 않으면 기회를 잃을까 두렵다고 대략 의논한 바, 박군으로 하여금 죽첨을 자주 방문하여 다시 그 깊은 속내를 살피게 했다. 나는 그길로 벗 홍영식洪英植(1856~84)[34]을 찾으니 벗 서광범徐光範(1859~97)[35]도 그 자리에 있었다. 이에 죽첨을 만난 일을 갖추어 말했더니 홍군이 손뼉 치고 크게 웃어 말하되, "우리들이 금일 절박한 형세에서 한 몸의 성명性命('목숨'이나 '생명'을 달리 이르는 말)을 버려 한번 개혁의 뜻을 꾀하기를 기약하매, 하늘이 다행으로 불쌍히 여겨 시운時運의 합함이 마치 물이 쏟아져 내리는 것과 같네그려. 얼마 전에 일인을 사려고 한 계획[우리들 한번 거사할 뜻이 이미 결정되매 일본 용사 수십명을 얻기 위해 지난달 일본에 사람을 보낸 일이 있는 고로 그리 말한 것이다] 또한 있어도 그만, 없어도 그만이 되었습니

---

34 남양(南陽)인. 우정총국 총판으로 갑신정변을 일으켰으나 진압 후 처형당함.
35 대구(大邱)인. 갑신정변에 참여했다 일본 망명, 갑오경장 때 귀국하여 대신을 역임했으나 을미사변 뒤 다시 실세하여 미국에서 병사함. 서재필의 숙항.

다." 나 또한 웃으며 돌아왔다. [밤에 정상각오랑이 와서 말하되, "금일 죽첨과 도촌이 나와 같이 앉은 자리에서 공사가 말하길 이번 기회에 우리 정부가 지나[36]를 공격할 계획이 이미 결정났고 또 많은 이야기가 있었지만 내가 다 말할 수는 없습니다" 운운했다. 나는 오히려 그 말에 의심스러운 구석이 있었다.]

11월 1일 금릉위가 죽첨을 보고 말한 바가 많았다. 죽첨이 큰소리치기를, "청국이 장차 망하는데 귀국의 개혁에 뜻을 둔 지사들이 이 기회를 잃어서는 안 될 것이요" 운운했다. 오후에 윤태준이 죽첨을 가서 봤는데 죽첨이 윤군에게 공갈을 매우 위태롭게 했다고 한다. [이로 말미암아 윤태준은 곧바로 疏소를 닦아서(글을 지어 다듬다) 외무협판의 직에서 사퇴했다. 그 말을 다 기록할 수 없다.] 또 듣건대 독판(김홍집) 또한 죽첨을 방문했는데 죽첨이 말하되, "이번에 두루 만난 뒤 내가 귀국의 대군주께 비밀히 아뢸 바 있어 밀실에 불러서 뵐 은혜를 베풀어주시기를 청할까 합니다" 운운했다. '저편'에서는 이로써 자못 분분했다.

밤에 박, 홍, 서 세 사람을 만나 술을 조금 마시고 의논해 가로되, "우리들의 한번 일어날 계획은 이미 결정되었는데, 죽첨이 마침 와 깊이 근심했거늘 그 옴에 미쳐 거동이 크게 변해 오히려 우리들을 찬성하는 형세니, 전일의 의심하고 염려하던 것을 보건대 그 변화가 과연 어떠할지? 비록 그러하나 지금 우리들, 당이 나뉘고 세를 다투는 때를 당하여 죽첨이 시세를 알지 못하고 경솔히 이처럼 어그러지게 격렬한 거동이 있으니, 저들의 화를 빨리 부를까 두렵소이다." 이런 생각들을 나누며 근심하고 탄식하다가 헤어졌다.

---

36   支那는 원래 고대 인도인이 중국을 가리켜 산스크리트어로 '치나'라고 부른 것을 한역 불경에서 支那라고 표기한 데서 유래한다. 에도시대 일본학자들은 이 지나라는 말을 부활하여 중국을 지칭했다. 처음부터 멸칭은 아니었다. 일본이 신해혁명(1911)으로 탄생한 중화민국이란 명칭을 거부함으로써 지나가 일종의 비칭 비슷하게 되었다. 가또오 토오루(加藤徹) 『패(貝)의 중국인 양(羊)의 중국인』, 한명숙 옮김, 수희재 2007, 260~64면.

11월 2일 오전 열시에 상이 죽첨 공사를 접견했다. 죽첨은 촌전총[37]과 외무경이 드린 것 아울러 모두 열여섯 자루의 총을 바쳤다. 나는 외무협판으로서 진참進參하여 예를 행했다. 예식이 끝난 후 죽첨이 독판(김홍집)을 대하여 말하길, "이제 밀대密對할 때 결코 타인이 옆에서 모셔서는 안 됩니다." 상이 그 아룀을 듣고도 곧 내게 시립侍立하라 하셨다. 나는 혐의를 피하려고 고사하고 이조연으로 대신 접대하게 했다. 일사日使는 성정각誠正閣(창덕궁의 전각)을 쉬는 곳으로 삼아 여러 민 및 여러 대신이 모두 함께 자리했다.

내가 일어로 도촌에게 은밀히 부탁해 가로되, "지금 공사의 거동이 자못 격해서 지나칠까 걱정이다. 장차 크게 유위有爲해야 하는데 이처럼 가벼이 움직여 사람들로 하여금 의심을 사서야 되겠소. 오늘 군주를 밀대할 때 우격다짐의 말로 아뢰는 일을 삼가, 하지 말라는 뜻을 내 대신 충고해주기 바라오." 도촌이 머리를 끄덕였다. 내가 또한 일본 정부의 근황을 세세히 따져 묻자 도촌이 말하길, "이는 모름지기 의심하고 근심할 필요가 없습니다. 죽첨의 본성이 유약함은 그대도 깊이 아는 바입니다. 조정의 의논이 결정되지 않았는데 어찌 가히 자기 소견으로 이 같은 일을 하겠습니까?" 내가 답해 가로되, "나도 본디 귀 정부 정략의 갑작스런 변화를 밝히 아오. 그러나 지금 공사를 보매 격려가 크게 지나쳐 내가 깊이 염려하는 것이오." 도촌이 또 말하되, "이는 모름지기 염려할 게 못되니 착수를 속히 꾀함이 가합니다." 죽첨이 밀대할 때 전년의 배상금[38] 40만불을 도로 바치면서, "이는 우리 황상이 특별히 귀국 양병養兵의 비용으로 정해 독립의 자금으로 삼은 것입니다. 결코 다른 비용으로 사용되기를 원하지 않습니다"라고 한 뒤, 이어 지금의 천하대세를 논하고, 또 청불전쟁에서 청이 장차 쓰러

---

37 무라따(村田)총은 일본의 무기발명가 무라타 츠네요시가 만든 소총.

38 임오군란으로 피해 본 일본에 대한 배상금.

질 형세임을 말하고, 또 대원군의 납치는 도리에 부당하다고도 말하고, 또 "조선 내정은 불가불 개혁해서 구미의 법을 따라 속히 독립을 도모하는 것이 일본 정부의 소망입니다"라고 말했다. 잠깐 뒤 물러갔다.

11월 3일 곧 일황日皇 천장절天長節(천황의 생일)이다. 교동校洞(종로구 낙원동)에 새로 지은 일본 공사관에서 축연을 열었다. 초청받은 자는 단지 나와 박, 홍, 서 세명 및 한규직[일인이 일당日黨으로 안 것이다], 김홍집[독판이기 때문이다]뿐이다. 그 밖에 각국 공사들과 영사들이 아울러 모임에 왔다. [이날 나는 처음으로 촌상村上(무라까미) 중대장과 교제를 맺었다.] 술이 반쯤 돌자 서로 축사를 하는데 또한 연설처럼 하는 자도 있었다. 심지어 진수당陳樹棠[39]을 뼈 없는 해삼이라고 지목하기도 했다. 조선어로 통역하여 전하는 것을 진씨가 알아듣지 못하고 목린덕에게 물으니 목도 해득하지 못해 애스턴에게 물으니 애스턴도 모른다고 답했다.

또 죽첨이 나를 향해 말하기를, "내가 왕년에 옆 사람의 아첨을 듣고 과연 그대를 믿을 수 없다고 여기고 그대의 단점을 외무경 정상, 대장경 송방松方[40] 및 여러 참의參議[41]가 있는 다른 곳에 누차 말하여 그대가 작년에 우리나라에 왔을 때 무한한 곤란을 받았음을 내가 다 알거니와 내 진실로 후회하나 미치지 못합니다. 단 그대 또한 나라를 위했을 뿐이니, 생각건대 마음에 품어 개의치 마시기 바랍니다." 나는 이에 초초艸艸히(대강) 답하고 말았다.

11월 4일 오후 두시 죽첨이 외무아문에 와서 무역장정의 균점 일사로

---

39   천 수당. 임오군란 후 체결된 조청상민수륙무역장정에 따라 1883년 파견된 청의 총판조선상무위원. 1885년에 경질되었다.

40   마쯔까따 마사요시(松方正義), 1835~1924. 사쯔마 번사 출신의 정치가. 내무경(내무장관), 대장경(재무장관)을 거쳐 총리대신을 지냄. 공작.

41   내각 위에서 내각을 감독하는 원로.

담판했다. 담판이 끝난 뒤 또 천하대세 및 청나라의 곤란한 상태, 예컨대 재정의 군핍, 병졸의 무질서, 정부의 무정략 등의 일을 일편一遍42으로 통론하고 돌아갔다. 이로부터 장차 일본과 청이 교전한다는 설이 세상에 성행하고 인심이 자못 떠들썩하게 드러났다. 또 '저편'의 거동도 점차 헤아림에 구구하기에 이르렀다.

이날 저녁에 도촌을 박군 댁으로 불렀다. 나와 더불어 홍, 서 양군이 동석했다. 내가 이에 우리들이 개혁의 일을 한번 행할 것을 밝혀 말했다. 도촌은 놀라기는커녕 심상히 그저 어찌 행사할지를 물었다. 나는 세 계책으로써 말하되, 그 일책은 즉 우정국郵政局43에서 잔치를 열고 즉석에서 행사하는 것이다. 이어 한규직은 가히 믿을 수 없다고 거듭 말했다. 나는 상께서 불러 곧 돌아왔다. [그 소위 세 계책이란 대개 금번의 이 개혁은 캄캄한 밤이 아니면 불가한바, 그 하나는 즉 자객을 청인 일반으로 꾸며 민영목 한규직 이조연 세 사람을 찔러 죽이고 그 죄를 민태호 부자에게 씌우는 것이다. 이는 지나치게 공교로워 그만두었다. 또 하나는 경기감사 심상훈44을 매수하여 백록동白鹿洞45 정자(즉 홍영식 별장이다. 산이 외지고 조용한 곳이라 처치하기 가히 편하다)에서 잔치를 베풀게 한즉 즉석에서 행사하는 것이다. 이는 심씨의 유고有故로 말미암아 미루다가 그만두었다.]

11월 5일 오후 네시 애스턴 및 미 공사를 방문해 모두 그저께 일을 의논했다. [내가 애스턴에게 그저께 밤 일본 공사관 연회에 모였을 때 거동에 대해 어찌 생각하는가 물었다. 애스턴이 웃어 가로되, "뼈 없는 해삼을 먹으려 합니까?" 나 또한 웃어 가로

---

42   원래 부처의 이름이나 경문을 한번 읽으나, 여기서는 "처음부터 끝까지 한번 쭉."

43   조선 말기 근대적 우체 업무를 담당하던 관청. 고종 21년(1884년) 4월 22일 재래의 역전법(驛傳法)을 개편하여 설치된바, 4월 23일 책임자로 홍영식이 임명되고 같은 해 11월 18일 처음으로 우체업무를 시작했다. 12월 4일 청사의 낙성 및 개설 축하연을 이용해 갑신정변이 발생, 12월 8일 폐지되었다.

44   당시 경기감사 沈相薰(1854~1907), 청송인. 임오군란 때 명성왕후와 연락하여 군란을 진압하고 갑신 때도 명성왕후와 연락하여 정변을 무너뜨리는 데 일조함.

45   서울 종로구 가회동에서 감사원으로 넘어가는 고갯길.

되, "죽첨의 하는 바를 보매 전일과 크게 다르오. 이로써 보건대 일본이 장차 청과 더불어 틈을 얽으려는 겁니까?" 애스턴 가로되, "그렇지 않습니다. 지금 일본의 해육군이 비록 청나라보다는 정예한 듯해도 재정이 매우 곤란하고 또 청과 더불어 일을 벌이는 것이 일본에도 무익합니다. 내 보매 죽첨은 조선인에게 강함을 보이고 싶어하는 듯이오." 또 이야기한 바가 허다하지만 번거로워 쓸 필요가 없겠다. 다음 미 공사를 보고 내정內政의 간난함과 시세의 곤핍함에 대해 통틀어 논하니 미 공사도 내가 말한 바에 가하다고 하지 않음이 없다. 그리고 "그저께 밤의 동정은 오로지 공과 내가 다 같이 본 바입니다. 죽첨이 새로 옴에 그 나약한 태도가 갑자기 변했으니 이는 가히 기쁩니다. 그러나 지금 귀국을 위해 청과 일의 병兵이 물러가는 것이 더욱 급무입니다. 진실로 공이 전에 말한 대로 한다면 나 또한 다소 주선하리니 바라건대 짐짓 안심하고 서서히 그 세상 형편을 살피소서." 누누한 천마디 백마디는 가히 다 기록할 수 없다.] 일곱시 반 귀로에 잠시 죽첨을 방문했으나 부재다. 나중에 들은즉 죽첨이 박, 홍, 서 세 사람을 방문했다는 것이다.

11월 6일 일본 초혼제를 당하여 일본 병사 및 관·상官商이 모두 남산 아래 모여 씨름, 격검擊劍[46] 경기를 했다. 죽첨이 사람을 보내 나를 청했다. 중대장 촌상이 서재필 군에게 또 나를 청하게 했다. 나는 병으로 사양하고 다만 서광범 서재필에게 사관생도를 동반해 참석하게 했다. 들으매 중대장이 거느린 바 병사를 두 대隊로 나누어 적백赤白 두 깃발로 표하되, 적은 일본으로 백은 지나로 삼았는데, 적이 이기자 죽첨은 길조라고 크게 기뻐했다는 것이다. 무릇 일인은 모두 일본 근일近日의 정략을 잘 안다고 운운한단다. 이날 밤 홍군 집에 모여 이야기하다가 날이 샐 무렵 헤어졌다.

11월 7일 나는 일관日館을 방문했다. 바둑을 두기 위함이다. 서울 안의 고수 두 사람을 택하여 데려가 공사관 속원屬員 내원內垣(우찌가끼)과 대국

---

46   죽도(竹刀)로 상대편을 치거나 찔러서 얻은 점수로 승패를 겨루는 운동 경기.

시켰으나 실은 구실이다. 이날 한참을 죽첨과 이야기했다. 나의 소론所論에 죽첨은 동의하지 않음이 없었다. 큰 계획이 결정난 것이 실로 이날 이 모임이었다. [그 이야기는 가히 다 기록할 수 없다.]

11월 8일 밤에 이인종李寅鐘[47] 제군諸君을 불러모아 우리집 밀실에서 술을 마셨다. 이인종이 전후로 '저편'의 한 바와 꾀한 바를 정탐했다. 들으니 청나라 장군 원세개遠世凱[48]는 수일 전부터 은밀하고 은밀하게 군중軍中에 영을 내려 밤에도 허리띠를 풀지 말고 신을 벗지 말게 하며 전시戰時와 똑같이 병사를 단속한다는 것이다. 민영익은 우영사右營使[49]로서 동별궁東別宮[50]에 상주常住하며 역시 원이 하는 바와 같이 하는데, 한규직 이조연 모두 계엄의 거동이라고 한다.

11월 9일 서재필 군을 시켜 촌상을 가서 보고 청군 진영 및 민영익의 한 바를 전하고 또 홍 박 양군을 보내어 죽첨을 가서 보고 이 일을 전하게 했다. 이날 밤 서군 광범의 집에서 만나 이야기했다. 이인종 등 제군 또한 동참했다.

11월 10일 전일 바둑 잔치에 사례하기 위해 나의 새로 지은 집에 죽첨, 도촌, 소림小林(고바야시) 영사를 부르고 제일은행 지점 직원 목하木下(키노시따), 속관屬官 영목鈴木(스즈끼)과 속관 내원, 통역 천산淺山(아사야마)도 함께 왔다. 앉은 손님으로는 단지 서광범, 박제경朴齊絅,[51] 유홍기劉鴻基[52]가 있었

---

47 훈련원 판관(判官) 출신으로 갑신정변 행동대 총책. 정변 중에 피살됨.

48 위안 스카이, 1859~1916. 임오군란 때 오장경을 따라 조선에 와 임오군란을 진압하고 갑신 때 또한 정변을 궤멸시키고 이후 조선을 쥐고 흔든 청의 장군. 후에 칭제하다 실패함.

49 임오군란 후 수도방위군을 강화하기 위해 청군의 감독 아래 설치한 친군영 우영의 주장.

50 세종 때 영응대군의 집터에 마련된 별궁으로 안국동에 있었음.

51 반남인. 중인 출신으로 박영효의 수신사에 수행한 뒤 갑신정변에 참여했다 수표교에서 백성

다. 밤 들어 홍군이 윤치호와 모임에 와서 함께 마셨다. 때로 도촌과 더불어 곁방에서 얘기했다.

11월 11일 여러 친구들이 모임에 와서 산정山亭에서 조금 마셨다. 신응희申應熙(1859~1928)[53] 정행징鄭行徵[54] 임은명林殷明[55] 세 사람이 시골에서 돌아와, 남중南中(경기 이남의 충청 경상 전라 제주를 통틀어 이름)의 물정 및 횡홍[56][즉 강원도] 사이의 물정을 세세히 찾아 들려주었다.

11월 12일 아침 여덟시 갑자기 급히 부르시는 명이 있어 곧 대내大內로 나아간즉 상은 철야하고 아직도 침수寢睡에 드시지 못했다. 입대入對하니 상이 하교해 가로되, "지난밤의 일을 경은 아는가?" 내가 아뢰어 가로되, "알지 못합니다. 무슨 일이 있었습니까?" 상 가로되, "지난 밤 오경五更(새벽 세시에서 다섯시 사이) 이후에 갑자기 남산 아래 하도감下都監[57] 근처에서 홀연 포성이 어지러이 나는 것이 꼭 전쟁과 같았다. 경악을 금치 못해 사람을 보내 탐지한즉 곧 일본 병사들이 야간에 불시에 조련하는 것이라 했다. 비록 뜻밖의 일은 없었다 하더라도 지금 두 나라 병정들이 와 주둔하매 늘 의외의 사단事端(사건·사고)이나 있을까 근심되는데, 하물며 죽첨이 온 이후 나에게 아뢴 것 및 여러 사람을 접하며 한 수작과 거동에 은연히 청일 교전의 형세가 있어 이로 말미암아 상하 인심이 바야흐로 흉흉해지고 있다. 일본인은 무슨 까닭에 애초에 보고도 없이 졸지에 조련을 행한단 말인가.

들에게 피살됨.『근세조선정감』을 남겼다.

52   대치(大致). 역관 오경석과 함께 개화당을 도운 의원(醫員) 출신 개화사상가. 정변 뒤 실종.

53   평산(平山)인. 한량으로 호산학교 출신의 개화당 행동대, 갑신 때 일본에 망명한 뒤 변절하여 을미사변에 참여한 무관.

54   한량 출신으로 호산학교 출신의 갑신정변 행동대. 피살.

55   한량 출신으로 호산학교를 졸업하고 갑신정변에 참여했다가 일본 망명.

56   횡성(橫城), 홍천(洪川).

57   조선 후기 한양의 남부 명철방에 있었던 훈련도감의 한 분감. 지금의 동대문운동장 터.

이 일을 모름지기 곧 죽첨에게 은밀히 물어 회보하라." 나는 이 일을 처음 듣는지라, 명을 받들고 나왔다.

11월 13일 외아문에 출사했다. 들으니 그저께 밤 조련한 일로 아문에서 죽첨에게 힐문했더니, 죽첨이 웃으며 답해 가로되, "지금 천하 각국의 병兵으로 이름하는 것은 모두 운동으로써 조련의 법을 삼습니다. 대사적大射的(대사격, 여기서 的은 과녁을 뜻함)이나 대조련大操鍊 같은 등의 일은 도리에 당연히 귀 아문에 지조(知照, 알려 주기 위하여 조회함)하겠지만, 야간훈련 같은 것에 이르러서는 실로 불시에 행하는 일로서 병정의 부지런함과 태만함을 보기 위한 것이니 이는 즉 공사 또한 알지 못합니다. 오직 병을 거느린 장수가 뜻대로 행하는 것인데, 지나와 조선 사람들이 놀라고 두려워한 것은 실로 뜻밖입니다" 하며 자못 득의의 기색이 있었다고 한다. 미국 공사, 영국 영사, 독일 영사가 모두 이 사건을 이야기하러 차례로 내방하여 여덟시 종을 쳐서야 비로소 파하고 돌아왔다.

귀로에 홍우洪友(홍영식)를 만났다. 홍우가 근심하며 가로되, "전야前夜에 일병의 조련 일사로 소요가 크게 일었네. 죽첨이 새로 부임하여 과격한 거동이 허다해 우부우부愚婦愚夫에 이르기까지 모르는 사람이 없구먼. 청병의 계엄은 더욱 엄중하고 또 '저편'의 의심은 서로 티격태격하며 화평하지 못하니 장차 화기禍機가 어떤 모양으로 언제 일어날지 모르겠군. 이때에 왜 그 같은 짓을 한 것인가?" 내가 웃으며 답해 가로되, "이것은 또 의외의 일이었네. 우리들이 오늘 절박한 상황에 누란累卵의 땅에 서 있는데 좌우를 돌아보지 않고 한번 변혁을 꾀하고자 한즉 사세를 따라 방책을 결정한 것이요. 그리고 죽첨이 오기에 이르러 비록 허다한 격절激切이 가히 걱정이나 또한 거꾸로 복이 되지 않을지 어찌 알겠소. 폐일언蔽一言하고 속히 도모하여 늦추지 않는 것이 상책이요." 홍군 가로되, "나 또한 그대와 같은 뜻이요. 그런데 죽첨의 행위와 소행이 즉 일본 정부 정략의 발發한 바에 연계된 것인지, 또 혹 죽첨 한 사람의 한때의 하는 바인지?" 나는 짐짓 낯빛을 고치고 나무라며 가로되, "그대는 참으로 어리석으이. 무릇 외국에 사신으로 나간 자가 어찌 본국 정부의 훈령을 받들지 않고 그 뜻을 스스로 행할까? 그리고 하물며 죽첨은 천성이 겁쟁이로 일개 서생書生이요. 어찌 정부의 명을 받들지 않고 이처럼 천만 의외의 거조를 하겠소. 그대는 너무 의심하지 마오" 하고, 실로 많은 건件을 계획하고 결정했다. 홍군은 본래 뜻을 같이한 사람이지만 이 밤에 이르러 그 뜻 결심함이 확실하고 확실해져 흔들리지 않았다. 날이 막 밝을 무렵에 귀가했다.

11월 14일 미 공사가 그 부인과 더불어 내방했다. 내가 공사에게 청하여 잠시 밀담할 일이 있다 하니 부인이 먼저 돌아갔다. 나는 또한 나라 안의 사세가 지탱할 날이 많지 않다고 통론痛論했다. [무릇 전일 왕래하며 상종하매 이 같은 이야기가 한두번에 그치지 않았다. 하지만 이날 논한 바는 장차 내가 간직한 바를 한번 깊게 드러내 그 뜻을 시험하고자 한 것이다.] 은연중에 근간 한번 개혁을 도모하겠다는 뜻을 보였으되 미사米使는 놀라지도 않고 뜨아하게 여기지도 않으면서[미사 또한 이미 살펴 안 바가 있음을 나 또한 들은 것이 있었다] 천천히 답해 가로되, "공들이 전부터 나라를 위해 한번 죽을 뜻이 있음을 나는 과연 깊이 믿고 기쁘게 존경하는 자입니다. 그러나 내가 귀국에 도임한 이래 우리 정부로부터 받은 밀촉密囑 및 내 한 사람의 심중의 소회를 과연 그 하나도 펼 수 없었습니다. 나는 마땅히 일찍 돌아가야 하지만 오히려 이처럼 머뭇거리는 것은 실로 귀국의 독립을 공들에게 바라는 바가 있어서입니다. 오직 청병의 철수 일사는 공들이 전후에 간절함이 있어 나 또한 깊이 생각한 바, 얼마 전 죽첨이 다시 오기 전에 내가 도촌과 상의하여 일본 외무경과 따로 의논하게 했습니다. 이는 내 한 사람의 소견도 아니지만 나 또한 소견이 없는 것도 아닙니다. 공들은 나라를 위해 몸을 위해 또 나의 충고를 위해, 짐짓 조용히 조금 기다리신다면 다행입니다." 내가 이에 웃으며 가로되, "내가 지금 말한 것은 또한 오늘 내일의 일을 이르는 것이 아닙니다. 오로지 공은 우리나라를 위해 힘을 내는 뜻을 행여 늦추지 마시기 바랍니다." 미사 또한 웃고 이야기하다가 헤어졌다. 허다한 이야기 같은 것은 반드시 다 기록하지 않는다.

11월 15일 죽첨을 가서 보고 전야의 연병練兵 일사에 대해 물었다. 죽첨이 묻기를, "대군주께서 과히 놀라시지나 않으셨습니까?" 내가 사실대로 대답했더니 죽첨이 말하되, "그대가 입대하여 좋은 말로 아뢰어주십시오." 이에 내가 죽첨이 온 뒤 영미 공사와 수작한 것 및 오늘날 경성의 흉흉한 물정을 대략 이야기하고 돌아왔다.

밤에 입대해 가로되, "오늘 죽첨에게 가 물은즉 죽첨이 대답해 말하기를, '지금 청불 교병의 때는 비유컨대 이웃집에 화적火賊이 든 것 같은 변고로 우리 수비의 거동에 있어서 조금도 소홀함을 용납할 수 없습니다. 야간훈련 같은 것들은 과연 불시에 행하는 일입니다. 우리나라 안에서도 병사兵事(군에 관한 일)의 정리는 평상의 날보다 사뭇 달라진바, 외국에 나가 주둔한 병사들 또한 다른 때와 유별有別하겠지요. 지난번 밤의 일은 실로 제가 모르는 바입니다. 나중에 들은즉 청나라 진영의 원세개 및 귀국의 우영右營 등의 곳에서도 모두 밤에 임해 계엄하기를 병사들이 허리띠를 끄르지 않아 전시戰時처럼 했다는 것입니다. 이는 사실 촌상 대위가 군 기밀로써 탐지한 것입니다. 병兵이란 즉 미처 생각하지 못한 일에 대비하는 것입니다. 지금 양국의 병이 한곳에 주둔하며 비록 적대하는 거동이 없다 할지라도 이미 저쪽이 계엄을 일삼는데 우리 또한 어찌 입 다물고 흙덩이처럼 앉아 있으란 말입니까? 일의 형편이 비록 이 같을지라도, 대군주께서 놀라셨다 하오니 황송한 한숨을 이기지 못하겠습니다' 운운하고 답했습니다." 상이 참으로 차탄嗟歎하시며 청의 군영 및 전영前營, 우영, 좌영이 쓸데없이 계엄으로 일인의 의심을 부른 데 자못 불만의 빛이 계셨다. 나는 다시 지금의 대세를 중복해서 일편一遍으로 아뢰었더니, 상도 깊이 그리 여기셨다. 말하고 싶은 바 있었으나 옆에 듣는 자가 있으므로 속내를 다 토로할 수 없어 물러나왔다.

11월 16일 박군, 두 서군과 함께 약속하고 묘동廟洞[58]의 판관判官(조선시대 여러 관서의 종5품 관직) 이인종의 집에 가서 회음會飮했다. 이창규李昌奎(1842~84)[59] 이규정李奎禎[60] 김봉균金鳳均[61] 유혁로柳赫魯(1855~1940)[62] 박제경도 동석해 다소의 이야기가 있었다. 유대치劉大致가 병으로 모임에 올 수 없어 아홉시 무렵 광교廣橋(청계천의 광통교)로 문병 갔다. 대치는 병에도 억지로 일어나 앉아 물어 가로되, "들으매 일본 공사가 다시 온 뒤 온 세상이 시끄러워 물정이 마치 바다가 끓고 구름이 솟치듯하니 그대들이 매우 위태롭게 되었소. 오늘의 계책에 있어서는 일찍 도모함만 같지 못하오. 그러나 일본 정부의 정략은 그대들이 과연 깊이 알고 있소이까?" 내가 답해 가로되, "일본 조정의 논의는 두어두고 논하지 않는 것이 가할 듯합니다. 가령 일본 조정이 우리들을 원조하지 않을 뜻이라도 우리나라가 사세에 있어서 지금 거의 물을 등지고 식량도 없는 그 절박한 상황에 이르렀으니 참으로 일본 조정의 거동을 기다릴 것이 없습니다. 그런데 마침 죽첨이 새로 이르러 그 기색을 살피니 오히려 과격하여 우리들에게 화를 속히 쉬 이르게 할 탄식이매 이 또한 시운입니다. 운은 하늘에 부치고 한번 죽을 뜻을 우리들 이미 결한 바 있어, 바라건대 선생은 안심하고 이제 조섭하소서." 대치 가로되, "단 내가 우려하는 바의 것은 일병이 단지 백명이라 그 규율은 비록 청병보다 강한 듯해도 그 사람 수로 논하면 서로 크게 같지 못하

---

58   종묘 일원을 관할하는 데서 유래한 현 종로구의 동.
59   상민 출신의 보부상 통령으로 갑신정변에 참여했다가 처형.
60   이희정이라고도 하는데 군졸 출신의 갑신정변 행동대. 처형.
61   박영효의 겸종으로 씨름장사, 갑신정변 행동대. 처형.
62   무과 출신으로 갑신에 참여했다 일본 망명, 그뒤 친일파로 변절함.

오. 이것이 심히 걱정이요." 나는 박군과 함께 웃으며 답하고 그 병정病情 (병중의 마음)을 위로하며 세시에 헤어져 돌아왔다.

11월 17일 부름을 받들어 입시入侍했다가 오고五鼓(오경)에 귀가했다. 갑자기 이인종이 창규와 더불어 황망히 오는 것을 보고 밀실로 불러 물었다. 이가 말하되, "민영익[민영익이 최근 목구멍 병을 칭하고 오래 대궐 안에 들어가지 않았고, 사람들을 맞이해 접대하지 않은 지 이미 여러 날이다]이 오늘밤 사고四鼓(사경, 새벽 한시에서 세시 사이)에 갑자기 원세개를 방문하여 한동안 밀담했는데, 원세개가 즉시 진중에 영을 내려 단속이 더욱 은밀해졌습니다." 그래서 곧 고영석高永石[63]을 보내 그 몇 시에 돌아왔는지 탐지케 한바, 세시 사십분에 민영익이 원세개와 더불어 우영에 함께 돌아왔는데, 원은 곧 오조유吳兆有[64]의 진을 찾아 동틀 무렵 하도감으로 돌아갔다고 한다. 이날 박군은 죽첨을 가서 보고 많은 이야기를 하고 돌아왔다.

11월 18일 일찍 서신으로 오위장五衛將[65] 양홍재梁鴻在[이 사람은 민영익이 가까이 믿는 심복이로되 또한 세상에 큰 뜻이 있어 때로 민영익의 비밀한 일을 내게 고하는 자다]를 불러 전야에 민이 원을 방문한 이유를 물었다. 양 또한 알고 있다면서 매우 의아하다고 했다. 민이 원의 진영에 간 이후 어떤 일이 있었는지 양 또한 알지 못했다. 다만 원이 우영에 도착하여 나눈 필담이 있는데 필담 초고를 민이 거두어 상자 속 깊숙이 갈무리한바, 천천히 도모하여 보게 될 것 같으면 마땅히 와서 보고할 것이라고 했다. 그 밖에도 대략 들은 바가 있다. 밤에 아무개 군[이 사람은 환관 중 걸출한 자로 그 이름은 쓰지 않는다]이 내방

---

63 김옥균 집의 상노로 갑신에 참여함. 高永錫으로도 표기됨.
64 우 짜오여우. 오장경의 회군 소속으로 태평천국을 진압하고 임오군란 때 조선에 파견되어 군란을 압살하고 갑신정변 때 또 정변을 좌절시킨 청의 장수.
65 조선시대에, 오위의 군사를 거느리던 장수. 임란 뒤 실권을 훈련도감에 빼앗겼다.

해서 대내 소식을 대략 들려주었다. 듣건대 오늘 낮에 서군이 죽첨을 방문하고 돌아갔다고 한다.

11월 19일 각감閣監(규장각의 잡직) 박대영朴大榮이 말하길, "목린덕이 무역해온 대포 두 좌는 연경당演慶堂(창덕궁 후원의 전각)에 두었던 것인데 어젯밤 3경三更(23시에서 1시 사이)에 민영익이 이르기를 수리해 고칠 데가 있다고 은밀히 은밀히 오조유의 진으로 수송했다 합니다." 밤에 진골[66]에 모여 이야기했는데 아무개 군 또한 와 참여했다.

11월 20일 밤에 신중모申重模(1833~84)[67]와 이인종이 와서 말하길, "여덟 시 경에 오조유의 진에서 대포 두 좌를 수레에 실어 하도감으로 보냈습니다." 오고에 아무개 군, 아무개 군[아무개 군으로 말미암아 우리 당에 의롭게 투신했는데 나이는 아무개 군보다 조금 젊다] 두 사람이 동반해 와 대취하고 헤어졌다.

11월 21일 하오 두점 종을 칠 때 애스턴이 내방해 노청魯清(러시아와 청) 관계에 대해 박주[68] 공사의 밀보가 있어 이야기한 바 많았다. 저녁 어스름에 정상각오랑이 내방하여 말하길, "근일 공사관의 동정이 전일과 크게 달라졌습니다. 공들과의 관계는 과연 어떠십니까?" 운운했다. 나는 처음부터 깊은 관계가 없었다고 답했다. 정상이 이 좋은 기회를 타서 모사할 것을 권했다. 나는 답해 가로되, "나 또한 그 뜻이 없지 않으나 짐짓 귀국 정부의 뜻이 분명하지 않고 다만 죽첨의 하는 바를 보고 내가 가벼이 움직일 수 없으니 그대가 모름지기 나를 위해서 복택福澤[69] 선생에게 자세히 탐지하

66　니동泥洞, 운현궁이 있는 동네.

67　고령(高靈)인. 한량 출신으로 호산학교 유학 후 갑신정변에 참여해 처형.

68　파크스(Harry S. Parkes, 1828~85), 제2차 아편전쟁을 일으킨 영국의 외교관. 일본 공사를 18년간 역임하고 1883년 청국 공사로 일본을 떠났고 1884년부터는 조선 공사를 겸직했다. 1885년 북경에서 사망했다.

여 근일 일본 정부의 모양을 제보해주기 바라오" 운운했다. 곧 정상이 말하되, "내가 이미 삼전三田[70]에 서신을 보냈으니 차후 선편으로 회보回報가 가히 있을 것입니다. 공들이 하는 바 일을 내가 살펴 알고 있는 것인데 공들이 나를 꺼리니 가히 한恨하고 가히 한합니다." 또 민영익 김윤식과 더불어 종종 필담한 말을 모두 이야기하고 돌아갔다.

11월 22일 밤에 나는 촌상 대위를 진고개[71]로 가서 찾아봤다.

11월 23일 윤태준이 내방했다. 내가 그 외무협판 사직한 사유에 대해 책망하며 가로되, "직무를 가벼이 사직함은 죽첨의 훼방이 있어서요?" 윤이 말하되, "이 일은 나의 판단한 바도 아니고 또 지나간 일이니 지금은 모름지기 논하지 맙시다. 근간 죽첨이 그대와 새로 좋은 교분을 맺어 그 사이가 자못 친밀하다 하니 무릇 일본정부의 근황을 그대는 과연 자세히 들을 것이요. 숨기지 말기 바랍니다." 내가 답해 가로되, "내가 목린덕과 좋지 않아 죽첨에게 이간질하여 그로 말미암아 내가 작년에 일본 가서 허다한 곤액困阨을 입은 것은 그대도 훤히 아는바, 죽첨과 나와의 교제는 이로써 가히 알 조요. 이번에 죽첨이 와 행한 여러가지 괴이한 거조는 내 깊이 웃는 바, 가히 일본으로 하여금 장차 지나와 병兵을 얽는다[전쟁함] 해도 어찌 어린애 장난같이 선기先機(선수)를 발동하겠는가? 내가 이로써 일본 조정이 청국과 전쟁할 뜻이 반드시 없음을 알았소. 내 살펴본 바로는 죽첨이 우리 나라에 이른 이래 한 짓이라고는 허약하지 않음이 없어 특히 이번에 나와서는 강자에게 굴종하는 본색을 드러냈으니 이는 바깥 사람들의 웃음거리

69 福澤諭吉(후꾸자와 유끼찌, 1835~1901), 일본 명치시대의 계몽사상가. 케이오(慶應)대학교 설립자.
70 미따는 동경의 지명으로 케이오대학의 소재지.
71 니현(泥峴), 중구 충무로2가 전 중국대사관 뒤편에서 세종호텔 뒷길에 이르는 고개.

가 되었고 일본 국내에서도 논란이 없지 않다고 하오. 고로 지금 배상금 상환의 일을 빌미로 죽첨은 무식하고 무학無學한 조선인에게 사납고 장한 세를 짓고 싶은 것인데, 그대의 사직辭職 또한 그 농락술 가운데로 떨어진 것이니 내가 매우 유감으로 여기는 까닭이오. 또 균점의 일은 도촌이 오래 끌면서도 능히 결착 짓는 데 어려웠는데, 지금 죽첨이 와서 이 일을 결정하매 밖으로는 허갈虛喝(거짓으로 꾸며 공갈함)의 세를 짓지만 또한 가히 알지 못하오. 다만 내게도 말한 바가 하나도 없으니 그대는 나를 의심치 마시게." 윤은 조용히 내 말을 듣고는 끄덕이는 빛을 띠면서 헤어졌다.

11월 24일 애스턴에게 회사回謝했다. 이야기하던 김에 청불 관계의 일과 일청 장래의 일이 나왔다. "조선의 내정이 날로 위급에 빠지니 내가 청불이 싸우는 틈을 타서 한번 내정개혁을 도모하고자 하는데 어떨지 모르겠소" 하니, 애스턴 가로되, "공들이 나라를 위해 뜻을 결정한 것은 나 또한 살펴 아는바, 이미 파크스 공사에게 보고했습니다. 그리고 공사가 내년 봄에는 단연코 한번 동으로 와서 아울러 제공과 더불어 상의할 것을 내가 깊이 아는 터이니, 바라건대 공들은 잠깐 시기를 기다리는 것이 어떻겠습니까?" 내가 답해 가로되, "만약 기다리기만 하다가 일은 되지 않고 우리들에게 위급만 닥치면 장차 어떡합니까?" 애스턴이 말하기를, "이는 내가 능히 대답할 바가 아닙니다. 그러나 내가 살피건대 한 이웃나라가 귀국을 위해 한번의 변경을 도모할지 또한 알 수 없습니다." 내가 웃으며 답하되, "공은 일본이 이 거조를 한다는 말입니까?" 애스턴이 웃으며 가로되, "내 참 농담입니다. 내가 관찰하건대 귀국의 내정에 근일 반드시 한 변사變事가 있을 터인데, 공들 같으면 모름지기 스스로 삼가야 합니다." 내가 웃으며 가로되, "이는 나 또한 걱정하는 것이오. 우리들 조선인 같으면 비록 죽더라도 본디 한이 없겠지만 만약 변사가 있어 각국 사람에게 누가 된즉 이는 실로 걱정입니다." 애스턴이 웃으며 가로되, "만약 변이 있을 때를 당하여 공들은 어찌 처신할 것입니까?" 내가 답해 가로되, "만약 일이 있으면 이치로 보아 당연히 국왕과 더불어 생사를 함께할 뿐입니다." 애 말하되, "나는 즉 마땅히 어찌 처신해야 합니까?" 내가 가로되, "공 또한 나와 비슷하게 처신해야 할 것이요. 외국에 사신으로 나가 그 나라에 어려움이 있으면 각국 사신은 그 나라 임금과 더불어 안위安危를 함께하는 것이 즉 또한 공법公法(만국공법)입니다." 애 가로되, "공의 말이 맞습니다. 그러나 만약 그 나라 임금이 위태로워 지탱할 수 없는 형세라면 장차 어찌하오?" 내가 웃어 가로되, "이는 즉 과도한 우려요. 일이 여기에 이르면 이는 사람이 능히 미리 헤아릴 수 없는 것입니다. 만일 그렇게까지 되지 않는다면 지금 우리 대군주 또한 각국 공사·영사를 위해 항상 마음에 두고 생각하여 보호하고 위태롭지 않은 곳에 세우려고 하시는 듯합니다." 나는 또 말하기를, "사기事機의 변동에 이르러서는 사람이 추측하기 어려운 바입니다. 만약 조만간 뜻밖의 일이 일어나 당장의 안위는 내가 그대와 더불어 함께 건널 수 있겠지만, 끝에 이르러서는 결국 나 그대에게 깊이 바라는바, 그 파크스 공사와 더불어 선후책善後策을 도모해주십시오." 애 말하길, "그대의 말이 깊고 무거우니 나 또한 깊고 무겁게 듣습니다."

이윽고 헤어져 그 길로 미 공사에게 가 또 격론 일장을 벌였다. 미사는 최후로 간절히 간절히 말하되, "공들이 시일을 두기 어려운 상황이라면 잠시 국내 산천으로 출유出游하거나 또 혹 상해上海나 장기長崎(나가사끼)로 갔다가 몇 개월 뒤 돌아와 도모하면 또한 불가하지 않을 것이요. 지금 나는 충정을 토해내는 것 같으니, 공은 살피고 살피시오" 운운한다. 나 또한 이때를 당하여 밖으로 나갈 수 없다는 뜻으로써 말하니, 미사 가로되, "내가 오래 평양平壤[평안도] 등지를 유력하고 싶었는데 겨를이 없었소. 지금 추운 절기를 당했지만 내가 공을 위하여 춥고 더운 것을 불구하고 잠시 나가서 두루 구경하는 꾀를 낼까 합니다. 장기에 있는 우리나라 군함을 전일 이일본 우편선 편에 급히 인천에 와 정박하도록 했으니, 그 옴을 기다려 나와 같이 평양에 잠시 가는 게 어떻습니까?" 은은殷殷한 그 뜻이 매우 느껍다. 함께 저녁 식사하고 밤이 깊어서야 돌아왔다.

11월 25일 오후 두시경에 나 혼자 죽첨을 방문해 그사이의 일을 갖춰 말했다. 또 영미 공사들과 더불어 말한 바도 대략 이야기했다. 죽첨은 모두 손뼉 치며 칭찬하고 감탄해 가로되, "공은 과연 응대에 민첩합니다" 운운했다. 이어서 여러 민 및 두서너 간신 제거할 계책을 밝혀 말하니 죽첨이 그 이야기에 찬성하지 않음이 없었다.[자세히 기재할 수 없다] 내가 말하기를, "지금 우리들의 거사는 그 단초를 여는 것이요, 뒤끝을 맺는 것은 귀 정부의 취향을 이에 볼 뿐입니다. 내 이미 그대에게 조금도 숨김이 없으니 그대 또한 조금도 가리고 꺼리지 마시오." 죽첨이 웃어 가로되, "공은 어찌 의심이 많은가? 내가 비록 같잖으나 이미 공사의 직으로 외국에 주재하는데 그 직이 매우 무겁습니다. 무릇 천리만리 사이에서 외교하는 데 각 정부가 조석으로 연락할 수 없는 형세인지라 공사의 직을 두어 써 그 정부를 대신하여 교제에 힘쓰는 것을 그대는 어찌 모르십니까?"

내가 대답해 가로되, "이는 나도 잘 아는 바지요. 그러나 나는 다만 내가 겪은 바로써 다시 한번 말하겠소. 내가 당초에 박공사 영효와 더불어 함께 귀국에 가 귀 정부의 도움에 크게 힘입어 사신의 일을 마치고 귀국했습니다. 이로써 우리들이 귀국에 의뢰하여 우리나라 독립을 도모할 깊은 뜻을 지녔음을 그대 또한 압니다. 그런데 그때 당시 귀국의 정략이 해육군을 확장했으니 비단 스스로를 튼튼히 할 뿐 아니라 겸하여 조선의 독립 일사를 위하고 동양 대세를 보존하는 큰 뜻이 있음은 내가 목격한 바이며 또 내가 들은 것입니다. 내가 잠시 귀국해 위임장을 도모해 다시 귀국에 건너옴에 미쳐 일은 결국 이루어지지 못했습니다. 그때 당시 두 나라 사람들은 죽첨 공사가 목린덕의 반간反間을 듣고 김옥균의 하는 바를 미워하여 무릇 그 하고자 하는 것을 방해하지 않음이 없다고 여겼습니다. 그러나 나는 즉 마음으로는 그뿐만이 아님을 알았소이다. 김아무개들의 사람됨이 어떠하며 꾀하는 바가 어떠한지 즉 귀 정부가 반드시 그대에게 들은 게 있었을 것 같은데 그 정략인즉 서너달 사이에 일변했습니다. 그 뜻은 진실로 조선을 향해 착수하면 청국의 의심만 부를 따름이니 그럴 필요가 없다는 것입니다. 그 까닭으로 내가 꾀한 바 또한 틀어지게 되었소. 이로써 귀국 정부 정략의 변동이 손바닥 뒤집기 같음을 보았소이다. 가령 공사가 올 때 지령받은 바 있더라도 또 몇 달 지난 후 무슨 기틀의 변동이 있을지 또한 가히 알 수 없소. 이는 내가 경력經歷(여러 가지 일을 겪어 지내오다)한 것으로써 그대에게 말하는 것입니다. 우리나라 사세에 이르러는 잠시도 늦출 수 없소. 공사가 이리 오기 전에 우리 당 지사들은 이미 맹세해 결정한바, 일본의 원조 여부는 본디 바라는 바가 아니요. 공사가 다시 건너온다는 것을 듣고 우리들은 매우 우려했소만, 오늘 그대와 더불어 이처럼 모의하기에 미치매 진실로 세상일의 변화가 마침입니다. 내 뜻은 이미 결정했으니 다시 모름지기 말하지 마시오." 죽첨이 말하길, "내 뜻 또한 공처럼 결정했으니 맹세코 서로 의심하지 맙시다." 이어서 세목細目을 말하니 혹 찬성하는 것도 있고 혹 따르지 않는 것도 있었다.

첫째, 강화江華로 천가遷駕(어가를 옮기는 것)하는 일에 대한 지론持論을 한동안 펴자 죽첨이 수긍하지 않았다. 그 말에 가로되, "대군주 한분을 즉 강화로 옮겨 모시는 것은 실로 어렵지 않으나 비빈妃嬪들과 여러 궁인들은 형세가 동행할 수 없소이다. 만약 청인淸人의 손에 떨어지기라도 한다면 뒷일이 매우 어렵습니다" 운운했다. 내가 이에 변론하다가 죽첨의 주장에 굽혀 따라 어가를 옮기는 일사는 두고 논하지 않기로 했다. 죽첨이 또 말하길, "지금 임금이 계신 대문은 지키기가 가장 적합합니다." 나는 이것이 즉 크게 그렇지 않다고 이르고, "만약 임금께서 움직이지 않음에 이르렀음에도 즉 일본 병정이 와 보호하는 것은 실로 명분이 없는 일이니 비록 가까운 곳이라도 잠깐 어가를 옮기는 거동을 짓는 것이 가합니다." 이는 짐짓 결정하지 않고 다시 상의하여 정함을 기다리기로 했다. 나는 또 말하길, "일이 발생한 뒤 더욱 관계되는 것은 자금 대책입니다. 이는 장차 어찌한 즉 가합니까? 내가 전년에 이 일로써 미국인과 모의했으나 이루지 못했습니다. 지금 와 생각한즉 무릇 돈 빌리는 일에 관해서는 영국인과 더불어 모의하는 것이 가장 적합하겠습니다." 죽첨이 웃어 가로되, "귀국이 비록 큰 돈이 없어도, 가히 힘을 펴면 수삼백만원의 돈은 우리나라에서도 넉넉히 마련할 도리가 있으니 달리 걱정하지 마십시오." 내가 웃어 가로되, "이 일은 공이 능히 보증하겠소?" 죽첨 또한 웃으며 가로되, "그대는 아직도 내 말을 의심합니까?" 내가 또 가로되, "수백만의 돈은 당장 쓸 게 아니니, 십수만원의 돈이라도 만들어 미처 생각하지 못한 용도에 예비하고 싶은 것인데 이것이 즉 어떻습니까?" 죽첨이 천산을 향하여 가로되, "조선에 있어 인천 부산釜山 원산元山 및 경중京中의 일본 상인 가운데 금액을 거두어 모으면 가히 얼마가 되겠소?" 천산이 대답해 말하길, "십여만원은 가히 걱정 없습니다" 운운한다. 죽첨이 나를 대하여 가로되, "이는 상인에게 미리 말해 기밀이 누설되면 안 됩니다." 내가 웃어 가로되, "오늘은 비록 돈이 있어도 쓸데가 없으니 쓸 때가 되면 공이 그 힘이 되시오." 죽첨이 가로되, "이들 일은 그대가 모름지기 걱정하지 마시고, 오직 거사의 방법에만 십분 마음 쓰기 바랍니다."

내가 이이 내정개혁 및 간사한 무리의 제거를 모의하는 꾀는 오로지 내가 맡고, 일이 발생해 병사를 발하여 보호하고 무너짐을 방지하는 일사는 공사가 담당할 뜻을 결정하고 서약하매 다시 남은 속내가 없었다. 죽첨이 가로되, "공의 말이 이에 상쾌하여 나 또한 안심입니다. 그러나 변이 일어남에 이르러 국왕이 저를 불러 와서 호위하라실 때 그 대책은 어떻습니까?" 내가 웃어 가로되, "국왕의 친서가 있은즉 가합니까?" 죽첨이 웃어 가로되, "한 자만 써주셔도 좋지요." 내가 가로되, "칙사는 일등대신 박영효면 가합니까?" 죽첨이 또 웃어 가로되, "더욱 묘안입니다" 운운했다. 죽첨이 또 가로되, "가령 지나의 병이 일천이 된다 해도 장차 우리 1중대의 병으로 먼저 북악北岳을 점거한즉 가히 2주간은 지탱할 수 있습니다. 만약 남산南山을 점거한즉 두달 수비하는 데 단연코 걱정이 없습니다"라고 했다. 내가 곧 작별을 고하며 "이로부터 나는 다시 귀관貴館을 방문하지 않겠습니다. 오직 거사의 일시를 택정하고 모사를 실행할 절차를 결단하면. 혹 박 홍 양군 가운데 한 사람으로 하여금 공사에게 와 말하게 할 것입니다. 오늘 헤어지면 또한 생사가 어디에 있을지 알지 못하니 일시 결별하는 것이 가합니다." 죽첨이 손뼉 치며 웃고 중문重門(대문 안에 또 세운 문) 밖까지 나와 전송했다.

11월 26일 박군 및 서군과 더불어 약속하여 동문東門(동대문) 밖 탑골승방塔洞僧尼[72]에 가서 이인종 등 여러 사람들에게 가까운 시일에 거사한다는 뜻을 대략 보이고 여러 세목을 설명했다. 이은석李殷石[73]으로 하여금 급족急足(급한 소식을 전하는 심부름꾼)을 부평富平에 보내 신복모申福模[74][신군은 해방총관海防總管[75]의 직으로 부평부에 나가 살며 양병하던 민영목[76]을 위해 그 교사로 따라갔다]를 불러오게 했다.

11월 27일 오후에 서군 재필과 약속한바, 촌상 대위와 더불어 잠시 모임에 오기로 했다. 세시에 두 사람이 동반해 왔다. 한참 쾌활하게 이야기하고 촌상은 곧바로 진고개로 돌아갔다. 밤에 제군과 더불어 또한 계책을 결정했다. 윤경완尹景完(1860~85)[77]이 밤을 타 내견來見했다.

---

72 서울 동대문 밖 비구니 도량 보문사의 별칭.
73 갑신정변에 참여한 전영(前營)의 군인 이은돌.
74 호산학교 출신으로 갑신정변에 참여한 전영의 군인.
75 고종 21년(1884)에 설치했던 해방아문(海防衙門)의 으뜸 벼슬.
76 민영익을 민영목으로 교감(校勘).
77 동대문 밖에서 무청 장사를 하다가 박영효 서재필에게 발탁되어 일본에 유학하고 귀국 후

11월 28일 일찍이 홍군이 급히 서신을 발하여 와 말하기를, "전야에 죽첨을 보매 죽첨이 말하되, '오늘 덕국德國(독일) 영사를 가서 본즉 덕 영사가 말하기를, 최근 조선의 국내 정세를 살피니 조정의 위에 당파가 서로 나뉘어 반드시 한바탕 변동이 있을지니 이런 때를 당하여 우리들로서도 처신을 상의해야 하지 않겠냐'고 운운합디다. 이 말을 듣건대 기밀이 새어나간 염려가 없지 않으니 '모름지기 김군과 더불어 다시 의논하시지요'라고 했소이다." 나는 식사를 마치고 곧 귀로에 홍군을 방문하여 덕 영사의 말을 자세히 물었다. 목의 재잘거린 바에서 나온 듯싶은데 이것이 혹 민 쪽에서 도모하려던 것을 목이 듣고 덕 영사에게 비밀히 전했는지도 또한 가히 알 수 없다. 곧 홍군으로 하여금 죽첨을 가서 보고 내가 상상한 것을 갖춰 말하라고 했다. 이어서 동지들과 더불어 약속하고 모레 내 동동東洞 별실別室(첩의 집)에 모여 거사의 시기를 결정하기로 했다.

11월 29일 부르심을 받자와 입대하니 마침 곁에서 듣는 자가 없거늘 내가 옷깃을 여미고 일어나 절하고 아뢰어 가로되, "지금 천하대세가 날로 갈등에 이르고 나라 안의 정황도 날로 위태로운 곤경에 도달함은 본디 전하도 통촉하시는바 덧붙일 필요가 없습니다. 신이 가만히 다시 한번 자세히 아뢰고자 하옵는데 들어주시겠습니까?" 상이 가로되, "가하다." 내가 이어 청불 교전의 일, 일청 불화의 일, 노국露國의 동략東略이 날로 절박함에 이른 일, 및 10여년 이래 서양 여러 나라들의 동양을 향한 정략이 문득 변해 구구히 옛 규칙을 지켜 안온히 자수自守함이 불가한 정세, 국중 정치에 이르러는 당오當五가 혹독한 폐가 되어 백성이 서로 도와 지킬 수 없고, 목린덕을 그릇 고용한 일로 실착이 많고, 간신들이 총명을 막아 가리면서

전영의 소대장으로 갑신에 참여했다가 참형되었다.

청을 빙자해 권세를 부리는 등의 일에 대해[천마디 만마디 말을 다 기록할 수 없다] 거침없이 한번 논했다.

곤전坤殿(중전)이 갑자기 안의 침실로부터 나와 가로되, "내가 조용히 경의 말을 들은 지 오래라. 사세의 절박함이 이에 이르렀거늘 꾀가 장차 어디에서 나오겠소?" 상의 뜻 또한 간절히 물으시니, 내가 이에 고하여 말하되, "죽첨이 처음에 신의 뜻과 합하지 않아 그 방해를 많이 행했음은 상께서도 밝히 살핀 바의 것이옵니다. 그런데 지금 죽첨이 다시 오매 오히려 신에게 은근한 뜻을 보입니다. 이것은 반드시 일본의 정략이 전일과는 문득 변함으로 말미암은 것임을 신은 살펴 알았습니다. 이로써 보건대 일청의 거사가 머지않은 것 같습니다. 이때를 당하면 조선은 당연히 일청전쟁의 전장이 될 터이니 장차 어떤 대책으로써 스스로를 도모하겠습니까?" 상이 곤전과 더불어 깊이 그리 여기시고 따라 걱정하시며 가로되, "일청 교전의 승부가 어디에 있겠소?" 내가 대답해 가로되, "단 일청 양국이 교전한 최후 승패의 운수는 가히 미리 헤아릴 수 없습니다. 지금 일본과 불란서가 합한즉 승산은 결단코 일본에 있을 것입니다." 상 가로되, "그런즉 우리 독립의 대책을 도모함 또한 여기에 있는 것이 아닌가." 내가 대답해 가로되, "참으로 성교聖教(임금의 판단)와 같습니다. 그러나 전하의 심복 신하들은 청에 붙어 청을 우러르지 않음이 없어 청을 위해 개와 양 노릇을 하고 있으니, 비록 일본이 독립시키고자 해도 가히 이룰 수가 없는 듯합니다. 신이 이 말씀을 드리는 것은 본디 생사에 관계된다 할지라도 지금 위망危亡이 아침저녁인데 신이 한몸의 두려움 없이 폭백暴白(성을 내며 말함)함이 이에 이르렀습니다." 곤전이 가로되, "경의 이 말은 나를 의심해서인 듯하오. 그러나 나라의 존망에 관계된 일에 내 한갓 부인婦人으로서 어찌 가히 대계大計를 그르치겠소? 경은 달리 숨기지 마오."[이것이 참인지 거짓인지는 가히 알 수 없다] 상이 가로되, "경의 마음이 있는 바는 내가 실로 안다. 무릇 나라의 대계에 관해 위급한 때를 당하면 경의 주모籌謀(책략)에 일임할 테니 경은 다시 의심하지 말라."[이는 즉 참마음에서 나온 참말이다] 내가 대답해 가로되, "비록 신이 비록 감당할 수 없지만 오늘밤의 성교聖敎가 정녕 귀에 있을진대 어찌 감히 저버리겠습니까? 원컨대 전하의 친필 밀칙密勅(임금의 비밀 명령)을 얻는다면 항상 몸에 지니겠습니다." 상이 즐거이 쓰시고 보압寶押(임금의 수결手決)을 긋고 아울러 큰 옥쇄를 새기셨다. 내가 공경히 절하여 받자 곤전이 술과 안주를 내려 권하셨다. 동이 트고야 물러나왔다.

11월 30일 제군과 약속한 대로 동동東洞에서 만났다. 이에 별궁別宮78[별궁은 세자 혼례 때 장소로 이 궁은 특히 중대한 곳이다. 또 이는 서군 광범의 집과 담을 사이에 두어 궁의 후문이 즉 서의 집 뜰 앞이라 하수下手(어떤 일을 시작하다)하기가 편하다. 고로 이로써 결단했다]에 방화하기로 결정했다. 화재 난 장소를 좇아[나라의 관례에 화재가 있은즉 무릇 장병將兵은 반드시 급히 달려와 마땅히 불을 꺼야 한다] 일을 행하기로 책략을 정하고 기일은 3, 4일을 넘지 않기로 기약했다. 늦게 홍군 및 서군이 모두 소명召命이 있으므로 산회했다.

12월 1일 하오 일곱점 종에 애스턴과 회식하기로 약속했다. 박·서 양군兩君 및 내가 초청받았다. 여섯시 반에 장차 모임에 가려 할 즈음에 홍군이 편지를 보내 가로되, "지난번에 본 일관日館의 사람이 와서 말하길, 죽첨이 오늘밤 우리들을 다시 만나고 싶다고 운운했네." 내가 답해 가로되, "막 애스턴 약속에 가려는 참이니 그대가 모름지기 먼저 일관에 가서 기다린즉 아홉시 전후해 세 사람이 함께 가겠네." 이어 모임에 갔다.

아홉시 반에 파해서 돌아오는 길에 종로 큰 거리에 이르매 달이 밝아 온통 은銀을 부은 듯했다. 이에 하인들을 모두 놓아 돌려보내고 단지 세 사람이 동행으로 곧장 교동관校洞館79[일관은 종전에 파수하는 병정이 있어 사람의 출입

---

78 안동별궁, 1881년 완공된 별궁으로 1882년 왕세자(순종純宗)와 세자빈 민씨가 가례를 올림. 현 안국동 서울공예문화박물관.

을 허락하지 않으매 먼저 명찰을 보내 공사에게 보인 뒤에 입장을 허했다. 죽첨이 온 뒤부터 내가 말한 바 있어 무릇 우리 당 사람은 명찰이 없어도 곧 통행할 수 있었다]으로 갔다. 보니 홍군이 이미 자리에 있었다. 주인 자리는 도촌이고 다만 천산이 통역인데 죽첨이 보이지 않는다. 차를 다 마시자 도촌이 말하길, "죽첨 공사가 당초에 제공을 면회하려고 했으나 그 마음속에 이미 화살에 결決해 마음을 정한 것을 곧 또 면회하여 말을 허비하는 것은 오히려 무익에 속해 오늘밤 권도로 이런 실례를 범했습니다. 그 마음의 굳기가 금석金石과 같음을 드러내고, 나를 대신해 예로 맞이하라고 하셨습니다." 내가 드디어 별궁에 방화할 계책을 말하니 도촌이 또한 매우 기뻐하며, "기한이 어느 때로 정해졌소이까?" 물었다. 내가 대답해 가로되, "짐짓 이달 20일[구력 10월 20일, 신력 12월 7일에 해당함]로 우선 정했소." [우리가 결정한 날은 이 기한에 있지 아니하나 정한 바의 날을 미리 누설하고 싶지 않아 권도로 이처럼 대답한 것이다.] 도촌 가로되, "어찌 그리 늦습니까?" 내가 웃어 가로되, "20일 이전은 달이 밝은 것이 흠이니 팔인八人⁸⁰ 두 자는 캄캄한 밤이 되어서야 그 광채를 발하오." 도촌이 또 웃는다. 나는 또 가로되, "기한인즉 차례로 귀국 우선郵船(우편물을 실어 나르는 배) 천세환千歲丸(치또세마루)이 인천 항구에 정박하기 전에 일을 일으키는 것이 요체요." 도촌이 가로되, "어찌 그리 말씀하십니까?" 내가 가로되, "귀국 정부 묘의廟議(조정의 회의)의 변화를 내 헤아릴 수 없으니 만일 조금이라도 패卦가 변하는 일이 있다면 죽첨 공사가 오늘 결정한 뜻도 또 변동이 있을까 염려되매, 그래 우선[천세환은 매달 20일 인천에 이른다]이 인천에 도착하기 전에 하수하기를 기약함이요." 도촌은 또 크게 웃었다. 네 사람 모두 도촌에게 미처 말하지 못한 세목을 자세히 밝혀 죽첨에게 전해 듣도록 했다. [강화로 어가를 옮기는 일은 이미 죽첨이 힘써 말림으로 말미암아 하지 않기로 했다. 그러나 이에 지금 대문을 병사를 거느려 수호하는 책임은 몹시 불편한 단서

---

79   교동에 있던 일본 공사관.

80   이를 김영진은 '火'로 추론한바 근리한 해석이다.

가 될 일이 생길까 저퍼(두려워) 일이 발생한 뒤 대가人駕(임금의 수레)를 잠깐 경우궁景祐
宮[81]에 둘 뜻을 자세히 말했다. 도촌 가로되, "당연히 공사에게 고하겠습니다"고 했다.] 두
점 종 칠 때 헤어져 돌아왔다.

귀로에 바로 진골 박군의 집에 갔다. 일찍이 여러 장사와 여기서 모
이기로 약속이 있었다. 이인종, 이규정, 황용택黃龍澤,[82] 이규완李圭完
(1862~1946),[83] 신중모, 임은명, 김봉균, 이은종李殷鐘,[84] 윤경순尹景純[85]이
모두 와 모였다. 이에 오는 17일[구력 10월 17일, 신력 12월 4일] 오후 여덟, 아
홉점 종 칠 때 별궁에 방화하는 계책을 주었다. 만약 혹 큰비로 불리한즉
18일로 정했다.

그 일 치름에 여러 사람에게 안배하여 지휘한 사항은 아래와 같다.

첫째, 별궁에 방화하는 일사는 이인종이 전담하여 지휘하게 한다. 이규
완 임은명[호산학교 사관 졸업인] 윤경순 최은동[86] 4인에게 명하여 포대 수십
개를 많이 만들게 하고[포대는 이미 변수[87]에게 부탁하여 만들어왔다], 그 속에 잘
게 쪼갠 마들가리를 넣어 기일에 앞서 서군 집 남쪽 뜰, 별궁 북문으로부
터 어둠을 타서 담장을 넘어 들어가 별궁 정전正殿 안에 쌓아두게 한다. 또
불이 잘 붙는 석유를 작은 병 30개 한限으로 넣어 담 머리로부터 차례로 가
지고 들어가 포대 속에 부어 가득 채워 뒤 자기황自起礦[88]으로써 발화하게

---

81 궁정동 칠궁의 하나로 조선 순조의 생모 수빈(綏嬪) 박씨의 사당.

82 영사(營使) 암살을 맡은 장사.

83 박영효의 겸인(傔人) 출신으로 호산학교에 유학 후 정변에 참여한 행동대였으나 뒤에 결국
    친일파로 전락함.

84 李殷種이라고 표기되기도 하는데 정변에 참여한 장사.

85 동대문 밖에서 배추장사를 하다가 이인종에 의해 발탁되어 정변에 가담한 행동대. 처형됨.

86 崔殷童은 恩同으로도 표기되는데 윤경순과 한 동네라는 인연으로 정변에 참여한 행동대.

87 邊樹는 邊燧(1861~91)의 다른 이름. 역관의 아들로 강위의 문인을 인연하여 김옥균과 알게
    되어 1882년 김옥균의 일본 시찰 때 수행했고 다시 수신사 박영효의 수행원으로 도일하고
    1883년 보빙사 민영익의 수행원으로 방미한 뒤 갑신정변에 주동적으로 참여했다. 일본으로
    망명, 도미하여 사고사.

한다. 동서 행랑 군데군데 강한 화약을 안치함으로써[화약이 먼저 발화하지 않도록 조심할 것] 대세가 만연한 때 세를 말미암아 촉발하여 떠들썩함을 돕게 한다. 여덟시 반이나 아홉시 무렵을 기한으로 불이 크게 발하는 것을 신호로 한다.

둘째, 불이 난 이후 각영의 영사는 단연코 마땅히 급히 와서 불을 꺼야 한다. 그래도 혹 병病으로 오지 못할 자 있을까 저프고 대궐에 들어갔다가 오지 않는 자가 다시 걱정이다. 거듭 더욱 우려되는 것은 죽첨이 온 뒤 '저편'의 의심이 크게 일어 혹 의심이 있을 것 같으면 오지 않은즉 가히 이룰 수가 없다. 이에 우정국 연회로 정한다. 홍군에게 먼저 네 영사의 무고無故와 유고有故를 탐지하게 하여 연회의 날을 정하는데, 내일로부터 시작하여 3일을 넘지 않는 기한으로 한다. 불이 발한 뒤 이미 우정국 모임에 온 자는 세가 불가불 모두 불 끄는 데 가야 한즉 그 화재 현장에서 행사한다. 1인에게 2인씩 배당하여 하수한다. 1인이 각 단검 한 자루와 단총 1정을 휴대한다. 오히려 담이 약해 실수할까 저퍼 별도로 일본인 네명을 1인당 1인씩 배정한다. 일인은 우리 복장으로 꾸민다.

셋째, 민영익(윤경순 이은종) 윤태준(박삼룡朴三龍[89] 황용택) 이조연(최은동 신중모) 한규직(이규완 임은명).

넷째, 이인종·이희정李熙禎[90]은 연장年長인 고로 호령號令의 책임을 맡는다. 불이 발하고 사람들이 도착하여 여러 장사들이 준비가 여의如意한 뒤 이 두 사람이 총을 쏴 신호로 삼아 일시에 하수하되 혹 늦거나 빠르거나가 없어야 한다.

다섯째, 오고 가며 탐정하고 통신하는 것은 유혁로·고영석高永錫.[91]

---

88 문지르거나 무엇에 부딪히면 불이 일어나도록, 화약에 다른 물질을 섞어서 만든 황.

89 정변에 참여한 행동대.

90 앞에 나온 이규정(李奎禎)과 같은 인물.

91 앞에 나온 고영석(石)과 같은 인물.

여섯째, 금호문[창덕궁昌德宮 네 문의 하나인즉 금호문金虎門⁹²이다. 무릇 여러 대신이 별입시別入侍⁹³로 출입할 때 모두 이 문을 말미암는다] 밖에서 신복모가 동지 장사들을 불러모아[전영 병대 중 13인에, 때가 오면 의거에 즉시 참여할 자 포함하여 43인] 진골 근처에 매복하고[박군 본가에서 미리 준비한 술과 안주를 박군 별가別家(첩의 집)에서 대접한다] 별궁의 불이 일어나는 것을 본즉 금호문 밖으로 달려가 파수하다가 민태호·민영목·조영하 세 사람이 예궐詣闕하는 당장當場에 하수한다. [무릇 화재가 있거나 혹 소동의 일이 있으면 각 근시近侍⁹⁴ 및 승후관承候官⁹⁵은 으레 마땅히 입궐하여 문안한다.]

일곱째, 전영 소대장 윤경완은 즉 경순의 아우다. 윤경순은 다년 우리 당 가운데 친근했으나 다만 경완은 연소한 고로 처음에는 교제가 없었다. 요즘 비로소 그 형을 따라 의거에 참여했다. 이날 밤 마침 궁 안 합문閤門(국왕 침실의 앞문)의 파수[각 영 가운데 소대장 1인은 으레 50명을 거느린다. 매일 밤 돌아가면서 합문 안팎을 수직하는데 윤경완으로 하여금 여러 날 병을 칭하고 나아가지 않다가 이날 밤 비로소 바야흐로 숙직을 자원하게 한다]를 담당한다. 전영 병졸 50명을 거느리고 외간外間에서 불 일어나기를 기다려 병정을 단속하고 그물에서 빠져 궐 가운데 이른 자를 볼 것 같으면 형세에 따라 처치할 것을 약속한다.

여덟째, 궁녀 아무개 씨[나이는 금년 42, 신체는 남자같이 건대하고 여력膂力이 있어 가히 남자 5, 6인을 당한다. 고대수顧大嫂⁹⁶로 불렸는데, 본디 이 별호는 곤전이 곤경에 처한 때에 가까이 모신 까닭에 얻은 것이다. 10년 이전부터 우리 당에 쫓아 붙어 때로 은밀한 일을 통보하는 자다]가 폭렬약[2년 전 내가 일본에 놀 때 탁정식卓挺植⁹⁷으로 하여금

---

92 창덕궁 서쪽 행랑의 출입문으로 관리들이 애용함.
93 신하가 임금을 사사로이 뵙던 일.
94 임금을 가까이에서 모시던 신하.
95 임금의 기거와 안부를 묻는 일을 맡아 하던 벼슬아치.
96 『수호지』에 나오는 108명의 호걸의 하나인 여장부. 고대수는 고씨 큰 누님이란 뜻.
97 유대치에게 감명 받아 개화운동에 투신한 백담사(百潭寺) 출신의 승려로 법명은 무불(無不), 서울 동대문 밖 화계사(華溪寺)에 머물면서 김옥균·박영효·홍영식 등 개화파 인사들과 친분을 쌓았다. 1883년 김옥균의 수행원으로 일본에 건너갔으나 다음해 봄 일본에서 사망했다.

서양인에게 부탁하여 사 온 것이다]을 대통에 조금씩 넣어, 외간에서 불 일어남을 보는 즉시 신호로 삼아 통명전通明殿[98][나라에 상례喪禮가 있을 때 사용하는 곳이다. 보통 때는 많은 사람이 지키지 않는다]에 불을 지를 것을 약속했다.

아홉째, 김봉균 이석이李錫伊 또한 화약을 미리 몰래 어두운 궁 안 인정전仁政殿(창덕궁의 정전) 행랑 여러 곳에 감춰두기를 기약하여 우리 당이 변란을 타고 대궐에 들어갈 때 따라 들어간즉 행사하게 한다.

열째, 일본인 네명을 맨뒤로 삼아 만약 화재의 현장에서 실수한 자가 있을 것 같으면 일인이 검은 그림자 속에 매복했다가 세를 타고 하수한다.

열한째, 별궁에 불이 일어난 뒤 일본관으로부터 병사 30인을 발하여 금호문 및 경우궁 사이[즉 관현觀峴[99]]를 왕래하게 함으로써 의외의 일을 막기로 약속했다.

열두째, 일이 발발하여 잡답雜沓(북적북적하고 복잡하다)한 사이에 서로 짓밟을 염려가 있고, 또 일인과 더불어 서로 어긋질 단서가 있을까, 암호를 여러 장사에게 가르친즉, '천天' 한 자로 하고 응호應號는 일어 '요로시'[100]로 약속했다.

날이 샐 무렵 각자 흩어져 돌아갔다.

12월 2일 일찍 신복모가 부평에서 올라왔다. [이인종으로 하여금 이번 차에 행사할 여러 사람들을 거느리고 압구정狎鷗亭 근처 박군 별장에 가서 새 사냥을 하게 했다. 일본인 네명과 각각 얼굴을 익히게 하기 위해서였는데 날이 저물어서야 모두 흩어져 돌아갔다고 한다. 약속이 모두 가지런히 정돈되었다.] 밤에 동지 여러 사람과 약속하여 사동社洞[101] 서재창徐載昌(1866~84)[102] 집에서 모여 술 마셨다. 귀로에 우리

---

98   창경궁(昌慶宮)의 전각.

99   서운관(書雲觀)이 있는 고개로 운현(雲峴)으로 더 알려짐.

100   よろしい는 '좋다'는 뜻.

집에 이르러 더욱 절차를 익히고 닦았다. 신복모 또한 용감하게 즐겨 따르기로 한바, 날이 밝아서야 흩어졌다. [이 밤 홍군이 크게 취했다. 서군 집으로부터 돌아오는 길에 말에서 떨어져 왼쪽 팔을 조금 상했다. 우리 집에 이르자 종이를 찾더니 한 서약 글을 썼다. 가로되, "내가 땅에 떨어질 때 땅에 내 피 젖었네. 내 죽을 때 하늘이 내 마음을 보리니 오로지 내 마음을 같이하는 이들과 내 함께 맹서했거늘, 만약 이 마음을 배신한다면 하늘이 반드시 베어 죽이리라"고 쓴 뒤에 내게 보인다. 내 이를 보고 매우 즐겁지 않았다. 박군도 또 그 말을 매우 놀랍고 괴이하게 여겼다.] 들으니 죽첨이 사람을 보내 경우궁 형편을 두루 살펴봤다고 한다. 또 진고개 둔소屯所(진지陣地)에서 탄환을 암암리에 교동 공사관으로 옮겨왔다. [병졸을 직공처럼 꾸며서 운수했다고 한다.]

12월 3일 박군에게 요청해 일관에 가 죽첨을 만나보고, 요즘 추려서 정한 안을 갖춰 말하게 한바, 죽첨이 좋다고 칭하지 않음이 없었다. 단 "경우궁으로 어가를 옮기는 계책은 이루어지지 않은즉 어찌합니까?" 박이 대답해 가로되, "이는 모두 우리들 담당이니 공은 염려하지 마시오." 또 "대군주께서 저를 부르는 칙서는 이와 연계해 제일로 중하니 모름지기 김군과 더불어 깊이 헤아리고 깊이 삼가십시오." 박은 그러마고 돌아왔다. 홍군은 이미 각 영사營使 편한 날을 가려서 오는 4일 오후 일곱점 종 칠 때를 골라 정하고 각 공사 및 연회에 올 어러 사람들에게 초대장을 보냈다.

밤에 변수로 하여금 환관 아무개 군[연소한 자다]을 우리 집에 청해 상의하여 확정한 것이 있다. 군주께서 매양 밤 들어 여러 근신을 접견하고 모든 사무를 총재總裁하시느라 해가 뜬 뒤에 취침하고 황혼에 기침하시니 여러 근신들이 밤을 타 대내에 들지 않음이 없다고 한다. 이것이 내일 행사에 방해가 있을까 내일 이른 밤에 취침하시는 책략을 도모하고자 한바[때로 혹 일

---

101 염복규 교수는 사동을 사직동(社稷洞)으로 비정(比定)했다.

102 서재필의 동생으로 갑신정변에 참여했다 처형.

로 말미암아 밤을 새워 이윽고 취침하지 않는 일도 있다], 아무개 군은 말하되, "이는 실로 방략이 있습니다. 마땅히 정원政院[103]에 쌓아둔 문안[평소에 미뤄둔 문안이 정원에 있다]을 원리院吏로 하여금 내일 아침을 기다려 가지고 가 바치게 한즉 가히 때를 말미암아 방편이 있을 것입니다. 또 다른 방책이 없지도 않습니다" 운운했다. 그리고 헤어졌다.

밤이 깊어 나는 일본 음식을 준비하여 일본인 네명을 밀실에서 맞았다. 확정된 계책을 자세히 말해 일러주었다. 모두 취해서 흩어졌다. [밤에 갑자기 죽첨이 사람을 보내 말하되, "지금 정상각오랑이 전하는 말을 들으니 최근 민영익을 만나본 차에 민이 이르되, '우리나라가 이로부터 30일 안에 반드시 변사가 있을 터인데 그대 같은즉 외국인이니 반드시 스스로 조심하오' 운운했다 하오이다." 죽첨이 듣고 우리들의 모의가 누설됐는가 두려워 시기를 다시 살펴 저들의 의심을 풀어주자는 것이다.]

12월 4일(구력 10월 17일) 바로 우정국 연회가 오늘 밤에 있다. 우리 당의 지사들은 각각 밀약을 받고 모두 마음을 극히 경계하며 신중하다. 박군은 또 죽첨을 방문하여 맹세를 서로 어기지 말자는 뜻으로 다짐했더니 죽첨이 웃어 가로되, "명을 받습니다" 운운했다. 오후 네시에 내가 전동典洞[104] 우정국에 가서 잔치를 베푸는 준비 여하를 보니, 홍군은 일찍부터 이미 이곳에 와 있었다. 들으니 각국 공사 중에 죽첨이 병으로 오지 못하고 덕국 영사 또한 병으로 오지 못하고 그 나머지 여러 사람들은 뜻대로 약회約會하지 않음이 없다. 다만 윤태준이 마침 오늘 궁중을 야직夜直하여 오지 못하는데, 그는 본디 없어도 족히 걱정할 것이 없는 자요, 있어도 족히 근심할 게 없다는 자다. 이에 나는 귀가했다. 변수가 와 아무개 군의 뜻을 전했다. 대군주께서 오늘 날 밝을 때부터 밀린 공사公事를 결재하느라 취침을

---

103 조선시대에, 왕명의 출납을 맡아보던 관아. 도승지 이하의 벼슬을 두었다.

104 조선시대 궁중에서 쓰이는 의약을 제조하고 약재를 재배하던 전의감(典醫監) 자리라 전동. 지금의 서울 종로구 견지동.

아니하셨고, 여러 승후관이 모두 모여 오후 세시에 입대했는데 조퇴하게 했다고 운운했다. 나는 이에 변수로 하여금 곧바로 궁중에 들어가[변수는 늘 궁중에 있으면서 가까이 모시는 자다] 무릇 들은 바와 본 바를 내가 오늘밤 입궐 한즉 갖춰 고하라는 뜻으로 다짐을 주었다. 이어 서군 재필의 집[우리 집과 바로 이웃이다]으로 갔다. 약속을 받은 여러 사람들이 모두 여기 모여 기다렸다. 자세한 절목節目(법률 따위의 낱낱의 조나 항)으로써 죽 이야기하고 결정했다.

날이 저물고 어두워지자 급급히 우정국으로 달려갔다. 모임에 약속한 인원이 모두 모이지 않음이 없다. 즉 미 공사 후트, 미 서기관 스커더,[105] 영 영사 애스턴, 청국 영사 진수당, 서기관 담갱요譚廑堯[106] 일본 서기관 도촌 구, 통역 천상, 세관 고용인 목린덕에, 우리나라 관원으로는 주인 홍영식, 금릉위 박영효, 독판 김홍집, 전영사 한규직, 우영사 민영익, 좌영사 이조연, 승지 서광범, 승지 민병석閔丙奭(1858~1940),[107] 주사主事 윤치호, 사사 신낙균申樂均[108] 및 나까지, 18인이 합석했다. [내가 슬그머니 요리인에게 부탁하여 진지를 천천히 올리게 했다.] 술과 안주가 나왔다.

도촌은 내 옆자리다. 때때로 일어로 서로 이야기했다. 내가 묻건대, "그대는 '천天'을 아는가?" 도촌 가로되, "요로시." 술이 몇 순배 돌자 어떤 사람이 갑자기 홍현紅峴[109][우리 집]에서 누가 나를 찾아왔다고 말해, 곧 문밖으로 나가니 박제경이 숨도 돌리지 못하고 말하되, "별궁의 방화는 갖은 재주를 다해도 불가不可라 일이 이미 급해졌습니다. 이를 장차 어찌하올지요?" 내가 답해 가로되, "별궁이 이미 이루어지지 않은즉 비록 다른 곳 초

---

105 Charles L. Scudder(조선 이름 사각덕司咯德)는 후트 공사의 개인 비서.

106 탄 껑야오. 정식 인원이 아니라 특별 직원.

107 여흥인으로 동부승지를 시작으로 여러 대신을 거쳐 경술 국치 때 자작을 받음.

108 우정총국의 사사(司事, 서기관).

109 종로구 화동 22번지 정독도서관(옛 경기고 자리가 김옥균의 집터) 남쪽에 있던 고개로 그 흙이 붉은 색을 띠고 있어 붉은고개·붉은재라 했다.

가라도 택한다면 쉽게 이어 붙을 것이니 곧 도모하기 가할 것이요." 총총히 자리로 들어왔다. 도촌이 무슨 연고냐고 물어 내가 사실대로 고하니 도촌은 또 낯빛이 변하며 가로되, "장차 어찌 하렵니까?" 내가 가로되, "다시 방편이 있으니 걱정하지 마오."

〈표〉 좌석도

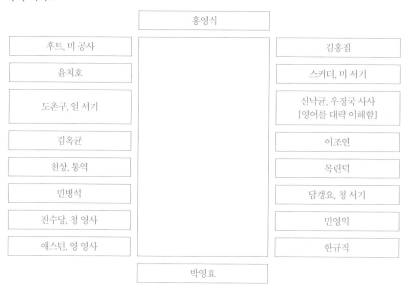

	홍영식	
후트, 미 공사		김홍집
윤치호		스커더, 미 서기
도촌구, 일 서기		신낙균, 우정국 사사 [영어를 대략 이해함]
김옥균		이조연
천상, 통역		목린덕
민병석		담갱요, 청 서기
진수당, 청 영사		민영익
애스턴, 영 영사		한규직
	박영효	

또 반시간 쯤 기다리니 음식이 거의 다 나왔다. 내가 애가 타 문밖으로 나와 사방을 둘러보매 홀연히 유혁로가 보이더니 급히 와서 말하되, "또 몇 군데 방화했으나 모두 뜻대로 되지 않았습니다. 처음에 별궁 일이 발각됨으로 말미암아 순포巡捕(순라군)가 사방으로 발하여 위험하기가 말로 할 수 없습니다. 여러 장사들은 모두 이 자리로 짓쳐 들어오기를 바라는데 어떨지 모르겠습니다." 내가 말려 가로되, "일이 도리가 만무하면 이 또한 일책一策이지만, 그러나 잡답 중에 외국 공사를 그릇 상할까 염려되니 반드시 순포가 이르지 않는 곳으로 가 다시 하수하기를 도모하오." 또 자리로

들어왔다. 민영익 무리가 자못 의심하는 빛이었고, 도촌은 크게 불안한 뜻을 보였다.

바야흐로 다과가 들어오는데 홀연히 밖에서 사람 소리가 혼잡한 중, "불이야, 불이야" 하는 큰소리가 들렸다! 내가 놀라 일어나 북창을 여니 우정국의 지척에 화광이 하늘에 뻗쳤다. 좌중도 또한 분주히 일어났다 앉았다 창을 열고 바라본다. 한규직이 먼저 말하되, "우리들은 장수의 소임으로 불가불 급히 가 불을 꺼야겠소" 운운했다. 말이 미처 끝나기도 전에 홀연히 민영익이 온몸에 피를 흘리며 문으로 들어오는 것이 보였다. [나중에 들으니 우정국 북쪽 근처에서 불이 난 뒤 여러 순포가 남김없이 급히 와 불을 끄면서 경비하며 순찰하매, 여러 장사가 각각 병기를 지녔으나, 사세가 가까이 접근할 수 없었다. 이에 우정국 문밖에 엎드려 엿보던 중 민영익이 먼저 나옴을 보고 일인이 먼저 공을 차지하는 데 급급해 서둘러 하수했다는 것이다.] 밖은 시끄럽게 싸우는 소리로 들끓었다. 나는 이에 박군·서군과 더불어 같이 북창을 뛰어넘어 곧바로 우정국 앞문으로 나왔다. 사람은 모두 도망해 흩어져 보이지 않았다. 곧 입으로 암호[즉 '천천天天'은 조선 말로 번역한즉 '서서히'라는 뜻이다]를 부르며 빠르게 나아갔다. 길에서 이인종 및 서재필을 만나 여러 장사들을 인솔하여 경우궁 문밖에 가 기다리게 했다. 일인은 곧 우리 집 후원에 몸을 숨기게 하고 이어 일본공사관으로 향했다. 별궁 방화가 종전의 약속된 것과 어그러짐이 있었던 때문에 한번 가보고 그 기색을 살피고 싶었다. 관 앞에 이르니 병정이 틈 없이 빽빽이 늘어서 있다. 곧 통보하고 들어가 천산을 보고 죽첨을 보게 해달라고 청했다. 도촌은 이미 일찍이 관에 돌아와서 내당으로부터 나와 큰소리로 가로되, "그대들은 어찌 대궐로 향하지 않고 이 밤에 왔습니까?" 내가 웃어 가로되, "공들의 뜻이 이미 변하지 않았으니 우리가 그 안심이로세." 곧 불같이 빠르게 예궐하러 진골로 향했다. 동구에 김봉균 이석이 등이 기다린지 오래라. 또 신복모가 용사 40여인과 더불어 사방에 숨어 엎드린 것을 보았다. 금호문에 이르니 이미 문이 닫혀 있다. 곧 문 지키는 군사를 불러

문을 열게 하니 군사 말하되, "열쇠가 정원政院에 있어 스스로 열 수 없습니다"라고 했다. 내가 곧 소리 높여 꾸짖어 가로되, "지금 화변禍變이 일어났다. 급히 곧 문을 열라." 수문장이 내 음성을 듣고[곧 내 심복으로 약속이 되어 있는 자] 바로 와서 자물쇠를 열었다. 세 사람이 곧 봉균과 석이를 거느리고 들어갔다. 단지 군졸들이 이따금 순라를 돌 뿐 적막히 인적이 없다. 마침 보매 달이 밝기가 대낮과 같다.

숙장문肅章門[110] 안에 이르러 봉균·석이를 보내 인정전 아래 폭약 묻은 곳에 가서 30분간 기다렸다 폭발하게 했다. 곧바로 협양문協陽門[111]으로 들어가니 밖에 파수 보던 무감武監[112]이 있어 큰소리로 막는다. [무릇 궐에 드는 자는 대례복大禮服이 아니면 들어올 수 없는데, 그때 우리들 모두는 평복을 한 때문이다.] 내가 이에 크게 꾸짖어 가로되, "너희들은 문밖에 무슨 큰일이 난지도 모르고 감히 우리 갈 길을 막느냐?" 곧 난입攔入하니 여러 사람이 놀라 두려워하며 그 까닭을 묻는다. 내가 대답도 않고 급히 합문 밖에 나아가니 윤경완이 병정 50명을 거느려 기다리고 있었다. 비밀히 단속하여 호령을 기다리게 하고 곧바로 전내殿內에 올랐다. 상은 이미 취침하셨다. [변수가 이미 출영하여 귀엣말로 궁중은 아직도 털끝만큼의 의심의 단서도 없다고 운운한다.] 환관들이 청廳 밖으로 나와 우리들이 평복으로 황망히 들어오는 것을 보고는 놀라고 괴이히 여겨 내가 온 까닭을 묻는다. 나는 곧 유재현柳在賢[환관 중에서 가장 총애를 받아 권력이 있는 자다. 이 사람은 즉 전내에서 찔러 죽이기로 이미 셈해둔 자다]으로 하여금 급히 기침起寢하시기를 청했다. 유는 여러 번 사유를 묻는다. 내가 크게 꾸짖어 가로되, "지금 국가 위란에 당해 너희 환관들은 어찌 감히 말이 많은가?" 유가 이에 놀라고 두려워하며 들어갔다. 상은 이미 내 음성을 들으시고 침실에서 급히 나를 불러 가로되, "무슨 사고가 있느

---

110 창덕궁 인정전의 정문인 인정문 동쪽에 있던 문.

111 창덕궁 내전의 합문.

112 조선시대에, 궁궐 문 옆에서 숙직하거나 왕을 호위하는 일을 맡아보던 군관.

냐?" 내가 곧 박군·두 서군과 더불어 침실로 들어가 우정국의 변變을 갖춰 아뢰고 일이 급박하오니 잠시 정전正殿에서 피하기를 청했다. 곤전이 가만히 내게 물어 가로되, "이 변은 청淸에서 나온 것이요, 일日에서 나온 것이요?" 내가 미처 대답하기도 전에 마침 동북 간에서 홀연히 폭탄 소리가 하늘에 벼락치듯 들리매[이것은 아무개 씨가 통명전에서 행사한 것이다], 이로 말미암아 대가大駕가 놀라 움직여 편전便殿[113] 후문으로 빠르게 빠져나갔다.

나는 급히 윤경완 등을 불러 호위하여 가게 했다. [가히 기록할 것이 많으나 번잡해서 꼭 다 쓰지 않는다.] 이어 상께 고하여 가로되, "지금 이때를 당하여 일본병으로 호위하도록 요청한즉 가히 만전을 기할 수 있겠습니다." 상 가로되, "그대로 하라." [상께서는 곧 마음에 살핀 바가 있었다.] 곤전 가로되, "만약 일병을 요청하여 호위하게 한즉 청병은 장차 어찌하겠소?" 내가 급히 대답해 가로되, "청병 또한 와 호위하도록 요청하면 됩니다." 나는 곧 유재현으로 하여금 일본 공사관에 가서 반드시 함께 와 호위하도록 한다면 장차 너의 공이 될 것이라고 했다. 또 아무개 군으로 하여금 청진淸陣에 가서 호위하러 오라고 했다. [이는 본디 거짓이다. 이미 아무개 군과 약속한 바가 있다.] 이어서 변수로 하여금 곧 일관에 가 이 큰일이 마음먹은 대로 되었다는 뜻을 알리게 했다. 이어 상께 아뢰어 가로되, "이미 죽첨을 불렀는데 만약 친필의 칙서가 없은즉 명대로 이르지 않을 듯도 합니다." 상 가로되, "어찌한즉 가한가?" 내가 연필을 올리니 박군이 백지를 내놓았다. 요금문曜金門[114] 안 길 위에서 상께서 친히 "일본공사내호짐日本公使來護朕(일본 공사는 와서 짐을 호위하라)" 일곱 자를 쓰셨다. 급히 박군으로 하여금 죽첨에게 가 전해 보게 했다. 그길로 경우궁 후문에 이르니 문이 잠겨 들어갈 수 없었다. 윤경완으로 하여금 담을 넘어 들어가 물고기 자물쇠를 부수게 한바, 무릇 깨고 연중문重門이 여섯이나 된다.

---

113 임금이 평상시에 거처하던 궁전.
114 창덕궁 서북쪽에 있는 문.

이때 윤태준·심상훈은 모두 궁문 직소直所[115]에서 변을 듣고 왔다. 또 한규직은 이미 우정국에서 도망하여 병정의 복색으로 어지러이 꾸미고 대궐을 거쳐 곧장 이에 이르렀다. 유재현 또한 일관으로부터 이미 돌아왔다. [문금門禁으로 들어갈 수 없었다고 한다.] 그들은 한결같이 밖에 가히 놀랄 일이 없다고 말했다. 곤전이 다시 나에게 일의 전말을 물었다. 마침 그때 인정전 근처에서 하늘을 뒤흔드는 포성이 일어 두차례나 연발했다. 내가 이에 한규직을 대해 꾸짖어 가로되, "너는 병을 거느릴 임任으로써 이 변란의 때를 당하여 병사를 거느리고 와 지킬 생각은 않고 단독 일신으로 이처럼 불경한 옷으로 꾸미고 와 상의 마음을 어지럽히거니와, 지금 이 변사가 어디에서 나왔는지 너는 본디 알렷다." 또 유재현을 향하여 꾸짖어 가로되, "너희 같은 쥐·벌레들이 대세를 모르고 오히려 아녀자의 태도를 짓고 있으니, 이 같은 변사 중에도 이처럼 여러 말로 인심을 흔드는 자는 가히 벨 것이다." 이에 윤경완을 불러 큰소리로 약속을 주니 일행이 숙연하더라. 한규직도 형세가 좋지 않음을 보고 묵묵히 뒤를 따른다.

경우궁 정전 뜰에 이름에 미쳐 박군이 죽첨과 더불어 병사를 거느리고 왔다. 이에 내 마음이 비로소 안정되었다. 대가 및 여러 비빈이 이미 정전에 편히 앉으매 일본 공사와 우리들이 좌우에 시위侍衛했다. 일병은 대문 안팎을 경호하며 사람의 출입을 허락하지 않았다. 전영 소대장 윤경완은 당직병을 거느리고 전각 뜨락 안팎에 늘어서 있고, 서재필은 사관생도 정난교鄭蘭敎(1864~1944),[116] 박응학朴應學,[117] 정행징, 임은명, 신중모, 윤영관尹泳觀,[118] 이규완, 하응선河應善,[119] 이병호李秉虎,[120] 신응희, 이건영李建

---

115 숙직이나 당직을 서는 곳.
116 해주(海州)인으로 한량. 1883년 김옥균과 함께 도일해 호산학교에 유학 후 정변에 참여, 뒤에 친일파로 변절함.
117 양반 출신으로 호산학교 졸업 후 정변에 가담하여 피살됨.
118 양반 출신으로 호산학교 졸업 후 정변에 가담했다 피살됨.
119 한량 출신으로 호산학교 졸업 후 정변에 가담했다 피살됨.

英,[121] 정종진鄭鍾振(1865~?),[122] 백낙운白樂雲[123] 13인을 거느리고 전각 위에 시립하고, 이인종, 이창규, 이규정은 이은종, 황용택, 김봉균, 윤경순, 최은동, 고영석, 차흥식車弘植[124]을 거느리고 전각 문 안팎에 시립하니, 정말로 철통 같아 물샐틈이 없었다. [들으매 청병 한 무리가 경우궁 가까운 곳에 이르러 멀리서 탐망하다가 이윽고 귀영했다고 한다.] 이에 무감 중 가까이 믿을 만한 자 10여명에게 명하여 경우궁 대문으로 나가 변을 듣고 오는 여러 재신宰臣(2품 이상의 벼슬아치)이 있은즉 명찰로써 먼저 통해 입장을 허락하게 했다. 그런 뒤에 홍영식을 안으로 들였다.

이조연도 진작 우정국에서 도피하여 궁중에 이르렀다. 대가가 경우궁으로 옮김을 듣고 그길로 이르렀는데 이는 곧 한·유 두 사람과 더불어 자주 우어偶語(마주 대하여 이야기함)한 바가 있었다. [즉 청병을 끌어들이는 계략이다.] 박군은 이·윤·한 세 사람을 대하여 가로되, "지금 변란을 당하여 일본 공사에게 병을 거느리고 호위하라 요청했는데 세 영의 사使가 병을 맡은 소임으로서 어찌 일찍이 병을 거느려 오지 않고 얼굴만 서로 보며 단지 우어만 함은 무슨 까닭인가?" 윤태준이 먼저 나가게 해달라고 요청하여 곧 데리고 나가게 했다. 겨우 소중문小中門 밖에 도착하자 이규완·윤경순이 결말을 지었다. 사람들은 모두 알지 못했다. 이는 한과 더불어 다만 나를 향해 말하고 싶은 바가 있다고 하므로 나 또한 박군이 말한 바로써 대답했다. 이조연이 큰소리로 부르짖어 가로되, "내가 주상을 입대하여 말하고 싶으니 나를 문 안에 들여보내라." 서군 재필이 칼로써 앞을 가로막으며 꾸짖어 가로되, "내가 문을 지키라는 명을 받들었으매 명이 없으면 들어가

---

120 한량 출신으로 호산학교 졸업 후 정변에 가담했다 피살됨.

121 양반 출신으로 호산학교 졸업 후 정변에 가담했다 피살됨.

122 한량 출신으로 호산학교 졸업 후 정변에 참여했다 정변 후 친일로 전향.

123 한량 출신으로 호산학교 졸업 후 정변에 참여했다 피살됨,

124 화계사 승려 출신으로 환속하여 김옥균을 따라 일본에 다녀오기도 했고 박영효 집에서 일을 돌보다가 정변에 참여함, 처형.

게 할 수 없소." 그리고 여러 장사가 빠짐없이 분연히 일어날 기세가 있는
지라 한은 이와 더불어 만부득이 이에 경우궁 후문으로 나갔다.[이 문 밖에
는 각영의 병졸이 모두 와 집합하여 지키고 있었다.] 문밖에서 황용택, 윤경순, 이규
완, 고영석이 하수를 마쳤다. 민영목은 경우궁 정전 밖에 내도하여 명찰로
써 일본 통사 풍현철楓玄哲(카에데 켄떼쯔)에게 입장을 요청해 이에 이규완·
고영석에게 보내 그들로 하여금 부축해 들였다. 겨우 대문 안에 이르자 일
본 병사가 호위하는 가운데 행사했다. 조영하는 다음에, 민태호는 또 다음
에 한 예例로 결말을 지었다. 이보국 재원[125]으로 하여금 입시入侍하게 하
고 더불어 시사의 간난함과 이번 개혁의 거사를 마음을 기울여 말하니 기
꺼이 따랐다. 이에 중사中使(왕의 명령을 전하던 내시)를 발하여 변수를 대동해
각국 공사관에 보내 위로하게 했다. 미 공사는 해군사관 반아도[126]를 윤치
호와 함께 경우궁에 보냈다. 바로 들어오게 하여 내가 비밀히 반아도와 더
불어 오늘의 일을 대강 말했다. 오히려 뒷마무리를 잘하는 방도로써 미 공
사에게 말하게 하고 답이 있을 것 같은즉 알려주겠다는 뜻의 약속을 하고
갔다. [곧 회보가 왔는데 가로되, "일이 이미 이에 이르렀으니 오직 내정 개혁을 잘하시오"
운운했다.]

대략 먼저 행할 급한 정령政令을 바야흐로 헤아려 아뢰려 할 즈음에 곤
전은 동조東朝(대비 조씨)와 더불어 다만 급히 대궐로 돌아가고자 하고 환
관·궁녀 수백인은 한방에 뒤섞여 재재거리고 조잘대며 놀라고 두려운 기
색이 조금도 없었다. 모든 일이 단지 인순因循을 일삼는다. [또한 곤전에서 나
온 계책이다.] 하늘이 이미 훤히 밝았다. 이에 서군 재필로 하여금 여러 장사
를 명령하여 환관 유재현을 묶어 정전 위에 올렸다. 이어 그 죄목을 수죄數

---

125 李載元(1831~91), 흥선대원군의 형 흥완군의 아들로 계동궁의 사손이 되었고 갑신정변 때
      영의정에 추대됨. 보국(輔國)은 조선시대 정일품 문무관의 벼슬.

126 존 버나도우(John Baptist Bernadou, 1858~1908), 자원 탐사 전문가인 스미소니언 박물관
      소속 무관 출신의 미 해군 장교.

罪(범죄 행위를 들추어 세어냄)하고 뭇 칼날이 번쩍 빛난즉 살륙을 행하니 이에 만좌가 빛을 잃고 사람이 모두 숨을 죽였다. 즉시 궁녀·환관 중 쓸모없는 자를 모두 축출했다. 이어 개혁을 크게 행해 중대한 요직으로써 먼저 바꾸니, 따서 적으면 아래와 같다.

영의정 이재원(대군주 종형)

좌의정 홍영식

전후영사 겸 좌포장左捕將[127] 박영효

좌우영사 겸 대리외무독판 우포장右捕將[128] 서광범

좌찬성 겸 좌우참찬[129] 이재면李載冕(1845~1912)[130][대원군 사자嗣子[131]]

이조판서 겸 홍문제학弘文提學[132] 신기선申箕善(1851~1909)[133]

예조판서 김윤식

병조판서 이재완李載完(1855~1922)[134][이재곤[135]의 형]

형조판서 윤웅렬尹雄烈(1840~1911)[136]

공조판서 홍순형洪淳馨[137][왕대비의 조카]

한성판윤 김홍집

---

127 전영과 후영의 영사 겸 좌포청 대장.

128 좌영과 우영의 영사 겸 외무독판 대리 우포청의 대장.

129 左贊成, 의정부의 종1품 벼슬. 左右參贊, 좌참찬과 우참찬은 의정부의 정2품 벼슬.

130 고종의 형으로 후에 친일로 기움.

131 대를 이을 아들.

132 홍문관의 종2품 벼슬.

133 평산(平山)인으로 호는 양원(陽園), 갑신정변 뒤 유배되었다가 갑오경장 이후 내각의 대신을 두루 거쳤는데 독립협회와 대립했다.

134 사도세자의 현손으로 완순군에 봉작되고 국망 때 후작을 받음.

135 이재윤(李載允)을 이재곤(李載崑)으로 교감. 이재곤(1859~1943)은 이재완의 친동생으로 정미칠적, 괴뢰 이완용 내각의 학부대신을 지내고 국망 때 자작을 받음.

136 해평(海平)인으로 서얼 출신의 무신, 개화당에 동조했다가 실패를 예견하고 낙향했다가 갑오 이후 대신을 지냈고 국망 때 남작을 받음. 윤치호의 부친.

137 남양(南陽)인으로 헌종 비 효정왕후의 조카. 국망 때 남작을 거절함.

판의금判義禁[138] 조경하趙敬夏(1844~97)[139][대왕대비의 조카]

예문제학藝文提學[140] 이건창李建昌(1852~98)[141]

호조참판 김옥균

병조참판 겸 정령관正領官[142] 서재필

도승지都承旨[143] 박영교朴泳敎(1849~84)[144][박영효의 백형]

동부승지同副承旨[145] 조동면趙東冕[146][대왕대비의 종손從孫[147]]

동의금同義禁[148] 민긍식閔肯植[149]

병조참의兵曹參議[150] 김문현金文鉉[151][순화궁의 동생]

수원유수水原留守[152] 이희선李熙善[153]

평안감사 이재순李載純(1851~1904)[154][대원군의 가까운 친족]

설서說書[155] 조한국趙漢國[156][대원군 외손]

세마洗馬[157] 이준용李埈鎔(1870~1917)[158][대원군의 손자 즉 이재면의 아들]

138　의금부의 으뜸벼슬.

139　풍양인으로 헌종 모 조대비의 일족.

140　예문관의 종2품 벼슬.

141　전주(全州)인으로 호는 영재(寧齋), 강화학파 출신의 대문장가.

142　신군제(新軍制)에서 정한 무관 계급의 하나. 부령관(副領官)의 위.

143　승정원의 수석 승지.

144　반남인으로 박영효의 형. 정변 중 피살됨.

145　승정원의 정3품 벼슬.

146　풍양인으로 1883년 문과 급제 후 여러 벼슬을 두루 거쳤다.

147　형이나 아우의 손자.

148　의금부의 종2품 벼슬.

149　여흥인으로 무신으로 활동함.

150　병조에 속한 정3품 벼슬.

151　광산(光山)인으로 헌종의 후궁 순화궁(順和宮)의 동생. 갑오 때 전라도관찰사로 황토현에서 농민군에 패배하여 거제도로 유배 감.

152　수원을 다스리는 정2품 외관직.

153　조선 말기에 수군절도사를 지낸 무신.

154　전주인으로 춘생문 사건의 주모자.

155　세자 시강원의 정7품 벼슬.

156　임천(林川)인으로 두루 벼슬함.

[무릇 민閔에게 눌림을 당한 자 모두를 일으켜 벼슬을 주었다. 자세한 것은 다 기록할 수 없다.]

12월 5일 오전 여덟시 미 공사, 영 영사, 덕 영사 있는 곳에 전영 병정 30명을 각각 보내 보호하여 이르게 했다. 상이 이어 접견하셨다. 미 공사가 나에 대해 은근히 부탁하는 빛을 보이자 영 영사가 자못 불온한 빛이 있어 밖으로 드러났다. 이때부터 내전內殿(왕비가 거처하던 궁전)의 여러 분들이 결단코 환궁하려고 하여 맞서 겨루기가 거의 어려웠다. 좁아서 몸 붙이고 살아갈 수 없다고 일러서 바로 계동桂洞[159] 이보국의 집[바로 경우궁 남쪽과 이웃하고 있다]이 경우궁보다 좀 널찍하므로 잠시 이어移御(임금이 거처하는 곳을 옮김)하기로 했다. [허다한 절차는 있어도 말할 수 없다.] 이재완 또한 불러들였다. 덕 영사가 뒤따라 들어왔다. 미·영·덕 세 사신이 각기 말한 바가 있는바, 모두 때의 변화를 앉아 바라보되 오직 외인 보호의 뜻을 간절히 부탁하고 물러갔다. 죽첨이 대군주께 나아가 대하여 아뢴 바가 많이 있는데, 역시 지금 천하 각국의 대세·형편을 들어 내정을 불가불 개혁해야 하는 등의 일을 말씀드리고, 이어서 이르되, "양병養兵은 불가불 정예해야 하는데 지금 귀국의 병은 오직 전영이 다른 영보다 좀 낫습니다. 이는 곧 박영효가 조련한 바입니다. 그러나 박영효는 지금 간여하지 못하니 무슨 까닭인지 미심쩍습니다. 나라를 위해 진력하는 사람을 이같이 폐기해 쓰지 않은즉 극히 애석합니다." 상은 곧 명하여 박영효를 전영사로 제수하셨다. 곤전 및 동조는 자주 나를 불러 대궐로 돌아가자고 요구했다. 우리들이 우려하는 바, 계동은 즉 수가 적은 병으로도 싸워 지키기가 쉬운데 대궐에 이른즉 지리地理가 합당하지 않은 점이다. 애초에 또한 강화로 어가를 옮기는 일로 꾀를

157　세자 익위사에 둔 정9품 벼슬.
158　대원군의 적손이자 고종의 조카로 부친을 이어 친일에 나섬.
159　서울 종로구에 있는 동. 원래 제생원이 있어 제생동이다가 소리가 변해 계생동, 줄여 계동.

정한 것인데 죽첨 공사의 만류로 중지되는 바람에 오직 경우궁 한곳을 누누이 헤아려 비로소 얻은 것이다. 궐로 돌아간즉 반드시 염려할 데가 있어 이에 죽첨에게 설령 주상의 하교가 계실지라도 지세가 불리하다고 아뢰기를 부탁했고, 이틀만 기다린즉 우리 당 자립의 일이 준비가 없지 않을 터이니 그때는 비록 입궐하더라도 무방하다는 뜻을 거듭 말했다.

잠시 계책을 결정할 것이 있어 홍군 및 이보국과 외청外廳에 나갔다. 홀연히 상께서 죽첨을 부르시는 소리가 들리며, '여기는 좁고 또 누추해서 잠시라도 있을 수 없다'는 대왕대비의 전지傳旨를 말씀하시고, "비록 청인들의 불의의 변이 있다 하더라도 대궐과 여기가 다름이 없다" 하셨다. 죽첨이 이에 엎드려 아뢰되, "지금 곧 중대장을 보내 궁중을 먼저 염탐한 뒤에 우러러 뵙겠습니다." 한 시간 뒤에, '환궁하셔도 좋을 듯하다'는 뜻으로 아뢰었다. 나는 이 말을 듣고 제군과 같이 급급히 들어가서 먼저 죽첨을 보고 꾸짖었다. 죽첨은 웃으며 가로되, "수비는 매양 한 모양이니 조금도 걱정할 것 없소. 내가 이미 주상께 아뢰었으니 그대들은 여러 말 하지 마소" 하고, 상께서도 또한 죽첨이 용인한 바를 얻은지라 대단히 기뻐하시며 나를 불러 말씀하셨다. 일이 이에 이르니 세가 어찌할 도리가 없다. 곧 박군에게 중촌 중대장과 함께 약간의 병을 거느리고 대궐에 들어 두루 지세를 살피라 했다. 관물헌觀物軒[160]으로 작정하고 귀보歸報했다.

오후 다섯시에 제궁諸宮이 대궐로 돌아갔다. 죽첨과 우리들은 한 방에 같이 있고 내외 수위守衛는 경우궁과 다름이 없다. 내위內衛는 다 우리 당의 장사들이요, 중위中衛는 일병이요, 외위外衛는 사영四營 병사다.[그중 전영 병정이 근위近衛를 담당했다] 해질녘 장차 각 궐문으로 자물쇠를 보내 채우려하는데[이는 국례國例다] 홀연 들으매 선인문宣仁門[161] 밖 청국 병영[듣건대 원세개와 장광전張光前[162]이 모두 오조유 진에 모여 있다 한다] 오조유 진에서 병정을

---

160 창덕궁 안의 정자. '간看물헌'을 '관물헌'으로 교감.
161 창경궁 정문 홍화문의 남쪽에 있는 동남문.

보내 선인문을 닫지 못하게 한다고 했다. 박군이 듣고 성이 나서 먼저 과격한 일을 벌이려 했다. 나와 죽첨은 만류하되 문을 닫지 않는 것도 무방한 일이라 하고 이에 전후영 병 4백명으로 하여금 각 1백명씩 요지에 나눠 주둔시켜 동정을 살피게 하매 이에 죽첨은 일병에게 명하여 밤새도록 엄중히 경계하게 했다.

이날 반포한 바 정령을 다음과 같이 대략 기록한다.

1. 대원군을 불일不日(며칠 내) 모셔 돌아오게 할 일.[조공의 허례虛禮는 의논해서 폐지함.]

2. 문벌을 폐지하여 인민의 평등권을 제정하고, 사람으로써 관官을 택하고 관으로써 사람을 택하게 말 일.

3. 온 나라 지조地租(토지세)의 법을 개혁하여 아전의 농간을 막고 인민의 곤궁을 구하며 아울러 나라의 재정을 넉넉하게 할 일.

4. 내시부를 혁파하고 그중 뛰어난 재주가 있는 자는 모두 등용할 일.

5. 전후 간사하고 탐욕하여 가장 두드러지게 나라를 병들게 한 사람은 죄를 줄 일.

6. 각도 환상還上은 영영 와환臥還163할 일.

7. 규장각奎章閣164을 혁파할 일.

8. 급히 순사를 설치하여 절도를 방지할 일.

9. 혜상공국惠商公局165을 혁파할 일.

---

162 장 광치앤, 북양정부의 훈령을 기다려 갑신정변에 대처하자고 주장했으나 결국 원세개의 독단에 굽혀 정변을 진압한 청의 장수. 張光傳을 張光前으로 교감.

163 봄에 관아에서 백성들에게 대여했던 환자곡還子穀을 가을에 거두어들이지 아니하고 해마다 모곡(耗穀, 환자곡을 받을 때, 곡식을 쌓아 둘 동안 축이 날 것을 미리 셈하여 한 섬에 몇 되씩 덧붙여 받던 곡식)만을 받아들이던 일.

164 정조 즉위년(1776)에 설치한 왕실 도서관.

165 고종 20년(1883)에 설치한바, 통리군국사무아문에 속하여 전국의 보부상을 단속하는 일을 맡아보던 관아.

10. 전후 유배되었거나 금고禁錮된 사람은 참작하여 풀어줄 일.

11. 사영四營을 합하여 한 병영으로 하고 각영 중에서 병정을 뽑아 급히 근위近衛[166]를 설치할 일.[육군 대장은 세자궁으로 먼저 헤아림]

12. 무릇 국내 재정에 속한 것은 모두 호조戶曹를 경유하여 관할케 하고 그 나머지 일체 재부아문財簿衙門은 혁파할 일.

13. 대신과 참찬[새로 정한 여섯 사람은 지금 그 이름을 쓰지 않음]은 합문 안 의정소議政所에서 매일 회의하고 임금께 사뢸 안건을 결정하여 정령을 반포케 할 일.

14. 정부 육조六曹 외에 무릇 쓸데없는 벼슬이나 관청은 죄다 혁파하고 대신과 참찬으로 하여금 의논하여 아뢰게 할 일.

12월 6일 일찍 한 편지를 원세개에게 보내 그 폐문閉門 저지함을 꾸짖고, "차후에라도 만약 다시 이런 무리한 짓을 할 때에는 결단코 좋은 말로 상대치 아니하리라"고 운운했다. 나는 곧 호조참판이라는 직무로 무릇 재정에 속한 일이라면 모두 헤아릴 터인데, 첫째로 군무가 급하므로 박군과 서군으로 하여금 급히 달려가 영문營門의 여러 직무를 정리케 했다. 소위 각 영이 보유한 총검이란 것은 죄다 시퍼렇게 녹이 슬어 비록 변란을 당하더라도 탄환이 애초에 들어가지 아니한다. 이에 신복모 및 각 사관들에게 명하여 병정들을 거느리고 모든 병기를 분해하여 소제하게 했다. [여러 일은 다 기록하지 않는다.] 죽첨이 졸연히 이, 홍 두 대신을 대하여 말하되, "일본 병사의 형세가 오랫동안 주둔시킬 수 없으므로 오늘 군인을 철수하려 하오." 나는 놀래 가로되, "이게 무슨 말이냐. 우리들이 자립태세가 만약 조금이라도 섰다고 한즉 공사의 말을 군이 기다리지 않겠으나, 지금 시험 삼아 각 영의 총검을 조사해본즉 청靑녹이 종잇장같이 두터워

---

166   임금을 가까이에서 호위함. 또는 그런 장병이나 부대.

모두 탄환이 들어가지 않으오. 지금 분해하여 닦고 있는데 이때에 공사가 만약 군대를 철수한다면 반드시 패할 것이니 짐짓 3일을 기다려서 귀국의 병사를 물린즉 우리 당의 일이 차츰차츰 준비되어 근심이 없을 것이요. 또 병사를 물리더라도 사관 10인을 교사로 정해 근위近衛로 상주하여 조련하게 합시다"라는 뜻을 누차 반복하여 개진한즉 죽첨이 비로소 좋아 승낙했다.

나는 이에 이르되, "국가의 근본 됨은 곧 재정이다. 지금 우리나라 재정의 군색은 공이 깊이 아는 터이고, 또한 향일 약속한 바도 있소. 지금 귀국 우편선이 불일 입항할 터이니 불가불 무엇보다 서둘러 먼저 의논해 정할 일이요." 죽첨이 말하되, "돈은 얼마나 하려오." 내 대답해 가로되, "가령 5백만원을 기준으로 삼고 위선 3백만원만 있으면 연후에 가히 목전에 급한 것은 피여질 듯하오. 그런데 내가 정작 생각해보니 귀국 상인들이 3, 5백만의 돈을 모은다는 것은 정히 용이한 일이 아니매, 돈을 빌리는 일만은 외국에 꾀해보아야겠는데 어떨지 모르겠소."[나는 실지로 본 대로 거듭 말한 것이다] 죽첨이 웃어 가로되, "전일부터 그러더니 그대는 아직도 내 말을 믿어주지 아니하는가. 우리나라 상인들이 비록 졸지에 큰돈을 마련키 어렵다 하더라도, 대장성大藏省[167]에서야 3백만원쯤을 가히 써 융통하리니 그대는 그 안심하시오" 운운했다. 나는 또 말하되, "귀국 유신 이래로 무릇 화폐 관계로 재정에 능통한 자로 몇 사람을 우리가 고용코저 하니 또한 모름지기 귀국 정부에 속히 알려 주선해주시오." 죽첨 또한 동의했다. [이에 비단 나 한 사람뿐 아니라 무릇 우리 당 여러 사람들이 다 기쁨을 스스로 이기지 못할 기세로 되었다. 죽첨이 부지런히 마음을 쓸 것이고, 일본 정부도 가히 미뻐 신뢰가 금석과 같다고 여겼던 터다.] 이에 청병 방어책과 아울러 대개혁 단행할 일을 계획했다.

홀연히 듣건대 청진으로부터 한 사관이 들어와 주상께 배알을 요청한다

---

167   재정, 통화, 금융에 관한 일을 관장하는 일본의 행정 기관.

했다. 나는 가로되, "불가하다. 만약 오, 원 장, 3인이 들어온다면 가히 써 알현을 허하겠지만 일개 이름 없는 사관이 어찌 가히 용이히 접견할까." 이에 이, 홍 대신이 성정각에 나가 일의 형편을 자세히 논하게 했다. 그자는 대군주께 봉정할 한 서신을 냈다.

통령주방각영기명제독 과용파도로[168] 오조유는 대왕 전하께 아뢰옵니다. 어젯밤에 듣자오니 공연한 놀람을 당하셨다 하는데 이제는 대왕의 큰 복으로 경성 안팎이 평정平靜하기가 평상과 같사옵니다. 바라옵건대 마음 놓으십시오. 저희 군, 삼영三營 또한 폐하의 도움으로 무사하옴을 아울러 밝힙니다. 엄숙히 이에 공손히 조아려 두루 편안하시기를 빕니다. [제독 조유 삼가 올림] 대왕 안후安候.[169]

도승지 박영교가 칙명을 받들어 답서를 주었다. [이 까닭으로 난리 뒤 박군이 원세개 손에 독을 입었다.] 그자는 답서를 받아 가지고 물러갔다. 조금 있다가 또 청진에서 통역이 와서 고하되, "원세개가 지금 알현을 청하기 위해 병사 6백명을 거느리고 입궐하는데 3백명씩 두 대隊로 나누어 동·서 문으로 들어옵니다" 운운했다. 나는 통역 및 차비관差備官[170]을 불러 말로 타일러 가로되, "원사마袁司馬의 알현은 곧 이치로 참으로 무방하나 다만 병사를 거느린 일은 결코 허할 수 없으니 만약 강행을 고집한다면 마땅히 좋지 못한 일이 있을 것이다." [청병이 장차 불측한 거조를 저지르리라는 말을 듣고 죽첨에게 이야기하고 다시 각영 병사에게 경계하는 마음으로 지급至急히 총검을 소제하고 닦도록 신칙했다.] 곧 이어서 참찬 여러 사람과 더불어 관물헌 후당後堂에서 바야흐로

---

168 統領駐防各營記名提督 果勇巴圖魯가 오조유의 공식직함이다. '파도로'는 영웅을 뜻하는 몽골어에서 유래한 만주어로 장군에게 내리는 봉호(封號).

169 안신(安信, 안부 편지)의 높임말(이 편지엔 대두법투성이다).

170 특별한 사무를 맡기려고 임시로 임명하던 벼슬.

묘의廟議(조정의 회의)를 열었다.

　오후 두시 반 한 봉서封書(겉봉을 봉한 편지)가 죽첨에게 왔기로 그 봉서를 미처 개봉하기 전에 홀연 포성이 어지러이 들리며 동·남문으로부터 청병들이 협공해 들어왔다. 궁중은 시끄러워지고 눈 깜짝할 사이에 왕비 및 세자·세자빈은 이미 궁을 나서 북산北山을 향하는 중이요, 또 듣건대 왕대비, 대왕대비, 순화빈順和嬪은 모두 이미 궁문을 나섰다 한다. 나는 급히 침실에 들어가본즉 쓸쓸히 사람이 없다. 서군과 함께 급히 후문을 나서니 멀리 대군주께서 무감 및 병정 4, 5인을 거느리고 이미 후록後麓으로 올라가는 것이 보였다. 나는 큰소리로 급히 외쳐 멈추게 한 뒤, 빨리 달려가 만류하고 돌쳐 내려와 산 아래 연경당에 모시고, 급히 변수로 하여금 죽첨을 불러오게 했다. 이때 총탄이 비같이 쏟아져서 사람은 통행할 수 없었다. 변수는 탄우彈雨를 무릅쓰고 가서 죽첨을 데리고 왔다. 죽첨은 손에 청진淸陣에서 나온 서신을 들고 막 읽는 참이었다. 이때에 죽첨 및 우리 당 약간 명이 시위하고 있고 일본병들은 바야흐로 관물헌 전후에서 항전 중이요, 전후영 병들은 막 총 마디들을 분해했기에 죄다 빈손으로 도망해 흩어져버려서 꾀가 나올 바가 없다.

　이에 죽첨에게 의론해 가로되, "일이 여기에 이름에 형세가 어찌할 수 없소. 대군주를 모시고 급히 인천으로 가 후일을 도모하는 것이 좋겠소이다." 상께서 이 말을 들으시고 가로되, "나는 결코 인천은 가지 않으련다. 가히 대왕대비 계신 곳에 가 비록 죽더라도 한자리에 함께하기를 원한다"는 하교下敎다. 죽첨이 내게 가로되, "대군주께서 이처럼 기꺼하지 않으시니 장차 어떻게 하겠소." 이때를 당하여 탄환은 점차로 많아져 오래 머무르지 못하겠기로 이에 다시 돌아 후록으로 올라갔다. 잠깐 사이에 탄환이 무릇 5차나 가까이 이르렀다. 마침내 동북 궁문 안까지 어가를 옮겼는데 상께서는 기어코 북묘北廟[171]로 가겠다고 하셨다. [왕비 및 제전諸殿이 북묘에서 사람을 보내 상의 거둥을 청했다.] 나는 박군 서군[재필] 홍군과 더불어 힘껏 만류하고, 비록 겨드랑이를 껴서 모시더라도 마땅히 인천으로 향해야 한다는 뜻을 죽첨에게 자꾸 말했다. 죽첨은 다만 대답 없이 생각에 잠긴 터다.

때에 별초군別抄軍 명색의 100여인[이것은 각영의 정원 외로 따로 뽑은 자인데 듣건대 청진淸陣에서 이 무리들을 불러 모아서 무슨 약속이 있다 했다]이 대궐 뒤 북산 위로부터 발포하기를 매우 급히 했다.[일본 복색을 보고 발포하는 것이다] 나는 무감들을 시켜 크게 꾸짖어 가로되, "대군주께서 이곳에 임어臨御하신데 어찌 감히 방포放砲(총을 쏨)하느냐" 하니 주저하는 기색이 있는 듯했다. 때에 날은 이미 황혼을 향해 일병들도 또한 산 아래로 해산하여 돌아왔다. 전하는 말에 청병은 대궐 각처의 전각을 점거하고 다만 사방에서 발포만 하지 다가와 도전하지는 않더라는 것이다. 죽첨이 이에 가로되, "일본 공사가 주상을 보호함으로 도리어 성궁聖躬(임금의 몸을 높여 이르는 말)에 누를 끼치게 되니, 세가 잠시 퇴병하여 선후책을 강구함만 같지 못하겠소." 나는 이에 크게 놀라 일어로 빨리 말해 가로되, "무릇 대군주께서 기어코 북문으로 나가겠다고 하심이 이미 일여덟번이셨는데 우리들이 모두 무리한 거조로 머무르시게 한 것은 오직 공사가 시종 보호해줄 것을 믿고 한 일인데, 이제 병사를 물리겠다면 후엔 장차 어떻게 하라는 말이요." 죽첨이 가로되 "이즉슨 그렇지 않소이다. 지금 발포한 것은 비단 청병뿐이 아니고 조선인도 또한 향응하여서 군상君上(임금)께 대하여 발포에까지 이른 것은 일병이 호위하는 까닭입니다. 만일에 불행한 일이 생길 것 같으면 대사大事가 와해될 터이므로 나는 퇴각을 결행하여 사후책事後策을 도모코저 하오" 운운했다. 천산이 통역하니 상께서 이 말을 들으시고 급히 북문으로 나가시기를 원하셨다. 나는, 북묘 바깥 가까이에 반드시 청병이 매복하고 있어 우리들이 만약 호종을 하면 반드시 청나라 도적의 독수에 걸릴 것을 요량하고, 이에 박군 및 양兩 서군과 같이 죽첨에게 말하되, "우리들은 장

---

171 요무(妖巫) 진령군을 위해 명성왕후가 성균관 뒷산에 지은 관왕묘.

차 어찌 할까? 사리로는 마땅히 대군주를 따라갈 것이나 공사가 돌아간 후에 장차 무슨 꾀로 후사를 도모하겠느냐?" 죽첨이 가로되, "저들이 먼저 무례하고 무리한 거동을 벌여 두 나라를 모욕했으니 우리나라도 또한 군대로써 처리할 것입니다. 공들도 마땅히 나의 뒤를 따르십시오." 나는 곧 결정했다. 다만 홍군은 원래 어질고 평일의 교제도 매우 원만하며 변이 난 후에도 민영익에게 병정을 보내 보호하고 또 원세개와도 교분이 매우 두터운 터이니 혹 안전할 가망이 있을 것이므로, 이에 우리들 죽첨을 따라가는 데 대하여 의논하면서 그에게는 스스로 결정하기를 구했다. 홍군은 가로되, "나인즉 마땅히 대가大駕를 호종하리다." 내가 가로되, "그대는 호종하더라도 다른 걱정이 없을 것을 믿으오. 그대는 안에 있고 우리들이 밖에 나가면 장차 회복할 날이 있을 것이네." [홍군은 마침내 원세개의 독수를 입고 말았으니 지금까지 한이 맺힌다.]

급히 대군주께 사퇴辭退(윗사람에게 작별을 고하고 물러나다)했다. 상께서 놀래 물어 가로되, "지금 이렇듯 위난한 때에 경들은 나를 버리고 어디를 가려 하느냐." 나는 제군과 더불어 눈물을 머금고 상께 고해 아뢰되, "신등臣等이 나라의 후은厚恩을 입삽고 어찌 감히 위배하겠나이까. 금일 폐하께 호종하여 죽지 아니하옴은 다른 날 국가를 위하여, 전하를 위하여 다시 청천백일靑天白日을 보게 될 때를 기약하며 권도로 우선 고별할 뿐입니다." 그때의 정경을 가히 이찌 비하겠느냐.

나는 제군과 함께 이윽고 죽첨을 따라 궁문을 나서 북산에 이르렀다. 나는 제군과 의논해 가로되, "지금 죽첨을 따라가더라도 우리들의 생사가 또한 어찌될지 알 수 없으니 여기서부터 각각 나눠 혹은 인천, 혹은 원산·부산을 향하는 것만 같지 못하오. 그런즉 그중 혹 한두 사람은 목숨을 보전할 형세가 있을 것이요. 만약 죄다 죽첨을 따라가다가 우리 군軍이 함몰한즉 다시 남은 희망이 없으리다" 하고, 바야흐로 의론이 그치지 않은 중 죽첨이 천산을 시켜 급히 불러 가로되, "우리 병兵은 잠시도 지체할 수 없어 곧 인천으로 향할 터이니 제군은 의심 말고 속히 따라오시오" 운운했다. 우리는 따라갈 것을 결의하고 쫓아갔다. [이 뒷일은 족히 기록해 취할 것이 없다.]

3장
「마지막 상소」[1]
(1886)

　신 김옥균 참으로 두렵고 참으로 삼가 머리를 조아려 백번 절하여, 주상 폐하께 사뢰노이다. 신이 미충微衷(작은 성의)을 술述하여 성덕聖德을 번거롭게 하고자 한 지 이미 오랫으나 천의天意(임금의 뜻)가 진노하사 장차 과격한 움직임이 있으리라 함을 듣고도 기회가 없어 오늘에 이르렀나이다. 그런데 근경近頃에 지운영池運永(1852~1935)[2]이란 자, 돌연히 일본 동경에 와 일본인 아무개 아무개에게 약속해 가로되, "대조선국 통리군국사무[3] 주사 지운영이 대군주의 특명을 받아 도적을 잡는 전권대사全權大使의 위임장을 지

1　보통 '지운영 탄핵소'로 알려졌으나 지운영은 작은 동기고, 일본 망명 시기 고균의 경륜을 보여주는 명문이다. 이에 제목을 수정했다. 한문 원본은 남아 있지 않고 『동경일일신문』(1886. 7. 9)에 실린 일어본(이광린, 앞의 글 xii)이 유일본인데, 민태원이 국한문체로 번역했다.(『갑신정변과 김옥균』, 68~75면) 나는 민태원 역을 텍스트로, 이민수 역(『김옥균 외/한국의 근대사상』)을 참고하여, 새로이 했다. 출전은 『김옥균전집』 139~48면.

2　서울의 중인 출신으로 사진관을 개업하여 고종의 어진을 처음 촬영한바, 1886년 2월 김옥균 자객으로 파견되었으나 실패하고, 지운영(池雲英)이란 이름의 화가로 변신함. 지석영(池錫永)의 형.

3　統理軍國事務는 통리군국사무아문(衙門), 1882년 12월에 설치된 관청으로 내정 일체를 관장함.

니고 왔으니 만약 나를 위하여 역적 김옥균을 주륙誅戮하여 주면 그 성공 후 5일을 기期하여 금 5천원圓을 상으로 줄 것이요, 만일 그 기한이 지나되 상을 주지 아니할 때는 내가 지니고 온 친필 위임장으로써 조선정부에 알려 즉시 그 금액 청함을 득하리라” 하오니, 신이 이를 듣고 경악함을 마지 아니하여 백방으로 그 사정을 탐색하여 대략 지운영의 거동을 자세하게 알아내온바, 이에 감히 봉사封事(밀봉하여 임금께 올리는 의견서)를 봉封하여 존엄을 무릅쓰고자 하노이다.

엎드려 생각건대 지운영 무리로 하여금 해외에 와 외람되게 군명君命을 칭하고 가볍게 이와 같은 언약을 하게 하면 크게 폐하의 성덕을 상傷치 아니하오리까. 지운영이 가지고 온 위임장은 과연 폐하가 친히 준 것이오니까? 신이 이를 알지 못하거니와 그 글에 가로되, “너를 특차特差하여 바다를 건너 도적을 잡을 대사로 명해 임시 계획을 일임하니 편의로 처리하고 나라를 위해 사무함 또한 전권을 맡기매 거동을 범연히 하거나 일을 망치지 말라〔命汝特差渡海捕賊使 臨時計劃 一任便宜 爲國事務 亦爲全權 勿泛擧怠事〕” 하고, 연월일年月日의 위에 대군주의 어새御璽를 찍었다 함을 들었나이다. 신이 지난 여름 일본 신호新戶(코오베)에 있을 때에 장갑복張甲福[4]이란 자가 임금 지척에서 이와 같은 위임장을 받았다 함을 들었나이다. 장갑복·지운영이 몸에 지니고 온 위임장은 그것이 사적으로 만든 것인지는 아지 못하오나 만약 불행히 참으로 폐하가 친히 준 것이라 하면 신이 외국에 유랑하는 몸이라도 또한 폐하를 위하여 한마디의 간쟁諫爭(임금에게 옳지 못하거나 잘못된 일을 고치도록 간절히 말함)이 없을 수 없나이다.

아지 못하거니와 폐하는 장갑복·지운영 무리로써 어떠한 자라 하여 친히 이와 같이 중대한 위임장을 주었나이까? 만약 이 위임장이 외인外人의 이목에 접촉하면 이 일이 홀연히 만국에 전문傳聞될 염려도 없지 아니하오

---

4 고종의 후궁 귀인 장씨의 친정 오빠인 장은규(張殷奎)의 변명(變名)으로 1885년 6월 고종과 명성왕후의 명으로 일본에 온 김옥균의 첫 자객.

니 신은 진실로 통한痛恨의 눈물 흘림을 금치 못하나이다. 이럼으로써 그의 위임장을 거둬들여 이것이 세상에 전파되지 아니하도록 힘써 도모했나이다. 엎드려 생각건대 폐하, 몸이 만승萬乘의 위位를 밟아(임금이 됨) 생민의 부모가 되사 널리 천하만국과 함께 교통의 조약을 맺지 아니하셨나이까? 이와 같은 경거輕擧를 행하여 국체國體를 손상하고 성덕聲德(명성과 도덕)을 더럽힘을 돌아보지 아니하나이까?

오늘의 천하는 옛과 같지 아니하여 각국이 서로 그 틈을 엿보아 타국의 내정을 살펴 아는 일이 손바닥 보듯함과 같은 것이 있사오니 폐하께서는 다행히 성의聖意(임금의 뜻)를 반성하는 바 있기를 신은 간절히 바라마지 아니하나이다. 신은 별別로이 사정私情(사사로운 정)을 진술하여 폐하의 밝은 판단에 호소코저 하나이다. 폐하께서 신에게 역적의 이름을 더할진대 신이 무슨 죄로 말미암아 그러하오니까? 가만히 생각건대 이것은 전혀 폐하의 성의에서 나옴이 아니요, 반드시 간신배가 자기의 혐의로 잔혹하기 이를 데 없는 행동을 멋대로 하고자 함이니 폐하는 총명의 군주이시라, 설사 간류奸類가 참소를 날조하는 일 있을지라도 그 성명聖明(임금의 밝은 지혜)을 막아 가리지 못할 줄로 아는 고로 신이 감히 많은 말을 요要치 아니하나이다.

다만 작년의 일(갑신정변)은 세간에서 혹은 너무 급격에 가깝다 의논하는 자 있으나 폐하는 잠시 그윽히 성찰하소서. 우리나라의 민족閔族(민씨 족속)에 있어서는 민으로써 성姓한 지는 그 사람의 어질고 어리석음을 묻지 아니하고 이를 믿어 소중히 하여 고굉股肱(팔과 다리)과 심복을 삼은 지 20년의 오램에 이르렀으나 민족閔族으로서 능히 폐하의 성의에 답하여 생민에게 윤택을 미칠 만한 정치를 베풀고 집안과 나라를 부강에 이를 만한 꾀를 세운 자, 과연 몇 사람이 있나이까? 다수는 나라를 파는 죄인으로 혹은 청국 관리의 힘을 빙자하여 우리 국권을 멸시코자 하는 자도 있으며, 기타 허다의 죄는 일일이 매거枚擧(하나하나 들어서 말하다)키 어려운데 더욱이 간신이 곤전의 총애를 믿고 감히 성명聖明을 막아 가려 나랏일을 깨고자 하는 자도 또한 적지 아니하오이다. 폐하, 평생에 깊이 이를 근심하사 가만히 신에게 가르치시와 이를 제거할 계책을 도모하시고 신도 또한 감읍感泣하여 아뢴 바 있나이다.

신이 생각하되 지금에 있어서 이와 같은 간류를 없애지 못할 때는 천년 뒤에도 폐하를 망국의 군주를 면케 하기 불능하므로 곧 국가를 위하여 신명身命을 던져 일을 일으켰거늘 지금에 이르러 도리어 신을 지목하여 역적이라 함은 무슨 까닭이오니까? 신은 반드시 폐하의 성의가 아닌 줄을 아나이다. 혹은 신등이 당시 외국의 힘을 의지했다 평하는 자 있으나 이것은 당시 내외 사정상 만부득이에서 나온 것임은 폐하가 숙지熟知하시는 바이옵니다.

신이 외국에 유리하여 구차히 남은 목숨을 보존하는 것은 진실로 본의가 아니오나 그윽히 생각건대 신이 우매하여 지나간 때에 군상君上과 국가를 위하여 본디 뜻을 관철치 못했으나 인신人臣의 분의分義(분수에 맞게 지키는 도리)는 다했다 하여 이에 성명姓名을 세상에 숨김으로써 여생을 지내고자 함이 실로 신의 뜻이로소이다.

그러나 간신배가 외람되게 성의에 영합하여 일가의 공리功利를 도모코자 자의로 거짓말을 얽어 만들기를 꺼리지 아니할 뿐 아니라 가장 심한 자는 장갑복으로 작년 겨울 그자에게 속아 넘어가 애들 장난 같은 이야기로써 삼국을 교란하여[5] 해를 생령에 끼침에 이른 것은 신이 폐하를 위하여 슬퍼함을 마지아니하나이다. 엎드려 원컨대 폐하는 금후今後로부터 무용無用의 의심을 물리치고 간신배의 거짓말에 미혹치 말으시고 깊이 국가의 대계大計를 근심하여 화기禍機를 미발未發에 막아 조종祖宗(임금의 역대 조상) 5백년의 기업基業(대대로 계승되는 사업)으로 하여금 그 실마리가 땅에 떨어지지 않게 하소서.

---

5 장갑복이 암살에 실패하자 김옥균이 일본 낭인들과 결탁하여 조선을 침공하려 한다는 헛소문을 퍼뜨린 일을 가리킴.

지금 천하의 형세가 날로 변하고 날로 바뀌어 눈 깜짝할 새라도 안심키 불가하오니 전라도의 삼도三島[6] 즉 거문도巨文島는 이미 영국에 빼앗긴 바[7] 되어 앞일의 복철覆轍[8]이 이에 있으니 폐하는 어떻다 하나이까? 조정에 있는 여러 신하들은 과연 어떤 꾀가 있나이까? 오늘의 조선국에서 영국의 이름을 아는 자가 과연 몇 사람이나 되나이까? 설령 조정에 있는 여러 신하들이라도 영국이 어느 곳에 있느냐 물으면 망연하여 답하기 불능한 자, 왕왕 다일 듯하오니 이를 비유컨대 어떤 동물이 와 나의 지체肢體(팔다리와 몸)를 깨물어도 그 고통을 느끼지 못할 뿐 아니라 어떤 것이 나를 물었는지도 알지 못함과 같은바, 그 국가의 존망을 논함이 치인痴人(어리석고 못난 사람)이 꿈을 이야기함과 같음은 족히 괴이한 일이라 할 것이 없나이다.

사세 이미 이와 같은데 폐하는 어떤 대책이 있어 망국의 주인됨을 면코자 하나이까? 폐하의 심복·고굉 된 자, 또 어떤 대책이 있어 폐하를 위하여 국가의 안녕을 보존하리이까? 오늘은 한갓 눈앞의 쾌락에 투안偸安(눈앞의 안일을 탐함)할 때가 아니요, 또 청국은 만사를 조선 국가에 간섭하여 스스로 보호의 책임이 있는 듯 자처하나 거문도를 회복하여 조선을 위하여 경계를 온전히 하기 불능한즉 향후에 또 외국이 다른 항港을 빼앗는 일, 있으면 폐하는 어떻게 하고자 하오며 청국은 어떤 방법으로써 이를 가르치고자 하나이까?

신이 들은 바에 의하면 청국은 일찍이 우리나라에 고하여 가로되, "영국은 속방 영지가 매우 많아 별로 우리나라를 경영할 여가가 없을 뿐 아니라 장차 노국露國과 교전코자 하는 형세가 있음으로써 부득이 일시 거문도를 차지한 것인즉 조금도 조선국을 위하여 가히 걱정할 것이 아니다"라고 했다 하나이다. 당시에 신이 이를 듣고 마음속에 그윽히 분만忿懣(억울하고 원

6   거문도의 옛 이름. 동도(東島), 서도(西島), 고도(古島)의 세 섬으로 이루어진 데서 비롯함.

7   1885년 4월 영국의 동양함대가 거문도를 불법으로 점령한 사건을 가리킴.

8   엎어진 수레바퀴라는 뜻으로, 앞서 가던 사람이 실패한 자취를 이르는 말.

통한 마음)을 참지 못했나이다. 이제 영국이 노국과 교전할 일이 있음을 염려하여 한 항구를 점령하면 노국 또한 영국과 교전할 일이 있음을 염려하여 한 항구를 점령할 것은 불을 보듯함보다 환하오이다.

요행으로 천하 무사하여 영·로英露가 동양에서 서로 다투는 일, 없다 할지라도 폐하, 잠시 몸을 영·불·독·로의 임금이 되사 이를 생각하소서. 만약 이에 한 나라가 있는데 내가 이를 취해도 털끝만큼도 저항할 자, 없다 하면 폐하는 과연 이를 어떻게 하고자 하리이까? 오늘날 조선이 꼭 그렇습니다. 그런데 조정에 있는 여러 신하들이 한 꾀로 국가를 유지할 자 없고 오직 관직을 사고 팔고 뇌물을 주고 받음을 곧 일삼아 국민을 잔인하게 학대하고 사람을 임명하되 어짊과 어리석음을 묻지 않고 누구는 대원군의 당파라, 누구는 감옥균의 당파라 하여 애들 장난 같은 말로써 취사取捨를 행함에 불과하니 이것이 어찌 국가의 장계長計이오니까? 그런데 저 간신배가 신이 이웃나라에 있음을 기화로 모함을 농하여 한 집안의 사리私利를 꾀하기 위하여 무고히 사람을 죽이고 재물을 빼앗는 일이 적지 아니하옵고 더욱 심한 것은 이번 일로써 누累를 폐하께 미치게 함에 이르오니 신은 실로 말할 바를 알지 못하나이다.

폐하, 만약 간사한 말을 듣고 밝지 않은 처치를 행코자 하나이까? 무지한 인민은 이 때문에 의심이 점점 자라 끝내 세간이 소란함에 이르오니 이것이 폐하가 깊이 우려할 바이로소이다. 또 일본 정부라도 보람없이 병兵을 외인에게 빌려줘 이웃나라를 소동케 함과 같은 부정한 일은 있지 아니하리이다. 신은 이미 위에서 누차 말한 바와 같이 당초부터 생민을 위하여 정신을 다할 뿐이요, 감히 난폭한 거동을 하여 생민을 다독茶毒(독을 마심)한 일은 없나이다. 원컨대 폐하는 이를 국내에 공포하여 인심의 진정鎭靜을 꾀하소서. 일설에 이홍장李鴻章(1823~1901)[9]이 일본 정부와 약속하여 자객을 보내 신을 해코자 꾀하는데 일본 정부는 이를 방관할 뿐 아니라 문득 그 자객을 보호코자 하는 모양이 있다는 설은 그 증거가 이미 명료하다 말하는 자, 있으되 신은 이를 믿지 아니하나이다.

왜 그런고 하면 설령 일본 정부로 하여금 지난번에 조선의 일을 간섭함을 후회하여 신을 죽여 그 입을 없애고자 하는 뜻이 있다 할지라도 당당한 일국의 정부로서 이와 같은 애들 장난의 약속을 할 리가 없사옵고, 이홍장 또한 일국의 대신으로 어찌 경솔히 사람의 웃음을 부를 일을 하오리까? 대개 원세개 등의 어린아이가 다만 자기의 공리功利를 구하기에 급하여 외람되게 폐하를 속이고자 함에서 일어난 것이오니, 폐하는 행여 그 술수에 빠지지 말으소서.

생각건대 청국이 참으로 우리나라를 위하여 계획하고자 하면 능히 시세에 밝아 적이 지능이 있는 자를 우리나라에 보내 이를 유도할 것이어늘 이를 하지 않고 원세개 같은 구상유취口尚乳臭(입에서 아직 젖내 남)로 시세를 분간하지 못하는 자를 파견하고 돌아보지 아니한 그 뜻을 신은 이해하지 못하나이다. 원세개는 본래 두소斗筲[10]의 소인으로 다만 폐하와 곤전의 환심을 얻어 이홍장에게 추천해주기를 바랄 뿐이니, 그 한몸을 위하여 꾀를 내기도 불능커늘 어느 겨를에 폐하를 위하여 꾀를 내리이까? 신이 우매할지라도 대국大國(청) 또한 우리와 입술과 이의 관계가 있삽는데 짐짓 이와 서로 소원疎遠함이 득책이 아닌 줄은 아오나, 폐하의 간신은 원세개 같은 무식한 무리와 결당結黨하여 국권을 멸시하오니 이것을 신이 좌시치 못하는 바이로소이다.

이제 조선을 위하여 도모하건대 청국은 본래 족히 믿지 못할 것이요, 일본 또한 그러하여, 이 두 나라는 각기 자기 집 유지에 여력이 없는 모양이온데 어느 겨를에 타국을 도우리까? 근년에 청국의 안남·유구[11]를 타국이

---

9   리 홍장. 증국번(曾國藩)의 제자로 태평천국을 진압하는 데 공을 세우고 그후 양무운동을 전개한 북양대신.

10   두(斗)는 한 말들이, 소(筲)는 한 말 두 되들이의 용기(容器)로 녹봉이 적다는 뜻인데, 도량이 좁은 소인을 가리킴.

11   안남(安南)은 베트남, 유구(琉球)는 오끼나와. 전자는 프랑스에, 후자는 일본에 병탄됨.

점령하여도 청국이 감히 한마디의 저항을 시도하지 못했나이다. 그런데 우리나라로 하여금 베개를 높이 베고 편히 누움을 얻게 하리라 말함은 실로 가히 웃을 만한 일이요, 일본은 전년前年 이래로 어떤 생각인지 일시 열심으로 우리나라의 국사에 간섭하더니 일변한 후로는 홀연 이를 버려 돌아보지 아니할 모양이오니 또한 족히 믿을 수 없삽나이다.

그러하온즉 장차 어떻게 하여야 가하오리까? 오직 밖으로는 널리 구미 각국과 신의로써 친교하고 안으로는 정략을 개혁하여 우매한 인민을 가르치되 문명의 도道로써 하고, 상업을 흥기하여 재정을 정리하고 또 병兵을 기름도 어려운 일이 아니오니, 과연 능히 이와 같이 하면 영국은 거문도를 환부還附할 것이요, 기타 외국 또한 침략의 염念을 끊음에 이르리이다.

지금 우리나라 인구가 2천만이 넘고 물산 같은 것은 설령 사람이 만든 정품精品(정밀하게 잘 만든 물품)은 없을지라도 하늘이 낸 물품에 이르러는 일본 및 청국, 양국에 비하여 아주 우수한 것이 많으온데 그중 오금五金[12] 각 광산은 가히 헤아리지 못하오니, 이와 같은 고유의 풍부한 재원財源을 들어 타국에 의뢰코자 함은 신이 슬픔을 금치 못하는 바로소이다. 신이 다년 견문에 의거하여 폐하께 아뢴 바 있사온데 폐하는 이를 기억하시나이까? 그 뜻은 금일 우리나라 소위 양반을 없앰에 있나이다. 우리나라 중고中古 이전 국운이 융성할 때에는 일체의 기계器械 물산이 이 동양 2국에 으뜸이 었는데 오늘에 모두 끊어져 다시 그 흔적도 없음은 다른 까닭이 아니옵고 양반의 발호·전횡에 말미암아 그렇게 되었나이다.

인민이 한 물건을 만들면 양반관리의 무리가 이를 가로빼앗고, 백성이 신고辛苦하여 수치銖錙(곡식의 아주 가벼운 무게)를 쌓으면 양반관리 등이 와 이를 약취掠取하는 고로, 인민은 말하되 "자력으로 자작自作하여 의식衣食코자 하는 때는 양반관리가 그 이利를 흡수할 뿐만 아니라 심함에 이르러

---

12   금, 은, 구리, 철, 주석의 다섯가지 금속.

는 귀중한 생명을 잃을 염려가 있으니 차라리 농상공의 여러 업을 버려 위태로움을 면함만 같지 못하다" 하여, 이에 놀고먹는 민民이 전국에 충만하여 국력이 날로 소모에 돌아감에 이르렀나이다.

방금 세계가 상업을 주로 하여 서로 생산의 많음을 경쟁할 때에 당하여 양반을 없애 그 폐단의 원천을 틀어막을 일을 힘쓰지 아니하면 국가의 폐망을 기대함뿐이오니 폐하, 다행히 이를 맹성猛省하사 속히, 무식하고 무능하고 완고하고 비루한 수구守舊파 대신·보국을 내쳐 문벌을 폐하고 인재를 뽑아 중앙집권의 기초를 확립하며, 인민의 신용을 거두고 널리 학교를 설치하여 인지人智를 개발하고 외국의 종교를 유입하여 교화를 돕는 것 같음 또한 한 방편이라 하노이다.

대원군은 원래 천하의 형세를 통通치 못하여 이로써 전에 잠깐 완고한 거동이 있었으나 금일은 이를 뉘우치는 모양이 있어 인심에 매인바이온즉 원컨대 일시 대원군에게 맡기되 국가의 전권으로써 하여 만일, 대원군이 과실過失이 있거든 폐하, 주권을 지휘하여 스스로 이를 바로잡음이 가하오니 이것이 혹은 금일의 위급을 구하는 일책一策일까 하노이다. 또 신과 함께 어려움을 겪고 해외에 피한 10여인은 모두 충성스럽고 직실直實한 자이오니 폐하, 이들을 본국에 소환, 채용하여 정사를 맡기오면 다른 날 국가의 일을 할 만함을 신이 보증하는 바로소이다.

박영효·서광범·서재필 3인은 나이 바야흐로 소장少壯하고 또 충성스럽고, 곤란을 겪어 능히 외국의 사정을 관찰한 자이오니 폐하, 속히 소환하사 신임하시면 곧 국가의 동량棟梁이 되리니, 천하 각국이 누가 폐하의 성덕을 찬양치 아니하리이까? 신을 처리함에 이르러는 오직 실상 없는 죄명을 씻어 없애시면 곧 천하의 공론公論에 따른 것이라고 말하겠나이다. 신은 천지에 맹서하여 다시 영총榮寵(임금의 특별한 사랑)을 그리는 염念이 없사오니 폐하, 진실로 이를 깨달아 아시고 또 장갑복·지운영 같은 자는 사형에 처함을 요要치 않나이다. 그들이 비록 큰 죄가 없는 것은 아니오나 당초부터 틈을 얻지 못하게 했으면 어찌 능히 성총聖聰을 흐리고 성덕聖德을 더럽힘에 이르렀으리이까? 원컨대 폐하는 천부天父의 인자로 신의 우매한 직언을 용납하여 주심을 천번 만번 숨죽여 간절히 기도하기를 마지아니하옵나이다.

소설 『청년 김옥균』에 부친 박영효의 증언

팔봉八峰 김기진金基鎭의 역사소설 『청년 김옥균』(한성도서주식회사 1936)[1]의 「작자부기附記」 가운데 김옥균의 제1동지 박영효의 고증 부분만 참고로 보인다. 맞춤법에 맞게 고치고 띄어쓰기했다.

이 소설 집필 중에 금릉위 박영효 씨로부터 당시의 사실에 다소 상이되는 점이 있다고 친절하신 주의가 있었으나 이것을 정정할 시기를 놓치었던 까닭으로 이제 이곳에서 씨로부터 말씀을 들은 점을 다음과 같이 정정하여둡니다.

1. 개혁당 동지들이 상감을 강화로 모시고 파천케 하려던 계획은 애초부터 없었던 일이라 하며,
2. 필자의 소설 중에는 거사 후 경우궁에서 수구당을 죽인 그 이튿날 심

1　이 장편은 원래 『동아일보(東亞日報)』(1934. 5. 3~9. 29)에 '심야의 태양'이란 제목으로 연재되었고 1936년에 한성도서주식회사(漢城圖書株式會社)에서 『청년 김옥균』으로 개제(改題)해 출판되었다. 365~66면.

상훈 씨가 경우궁으로부터 밖으로 나갔다 했으나 사실은 상감께서 환궁하시기 전날에 이미 심상훈 씨는 경우궁을 탈출했다 하며,

3. 심상훈 씨를 밖으로 내보내게 한 사람은 박영효 씨가 아니고, 박영효 씨는 도리어 심상훈 씨를 내보내지 말라고 누차 주의시키었으며,

4. 환궁하신 뒤에 청병이 선인문을 닫지 못하게 했을 때 금릉위는 무력 충돌을 주장하고, 이로 말미암아 김옥균 씨와의 사이에 병력兵力에 대하여 토론이 있었던 것 같이 소설엔 기록되었으나, 그때엔 이런 병력 토론은 아니했고, 본래는 청병과 충돌하기로 약정했던 것인데, 죽첨 공사가 자기 사세로 인해서 위약違約하고, 충돌을 피한 고로 개혁당은 궁지에 빠졌던 것이며,

5. 청병이 습격하여 오던 날 아침에 곤전께 봉서를 갖다드린 나인이 있었다고 소설엔 기록되었으나 사실은 계동궁에서 환궁하시던 날 아침 수라상에, 밥주발 밑에 이모李某의 편지가 들어 있었던 것을, 당시 경호警護의 책임을 맡았던 사람들이 발견하고서도 실수해서 상감께서 받아보시게 된 일이 있었다 합니다.(365~66면)

부록

청산묘비문

박영효가 찬撰한[1] 김옥균 청산靑山 비문은 명문이다. 민태원은 『갑신정변과 김옥균』 (1947)의 '동경의 김씨묘'에서 그 내력을 다음과 같이 말한다. "김옥균의 수급首級이 양화진楊花津에서 효시될 때 향자向者[2] 김씨에 수행했던 갑비군치甲斐軍治[3]는 사람으로 하여금 이를 탈취케 하여 동경 본향구 구입정 진정사[4]에 매장했으며, 또 씨의 후원자 일파가 청산묘지[5]에 씨의 유의遺衣(죽은 사람이 입고 있던 저고리와 적삼)를 장葬했으며, 그후 갑진甲辰(1904)에 사자嗣子 김영진金英鎭씨 비를 세우니 그 비문은 아래와 같더라."[6] 이 「청산묘비문靑山墓碑文」을 번역해 싣는다.

---

1   유길준이 찬자라는 설도 있다. 실제『유길준전서(兪吉濬全書) [V]』(일조각 1996년 중판)에 「김공옥균묘갈명(金公玉均墓碣銘)」(285~89면)이란 제목으로 실려 있다. 설령 유길준이 찬했더라도 박영효의 이름으로 발표되었기 때문에 찬자는 박영효로 한다. 김종학의 번역도 참고했다.(김종학, 『개화당의 기원과 비밀외교』, 일조각 2017, 387~90면) 출전은 『김옥균전집』 157~60면.

2   오래지 아니한 과거의 어느 때.

3   카이 군지는 나가사끼 출신으로 서울에서 사진관을 하던 김옥균 추종자.

4   本鄕區(혼고 쿠), 駒込町(코마고메 쪼오), 眞淨寺(신조오지).

5   동경 미나또(港)구에 있는 도립 공원 묘지 아오야마레이엔(靑山靈園). 1872년 조성된 일본 최초의 공영 묘지다.

6   민태원, 앞의 책 66면.

정면

김옥균 자 백온伯溫, 호 고우古愚 별호 고균古筠, 씨본 안동, 개국 460년 신해辛亥(1851) 정월 23일생, 임신壬申(1872) 문과급제, 여러 벼슬을 거쳐 호조참판에 이름, 갑오에 해를 입음, 향년 44.

측면

대한 광무光武 8년(1904) 3월 28일 세움.

후면

오호라, 비상한 재주를 지니고 비상한 때를 만나 비상한 공도 없이 비상한 죽음을 맞이했으니 하늘이 김공을 내매 이와 같은 것일 뿐인가. 뇌락磊落(마음이 넓고 큼)하고 준상儁爽(재주와 슬기가 뛰어나고 명석함)하여 소절小節(대의에 뜻을 두지 아니한 작은 절조)에 거리끼지 아니하며 선善을 보기를 자기 일처럼 하여 호협豪俠하게 무리를 품는 것이 공의 성품이다. 괴걸魁傑(생김새나 재주가 뛰어남)하고 헌앙軒昂(풍채가 좋고 의기가 당당함)하여 우뚝 서 홀로 나아가 백번 꺾여도 굴하지 않으며 천번 만번 또 가는 것이 공의 기질이다. 신단神壇(단군)의 국가를 부축하여 반석과 태산泰山의 안安을 정하고 성스러운 이씨의 종사宗社를 보익輔翼하여 하늘과 땅의 나무 그늘로 터닦는 것이 공이 자임한 뜻이로다. 공은 조정에 벼슬할 때 일찍이 현달顯達(벼슬, 덕망이 높아서 이름이 세상에 드러나다)하지 않은 적이 없었고, 임금의 뜻을 얻음에 일찍이 오로지하지 않은 적이 없었다.

그러나 완고한 선비와 간악한 외적이 패거리를 지어 조정에 가득하거늘 탐내고 친압親狎하고 안일하고 희학질하며 막고 가리고 꾀해 농락하여, 개절凱切(아주 알맞고 적절함)한 말은 마침 군중의 분노를 불렀고, 심원深遠한 생각은 오히려 군중의 의심을 불렀도다. 안으로는 정령이 여러 갈래로 나뉘어 생민이 수고愁苦하고 밖으로는 인교隣交가 길을 잃어 들레는 이야기가 어지러이 이르니 나라가 이미 자립할 수 없어 조석朝夕의 근심이었다. 개연히 떨쳐 결단하여 이에 임금의 곁을 깨끗이 하고자, 개국 493년 갑신 겨울에 이르러 동지를 규합하여 승여乘輿(임금이 타던 수레)를 경우궁으로 받들고 조정 대사를 처치했다. 사흘이 지나 상을 호종하여 창덕의 궐闕로 돌아갔다. 여얼餘孼(망한 사람의 자손, 곧 수구당 사람들)들이 청장淸將에게 범순犯順(도리를 따르는 자를 범함)을 부탁하니 많고 적음이 서로 현격하여 맨주먹으로 싸움을 벌이매 세가 능히 지탱할 수 없어 간신히 몸을 일본사관日本使館에 던져 이윽고 바다를 건너 간관間關(시모노세끼)에 목숨을 붙였다.

뭇 간신들이 공을 두려워함이 심하여 또 공에게 복수하고자, 공에게 감심甘心[7]하고자 전후로 자객을 보내길 항배상망項背相望[8]했다. 공의 막음이 치밀하고 또 비호하는 세력의 힘이 매우 지극하여 마침내 실현되지 못했다. 공 또한 표유漂游 중에 하루도 편한 날이 없어 남南의 불모不毛[9]로 옮기고 북北에 궁발窮髮[10]로 뽑혀가 그 곤고困苦와 핍액逼厄이 많아 사람이 감당하지 못할 바로되 처함에 안화晏和하여 일찍이 회포에 빠진 적이 없었다. 동방의 일을 논하여 매양, 삼국이 합종하지 않으면 자줏빛 구렛나루(서양인)의 걸오[11]와 겨룰 수가 없다고 일렀다. 홀연히 갑오 3월 봄에 표연히 옷을 떨치고 춘신의 포구[12]에서 흥인凶人 홍종우洪鍾宇(1854~1913)[13]에게 엄격掩擊(습격)된바, 시신은 고국에 돌아와 사지가 쪼개지는 욕을 당했다. 일본의 지사가 또 분하고 또 노하여 친척처럼 슬퍼하여 유의遺衣로써 초혼하고 청산靑山의 언덕에 묻으니, 우금 벌써 11년이라.

---

7   '자기 마음대로 함'으로 추정.
8   목과 등이 서로 본다, 즉 왕래가 잦다.
9   1886년 유배 간 오가사와라섬(小笠原島).
10   나무와 풀이 나지 아니하는 북극 지방의 땅. 여기서는 1888년 추방된 북해도(北海道).
11   성질과 심성이 거칠고 사나움.
12   초(楚)의 정치가 춘신군(春申君)의 포구, 곧 상해.
13   최초의 프랑스 유학생으로 김옥균을 암살하고 아관파천 후 출세한 자객.

의론하는 자가 혹 이르기를, "공은 몸소 성명聖明을 만나 지위가 공고公孤(왕후王侯)에 버금이었고, 종용히 규간規諫[14]하고 심려心膂[15]를 진술한즉, 말하면 반드시 듣고 계책은 반드시 쓰여 일이 이루어지지 않은 것이 없었다. 이에 거조가 점점 격해지고 발섭跋涉(산을 넘고 물을 건넘)이 지나치게 조급하여 패함에 발길을 돌리지 못할 지경에 이르렀다. 또 이미 짚을 지고 온 전함을 구한즉 진실로 고요한 곳에서 기다려야 하거늘, 빛을 감추고 정밀함을 익히고 가히 움직임을 볼 것으로되 이에 세를 살피고 때를 헤아리지 않고 곧바로 위태로운 곳으로 가 끝내 화禍를 취했으니, 그 스스로 가벼이 함이 또한 심하도다."

이는 공을 알고 하는 말이 아니다. 바야흐로 권간權奸이 발호하고 국세가 깃발에 달린 술 같은데 한갓 입과 혀로써 다투는 것은 불가한즉 스스로 깨끗함에 만족하여 우리나라의 위기를 차마 좌시할 수 없었던 것이다. 짐짓 안녕을 구하지 아니하고 떨치는 번개 같은 공격을 한번 빌려 어지러운 근본을 깨끗이 청소하고자 이에 그 일을 거행했던 것이다. 구독지량溝瀆之諒[16]을 마음에 두지 아니하고 진실로 내 몸이 있어 우리 임금이 가히 편안하고 우리나라가 가히 보존되매 이역에 평봉萍蓬(개구리밥과 쑥)처럼 떠돌아도 더욱 굳세고 더욱 장한 까닭이다. 그리고 그 서행西行(서양 행)의 일 같은 것은 뜻이 매우 은미하여 사람들이 엿보지 못한 것이거늘 불행히도 중도에 꺾여 천고에 적적하도다. 대개 공의 일은 성패로써 논할 수 없다. 마땅히 그 뜻을 보아야 할 뿐이로다. 충성스러웠으나 참소를 당했고 미뻤으나 의심을 샀다. 예로부터 어찌 한限이 있겠는가마는 공처럼 혹독한 일을 만난 경우는 일찍이 없었다. 공의 뜻은 시종일관이었다. 혹 시가와 음박飮博

---

14 옳은 도리나 이치로써 웃어른이나 왕의 잘못을 고치도록 말함.

15 원래 아주 요긴한 사람을 뜻하나 여기서는 '마음속'을 가리킴.

16 대의가 아닌 소절에 집착하는 행위를 비유하여 이르는 말. 춘추시대 노(魯)나라의 미생(尾生)이 다리 밑에서 만나기로 한 여자를 기다리다가 갑자기 불어나는 냇물을 피하지 않고 다리 기둥을 붙들고 있다가 물에 빠져 죽은 고사에서 유래한 말.

(음주와 바둑)[17]과 풍류에 이르러서도 넘치지 않았다. 선문禪門의 고요한 깨달음에 마른 중 같았으나 한 조각 근심하고 사랑하는 붉은 마음은 버리지 아니했다. 울발鬱勃(속에 꽉 찬 기운이 밖으로 나올 듯이 왕성함)하면 방전磚塼(아마도 박방磚方, 즉 네모진 벽돌)과 금석金石도 가히 뚫을 수 있겠으나 지금 곧 고인이 되었으니, 이 사람이 이런 명命인 것은 그 하늘일진저! 공이 좋한 해, 일청의 전쟁이 일어나매 사람들이 공의 죽음이 격화시켰다고 이르니 나라 사람들이 비로소 공의 뜻을 좀 알자 떨쳐 일어나, 이을 것을 모두 생각했다. 공은 비록 죽었으나 공功됨은 나라에 크도다.

공의 사자嗣子 영진이 장차 비를 세워 효성스러운 생각을 펴고자 이르기를 내가 공과 더불어 생사의 교분이 있다 하여 글을 청하니 글 쓰지 못한다고 할 수가 없구나. 눈물의 붓으로 거친 말이나마 뒷사람들에게 고하노니, 공이 비상한 사람임을 알게 하고저 할 뿐이로다.

대조선 개국 513년 갑진 2월 18일

정1품 금릉위 박영효 찬

종2품 이준용 서書

---

17 안영이는 풍문으로만 떠돌던 고균의 기보를 처음 발굴해 1992년 공개했다. 1886년 2월 20일 고균은 동경의 본인방(本因坊, 혼인보) 집에서 명인 수영(秀榮, 슈에이)과 6점 접고 230수 만에 불계승을 거뒀다. 기보를 검토한 김인 국수는 "치밀한 수읽기를 바탕으로 공격적 변화를 구사"한 고균의 바둑을 높이 평가했다.(『서울신문』 1992. 4. 11) 이어서 이승우가 월간 『바둑』 1996년 9월호에 고균의 새 기보를 공표했다. 1886년 4월 11일 동경 간다(神田)의 방원사(方圓社, 호오엔샤)에서 지도사범 고교저삼랑(高橋杵三郎, 타까하시 키네사부로오) 5단과 둔바, 6점 접고 10집을 진 대국인데, 우리 기사들은 고균을 아마 3단으로 평가했다. 1879년 창립된 방원사는 막부 붕괴로 혼란에 빠진 바둑계의 재건을 모색한 단체로 일본 근대바둑의 초석을 놓은 터.(136~37면) 또한 고균과 마지막 본인방 수재秀哉(슈사이)의 인연도 각별하다. 천단강성(川端康成, 카와바따 야스나리)의 소설 『명인』의 모델인 이 천재기사가 불우하게 떠돌 때 본인방에 소개한 이가 고균(「박치문의 검은 돌 흰 돌」, 『중앙일보』 2020. 4. 8)이니, 조선에서 온 망명객이 일본 근대 바둑에도 독특하게 기여한 모양새가 역사의 반어다.

유길준

유길준(1856~1914) 초상

1장
「과문폐론」[1]
(1877)

    과문이 나오자 성인聖人의 도는 끊어져 행해지지 않았다. 남은들 밝지 않아 그 해害가 양楊[2]·적翟[3]·노老[4]·불佛[5]이 우리에게 끼친 해악보다 심하다. 저 양·적·노·불은 기이하고 방종하고 거칠고 넘침으로 스스로 한 도를 이룬즉, 선왕先王(요순 같은 옛날의 어진 임금)의 옷을 입고 선왕의 말을 외우는 자는 오히려 피하여 멀리할 것을 알아 모두 가로되 저들은 이단이요 우리 도가 아니라고 한다.

    여기 이른즉 가로되 이는 선왕의 끼친 가르침이니 선비가 업할 바라, 사람의 부형父兄이 그 아들·아우에게 바라는 것은 이것이 좋다고 말함에 불과하고, 스승과 벗이 서로 갈고 닦고 권계勸戒하는 것 또한 모두 이것이 좋

---

1   '科文弊論' 곧 '과문(과거시험 문체)의 폐단을 논함'은 고종 14년(정축丁丑)에 지은 한문체 글이다. 출전은 『유길준전서 [V]』에 실린 영인본(239~42면)이다. 허동현(許東賢) 편역 『유길준논소선(論疏選)』(을유문화사 1987)에 실린 한문본과 번역도 참고했다.

2   극단의 개인주의를 설파한 전국시대의 사상가 양주(楊朱).

3   겸애(兼愛)를 주장한 전국시대의 사회주의 사상가 묵적(墨翟) 곧 묵가.

4   조숙한 아나키스트로 평가되는 도가의 창시자 노자(老子).

5   불교의 창시자 붓다.

다고 말하고, 사람이 스스로 그 몸에 짊어지는 것 또한 이것이 좋다고 말함에 불과하니, 능한즉 곧 스스로 큰 체하며 우쭐거려 마치 10만의 군을 거느리고 오랑캐 조정을 소탕하여 선우單于(흉노의 임금)의 목을 매달아 북궐北闕(대궐의 북문) 아래 바쳐 만호萬戶의 후侯에 봉함을 받아 기린각麒麟閣[6]에 화상을 건 듯하나, 불능한즉 뜻을 상喪하고 기를 잃어 마치 부상대고富商大賈가 땅에서 싣고 물로 운수한 보화寶貨가 모여 쌓여도 가난한 자는 적수赤手(아무것도 갖지 아니한 상태를 비유적으로 이르는 말)로 방황하며 한 조각의 금과 한 부스러기의 옥, 한자의 비단과 한쪽의 보석도 얻지 못해 곁에서 바라보며 탄식만 할 뿐 같도다. 고로 그 독서하고 외우고 익히는 데 마음을 다하고 몸을 노고해 생각이 바닥나고 정신이 고갈하매 늙어 흰 머리 될 때까지 부지런히 부지런히 주워 모으니 가히 근면하다고 이른즉 근면한 것이다.

그 배움을 돌아보건대 장구章句나 찾아 따고 경전을 표절하며 바람과 구름 같은 덧없는 광경을 비말批抹(깎고 지움. 곧 문장을 다듬음)하며 달빛과 이슬 같은 헛된 그림자를 희롱하니 그 뜻은 이것이 좋다고 함에 불과한 데 그친즉 이것이 좋다는 것을 장차 어디 쓸 것인가. 스스로 물物을 격格해 성性을 다하는 배움이라고 이르지만, 격한 바는 무슨 물이며 다한 바는 무슨 성인가. 이미 이용후생의 도에 어두운즉 그 용用은 그 삶을 이롭게 할 수 없고 그 과果를 두터이 할 수도 없다. 이로 말미암아 능히 국가의 부강을 이룩하고 능히 인민의 안태安泰를 이룰 수 있겠는가. 무릇 윗사람이 바름으로써 이끈즉 아랫사람은 따라서 행하는 것이고, 바르지 않음으로 가르친즉 응함 또한 이와 같을 것이다.

그 소위 글로써 선비를 시험하는 것은 술術로서는 오활迂闊(곧바르지 아니하고 에돌아서 실제와는 거리가 멀다)할 뿐이다. 두세 고관考官이 붓을 잡고 깊은

---

6   한무제가 기린을 얻었을 때 세운 누각인데 선제가 공신 11명의 화상을 그려 이 누각에 걸었던 고사.

방구석에 앉아 그 고하高下에 점을 찍어 그 장단長短을 판별한다고 하나, 눈은 이미 취해 풀리고 마음 또한 흐리멍덩하여 손놀림도 따라서 황란하다. 하루 사이에 천사람 만사람이 평생의 지력志力을 다해 한 바를 어찌 능히 가린단 말인가. 가령 세상에 이부伊傅[7]의 어짊이 있어도 반드시 머리를 숙이고 발을 끌어 그 바람 아래로 달려가기를 기꺼이 하지 않았을 터, 만일의 요행을 바라기보다는 차라리 밭 갈고 담 쌓다가[8] 늙어 죽어 스스로 그 도를 즐기며 그 몸을 독선獨善할 것이다.

고로 과문이라는 것은 도를 도둑질하는 우리 속의 후림새[9]요, 재주를 해치는 사냥 그물이다. 나라를 병들게 하는 근본이요, 백성을 학대하는 기구다. 있으면 백가지 해가 있고 없어도 하나의 손해도 없다. 위로 조정 백관百官으로부터 아래로 여항의 글방 선생까지 모두 이로써 떴다 가라앉기를 계속하면 마침내 취생몽사醉生夢死에 돌아가도 끝내 깨닫지 못할 것이다.

혹 뛰어난 식견이 있는 선비가 저으기 스스로 분발할 줄 알아서 공령功슈[10]의 절구(臼)에 떨어지지 않은즉 머리를 맞대고 손바닥을 두드리면서 무리 지어 웃으니 선비의 기풍이 이로 말미암아 떨어지고 큰 도는 이로 말미암아 끊겼도다. 사람들이 또 선비가 몸이 나아갈 바를 알지도 못하면서 이름 세울 길을 온 세상이 한결같이 칭송하니 어찌 그 생각없음이 심함이뇨. 아, 과문을 폐하지 않은즉 성인의 도가 행해지지 않고 성인의 도가 행해지지 않은즉 세교世敎(세상을 살면서 얻는 교훈)가 떨치지 않아 인민의 풍속이 날로 더러워지고 낮아질 것인저. 나는 성인의 도로써 나라를 다스린다고는 들었어도 과문으로써 나라를 다스린다고 듣지는 못했다.

---

7 은왕 성탕을 도운 명 재상 이윤(伊尹)과 은 고종의 명 재상 부열(傅說).

8 이윤은 밭 갈다, 부열은 담 쌓다가 발탁되었던 고사.

9 잡을 새를 꾀어 후려들이기 위해 매어둔 새. 후림새 와(囮).

10 고려와 조선 시대, 문과 과거의 시험에서 보이는 여러가지 문체를 이르던 말.

2장
「언사소」[1]
(1883)

장사랑將仕郎(종9품 문관) 통리교섭통상사무아문[2] 주사 신 유길준은 참으로 황송하고 참으로 황공하옵게 삼가 머리를 조아려 백번 절하옵고, 하늘을 거느려 운을 솟치시고 보위에 올라 윤기倫紀(윤리와 기강)를 두터이하신 주상 전하께 글을 올리옵니다.

어리석은 신이 엎드려 가만히 생각건대 외교를 잘하려면 먼저 내정을 닦아야 하매 내정이 닦이지 않으면 어찌 외교를 하겠습니까? 현금 우내宇內(세계) 각국은 장정章程을 통하고 조약을 맺어 친목을 표하고, 반드시 상무商務를 넓힘으로써 스스로 부를 꾀하고, 반드시 병정兵政을 벌임으로써 스스로 지킴을 굳건히 합니다. 이 때문에 내수內修를 잘하지 못하면 사람들이 나라라고 일컫지 않으며, 외교가 미쁘지 않으면 사람들이 더불어 벗

---

1   言事疏, '나랏일에 관한 상소'는 고종 20년(癸未, 계미)에 지은 한문체 글이다. 「과문폐론」과 겹치는 부분이 있지만 벼슬하고 올린 첫 상소로 경륜의 문장인지라 완역했다. 출전은 『유길준전서 [IV]』에 실린 영인본(63~72면)이다. 허동현 편역 『유길준논소선』에 실린 한문본과 번역도 참고했다.

2   統理交涉通商事務衙門, 1882년(고종 19) 12월 외교통상사무를 관장할 목적으로 통리기무아문을 확충·개편하여 만든 중앙관청.

을 삼지 않으며, 병정과 상무가 무너져 일어나지 못하면 나라는 가난하고 약해져 자립하기 어렵습니다. 엎드려 원컨대 전하께서는 마음에 지녀 맑게 살피시옵소서. 지금 우리 국가의 내정을 사유컨대 가히 진선盡善이라 이를 수 없고, 외교 또한 가히 진미盡美라 이를 수 없는데, 상무·병정은 꼭 소지掃地³라 이를 만하니, 어찌해야 가하오리까?

그러나 이는 곧 묘당의 원로대신들과 기부機府⁴의 뛰어난 인재들이 반드시 셈을 정하여 꾀를 이룸으로써 성명聖明을 보좌할 터이니, 신이 어찌 감히 그 사이에 용훼容喙(말참견)하겠습니까? 지금 전하께서는 불세출의 천자天姿(타고난 바탕)로써 대유위大有爲(큰 재능)의 예지睿志를 떨치시어 백성의 말은 반드시 살피고 숨은 인재는 반드시 들어올리고, 좋은 것은 받아들여 간언諫言을 따름이 물 흐르듯 고리처럼 두르니, 마땅히 그 교화가 팔도에 넘치고 덕화는 만백성을 덮어 인민으로 하여금 춤추고 노래하며 편안히 생업을 즐기게 하셨습니다. 그런데 도리어 원망해 떠들고 나라가 어지러워기를 바라며 애오라지 자생自生하지 못함은 무슨 일입니까? 이는 진실로 소민小民(평민)이 무지하여 옛 습속에 빠져 그런 것이긴 합니다만, 그러나 또한 다스리는 도가 미치지 않았기 때문이기도 합니다.

감히 신이 능히 안다고 할 수는 없지만, 예부터 지금에 이르기까지, 중흥의 나라는 반드시 먼저 난을 제거했으니 난을 제거하지 못함이 있으면 어찌 중흥이라고 말하겠습니까? 은 고종,⁵ 주 선왕⁶이 모두 난을 제거한 나머지를 이어 중흥의 업에 이른 것은, 이치를 봄에 밝고 일을 행함에 용감하여 수시로 폐단을 교정하는 데 선왕의 법을 따라 고쳤기 때문입니다.

지금 전하께서는 마침 국가 중미中微(중도에서 쇠진함)의 운을 만나 떨쳐

---

3   땅을 쓸어버린 듯 흔적도 없음. 곧 형편없다는 뜻.
4   군국기무를 통할하던 통리기무아문의 약칭.
5   재상 부열을 얻어 나라를 탄탄대로에 올린 殷 高宗이 먼저 귀방(鬼方)을 정벌한 고사.
6   폭군 아버지 여왕(厲王)이 난으로 쫓겨난 혼란을 극복하고 중흥을 이룬 周 宣王의 고사.

일어날 계책을 도모하시지만, 백관은 직무에 게으른 습속이 참으로 자여自如(평소와 다름이 없음)하고, 각사各司의 쓸데없는 경비는 전혀 없어지지 않았습니다. 기강은 해이하고 재정은 부족하니, 시행하려 했다가도 갑자기 그만두고, 아침의 명령을 저녁에 고치고, 없애려 했다가도 다시 그치니, 이는 실로 전하의 큰 덕으로 뒷일을 염려함이 깊어 오히려 건단乾斷(임금의 결단)에 과감하지 않음에 말미암습니다. 엎드려 원하옵건대 전하께서는 척연惕然(근심스럽고 두렵게)히 돌아보아 유념하시옵소서. 때를 달리하고 일도 과거가 되면 고금이 다른 것은 마땅하오니, 선왕의 법을 말미암아 가히 따를 것은 따르고, 선왕의 법을 좇아 가히 고칠 것은 고치는 것, 이것이 계술繼述(이어받아 조술함)의 대도大道이고 교구矯救(잘못을 바로잡음)의 대정大政이매, 중흥의 길, 진실로 이에 있습니다.

신이 또 가만히 엎드려 듣자오니, 전하께서 시사時事가 다단하여 과로하고 고충하신 데다, 깊이 사유하고 널리 궁리하시노라 밤으로써 아침을 잇는다니 가만히 전하를 위하여 우려하옵니다. 신이 여러 의원들에게 들은 것인데 무릇 사람의 태어남은 천지의 정精을 타고난바 음양의 원기가 만난 것이어서 낮에는 동작함으로써 양기를 펼치고 밤에는 고요히 휴식함으로써 음기를 축적하는 것, 이것이 양생의 도이고 병을 물리치는 방편입니다. 지금 오히려 이처럼 노고하시니 신민臣民된 자 참으로 감격해 모두 기뻐하며 서로 말하기를 성은에 보답할 바를 모르겠다 하옵니다. 그러나 전하 자양自養의 도에 있어선즉 크게 불가합니다. 엎드려 원하옵건대 일찍이 자리에 들어 병침丙枕[7]하사 음양자연의 기를 온전히 하시고 만세 강령의 복을 누려 받으소서.

지금 전하께서는 용인用人의 도에서 공변되사 극極으로 치우치지 않게 처리하시지만, 아직도 과거科擧로써 사람을 구하시니 바람과 구름, 달과

---

7   임금이 침소에 듦. 또는 그런 시각을 가리킴. 하룻밤을 갑, 을, 병, 정, 무의 오야(五夜)로 나누어서 병야(丙夜, 3경 곧 11시에서 새로 1시)를 임금의 취침 시간으로 정한 데서 유래한다.

이슬의 낡은 작품과 썩은 책문策文이 어찌 능히 사람의 재주를 다하고 사람의 온축한 바를 드러내겠습니까? 신은 아직 고기직설皋夔稷契[8]과 이부주소(伊傅周召)[9] 같은 현자가 사부詞賦(사와 부, 곧 시문)로써 당우삼대唐虞三代[10]의 성주聖主께 벼슬을 구했다는 것을 듣지 못했습니다. 무릇 과거의 법은 가히 내쳐야 합니다. 하루를 끈즉 하루의 해害가 있고, 일년을 끈즉 일년의 해가 있습니다. 지금 우리 국가의 빈약 또한 과거로 말미암은 까닭입니다. 양반과 평민을 뜬 이름과 헛된 잇속의 장場으로 몰아넣고 그 속에서 생로병사生老病死케 하매, 청년에 책을 읽어 백수白首까지 경서를 파지만 격格하는 바가 무슨 물物이며 진盡하는 바가 무슨 성性이리까? 그 폐가 진晉나라 사람의 청담淸談[11]보다 막혔고 그 풍조는 당唐나라 선비들의 부화浮華(화려하나 실속 없음)보다 독합니다. 어리석게도 실리가 어떠한지 알지 못하고 종신토록 골똘히 공부하여 바라는 바가 한번 진사 사이에 급제함에 불과할 뿐입니다. 그 한몸 의식衣食의 원천에 이르러서는 망연히 방향이 없으매 주리면 맛보고 추우면 입는 것을 모두 타인에게 바랍니다. 행여 한 과科라도 붙은즉 구족九族이 빛이 나고 붙지 못한즉 늙어 궁한 골짜기에 굴러떨어집니다. 이것이 부모가 자식을 가르치는바, 과거의 글로써 권하고 오직 미치지 못할까 두려워하며 친척과 붕우가 서로 격려하고 서로 권면함 또한 이에 지나지 않습니다.

　벼루와 붓끝으로 어찌 풍족한 즐거움을 얻을 수 있겠습니까? 그 해害가 돌아가는 바의 곳인즉 가긍한 농민입니다. 그리하여 탐관오리가 이를 따라 나오고 토호도적이 이를 연줄로 일어납니다. 이것이 조정이 사람을 뽑는 길인바 오래 되어 폐단을 이루었습니다. 양반과 평민이 허명虛名을 중

8　순임금의 네 명신, 고요(皋陶)와 기(夔)와 후직(后稷)과 설(契).

9　'이부'는 이윤과 부열이고, '주소'는 어린 성왕(成王)을 도와 주나라를 안정시킨 주공周公과 소공(召公).

10　'당우'는 요순 임금이고 '삼대'는 하(夏)·은·주 세 나라. 유가의 이상시대.

11　유가를 등지고 노장에 빠진 진나라의 청담파.

시하고 실리를 경시하여 상하가 서로 안주하여 금일의 습속으로 순치馴致되었습니다. 그러므로 신은 과거의 허문虛文을 폐하고 교육의 실도實道에 힘써 사람의 재주를 기르고 그 속에서 취하여 쓸 것을 감히 말하옵니다. 대저 교육의 길이 성盛하지 않으면 인민의 지식이 넓어질 수 없고 인민의 지식이 넓지 않은즉 그 나라가 반드시 가난하고 약해집니다. 그 까닭은 무엇입니까? 인민이 진취의 기상이 없으매 제조의 힘이 없습니다. 무릇 나라가 스스로 지켜 독립하는 바는 민의 지식 있음 및 기력에 말미암을 따름입니다. 민이 지식이 없으면 어찌 스스로 지키며, 민이 기력이 없으면 어찌 독립하겠습니까? 대개 이자二者는 교육에 있고 교육의 길은 국가의 시책에 있습니다. 청컨대 이 안을 조정 신하에게 내리사 널리 논의하여 절충케 하옵소서.

대범 상常을 지켜 변하지 않으면 더불어 공功을 꾀하기 어렵습니다. 때에 임해 마땅함을 지으면 불리하게 간 적이 없습니다. 인순因循의 습관에 편안하지 마시고 고식姑息의 정치에 미혹하지 마십시오. 높고 높게 진작하시고 맵고 맵게 분발하십시오. 지금 빠르게 일을 도모하지 않으면 나랏일은 날로 그르치고 민심은 날로 떠날 것입니다. 엎드려 원하옵건대 전하께서 남에게 의지하여 편안함을 구하지 마시고 오직 몸을 닦아 다스림을 펼쳐 백년의 큰 폐를 바로잡아 만세의 장책長策(원대하게 좋은 계책)을 세우소서.

지금 생각건대 우리 국가의 위치는 바로 아주亞洲(아시아주)의 목구멍에 해당하는데 강한 노露와 이웃하여 천하가 반드시 다툴 땅이옵니다. 또 노인露人은 범과 이리라 탐탐耽耽히 곁눈질한 지 이미 여러 해입니다. 그 움직이지 않는 것은 다만 틈이 없기 때문입니다. 비록 그들이 공법公法을 준수하지 않는다고는 하나 아직은 이에 두려워하는 바가 있기 때문일 뿐입니다. 근자에 북쪽 변방에는 이목李牧[12] 같은 좋은 장수와 위상魏尙[13] 같은

---

12   전국시대 조(趙)나라의 명장 무안군(武安君).

13   선정으로 하남(河南)을 두번이나 다스린 한나라의 관리.

훌륭한 관리도 없는데, 해를 이어 기근이어도 관은 구휼을 더하지 않으니 그 백성이 흩어져 사방으로 간 자가 몇천인인지 알지 못합니다. 노경露境으로 들어간 자 또한 스스로 적지 않은데, 그 처음 들어간 사람들에게는 노인이 취사炊事하여 먹이고 재봉해 입혀 구렁의 근심을 면하게 했습니다만, 우리나라는 아득히 들어 알지 못해 천하가 함께 애석히 여겨 우리 국가의 우환으로 삼은 자가 많았습니다.

지난해 이용익李容翊(1854~1907)[14]이 성주의 명을 받들어 노인의 지경에 들어갔습니다. 그런데 그 지역에 거주하는 민은 곧 예전 우리 백성입니다. 고국의 관리가 임금의 명을 받들어 이른다는 것을 듣고 어찌 옛정을 감발感發하여 다시 부모의 나라에 귀적歸籍(호적을 다시 고국으로 돌림)할 것을 생각하지 않겠습니까? 인정의 고유한 바이며 천리의 동연同然(똑같이 그러함)한 바입니다. 이는 참으로 저 유민流民을 위해 처연히 눈물 흘릴 곳이나 대세는 가벼이 움직일 수 없습니다. 화禍의 기틀이 엎드린 곳을 오로지 마땅히 깊이 살펴야 합니다. 대저 이용익이 그 호적 문서를 거두어 천폐天陛(임금)에 바친 것은 신이 감히 그 뜻한 바를 알 수 없으나, 서울에서 인쇄하여 유민들에게 부쳐 보낸 것은 즉 요행을 바라 공 세우기를 좋아하는 마음에는 마침맞겠지만 다시 또 변경에 일을 일으킬 것입니다. 눌러 생각건대 저 유민은 참으로 어리석게 법을 어긴 자일 뿐입니다. 어찌 가히 그 호적 문서를 들인 바로써 금석金石의 믿음이라고 잡으리이까? 기한飢寒에 몰린 바 다른 지경으로 유리해 넘어간 것은 매우 가긍한지라 비록 깊이 책할 수 없으나 또한 임금을 섬기고 어른을 사랑하는 마음이 없음은 따라서 가히 알 것입니다.

오호, 위태롭습니다! 대범 교계상交界上(땅의 경계에 걸림)의 이해관계는, 비록 정도正道로 교제하여 서로 친한 나라라도 오히려 가히 주장을 견지하

---

14   함북 명천 출신으로 보부상에서 임오군란 때 명성왕후가 피신하는 데 조력하여 출세한 뒤 고종의 신임이 두터웠다.

는데, 하물며 노인의 난폭함에랴! 비록 세勢가 고르고 힘이 같은 나라라도 오히려 판단을 다툴 터인데 하물며 노인의 강대함에랴! 비록 왕래에 약속을 맺은 나라도 오히려 따져 말할 것인데 하물며 노인처럼 틈을 기다리는 자임에랴! 또 만국의 공법은 인민 귀화의 길을 허합니다. 비록 기근이나 폭란暴亂의 때가 아니라도 갑국 거민居民이 을국으로 이민하고자 한즉 그 갑국은 금할 수 없습니다. 다만 그 사람을 검사하여 가히 벌할 죄가 없고 가히 징수할 세금이 없고 가히 상환할 빚이 없은즉 그 원願을 따라 그 뜻을 좇아 이루게 합니다. 지금 노에 거주하는 유민은 비록 당시 이주를 원하는 청請이 없었더라도 이미 타국 고휼顧恤(돌봄)의 은혜를 입었고 그곳에서 이미 입적이 된 사람인즉 우리로서는 다시 관리할 권한이 없습니다. 이는 근본적으로 공법이 본디 허용하지 않는바, 반드시 강한 이웃에 틈을 열 것입니다. 이 틈이 한번 열린즉 국가의 안위가 따르고 나라 안에 안거하는 민 또한 장차 유리流離하여 머무는 바를 알지 못하리니 어찌 불안하고 두렵지 않겠습니까? 또 대저 유민들의 호적 문서를 받아 창고 속에 간직한들 무슨 이익이 있겠습니까? 저들이 이미 노인에게 빚이 있고 세금을 냈는데 노인이 귀환을 허락하지 않은즉 공법 중 사조私條(국제사법私法의 조문)에 근거가 있고, 성법性法[15]·예법例法(국제관행)에도 아울러 포함되어 있는 것입니다. 그런즉 전하께서는 헛되이 그 허적虛籍을 쥐어 마침내 어디 쓰시렵니까? 그 거주하는 바 토지가 국가의 판도에 들지 못할 것이 밝고, 그 내는 바 조세가 국가의 세공歲貢(해마다 지방에서 나라에 바치던 공물貢物)에 돌아가지 않을 것도 밝습니다. 지금 인쇄하여 부친 이 호적 문서는 노인이 일을 일으킬 바탕에 불과할 뿐입니다. 노인이 방자하고 난폭하여 비록 스스로 공법을 지키지 않는다 하나 어찌 타인을 향해서는 말하지 않겠습니까?

이용익이 그 땅에 들어 송황보松篁堡[16]에서 고미살高美薩[17]에게 탐지되

---

15 인간 이성을 통하여 발견한 자연적 정의 또는 자연적 질서를 사회 질서의 근본 원리로 생각하는 법. 곧 천법(天法) 또는 의법(義法).

어 연취영烟翠營[18]에서 병사들에게 잡혀 갇힌바, 대저 경흥부慶興府[19]로 압송된 날에 미쳐 또 서로 힐난하는 이문移文(공문)이 있다니, 일찍이 들은 적이 없는 일입니다. 이로써 보건대, 노인이 이 틈이 열리길 기다려 그 평일의 구렁(흑심) 같은 마음을 채우려 했음을 가히 알조입니다. 공법에 근거해도 저들이 곧고 병력을 쓴즉 우리가 약합니다. 전하께서는 어찌 하루아침에 어리석은 사람의 말을 듣고 종사의 화복禍福을 마음에 두지 않으십니까? 무릇 저 이용익의 뜻은 어리석기 막심하고, 이용익의 꾀는 위험하기 막대합니다. 이것이 신이 국가를 위하여 크게 두려워하는 바의 것입니다. 엎드려 원하옵건대 전하께서는 광망狂妄한 사람을 써 화란禍亂의 계단에 이르게 마시고, 받들기를 원하는 민을 잘 품으사 태평의 기초를 이루소서. 신은 어찌할 바 없이 두렵고 두려워 삼가 죽음을 무릅쓰고 아뢰나이다.

---

16 러시아 연해주의 한인마을 소왕령(蘇王嶺). 현재는 우수리스끄.

17 꼬미싸(komissar), 제정러시아의 짜르가 정규 조직과 별도로 위임한 특명전권위원.

18 러시아 연해주의 한인마을 연추(烟秋) 근처에 설치된 러시아군 병영.

19 함경북도 북동부 국경의 고을.

3장

「중립론」[1]

(1885)

무릇 나라의 중립에는 두 길이 있다. 하나는 가로되 전시戰時중립이고 둘은 가로되 항구恒久중립(영세중립)이다. 중립이라는 것은 만국의 가운데에서 여러 나라와 더불어 전쟁하지 않는 것을 이른다. 무엇을 전시중립이라 이르는가? 갑을 두 나라가 일이 있어 서로 따지다가 창과 칼이 서로 부딪치는 데 이른즉, 그 인근의 여러 나라가 중립의 령令을 내리고 병兵을 엄히 하여 수비함으로써 갑을 나라가 지경을 넘어와 제멋대로 싸워 서로 승부를 결決함을 허용하지 않음이다. 고로 만약 한 나라가 약소함이 있어 중립의 울타리를 스스로 지킬 수 없은즉 이웃나라들이 또한 혹 협의해 대신행함으로 스스로 보전할 꾀로 삼기도 하매, 이는 곧 세 부득이한 데서 나온 것으로 공법이 허한 바다. 무엇을 항구중립이라 이르는가? 여기 한 나라가

---

1   中立論, 영국의 거문도 점령사건(1885~87)에 촉발되어 을유(乙酉, 1885)에 지은 한문체 글이다. 두주(頭註)에 "이 편(篇)의 의론은 가히 큰 계획이라 이를 수 있지만 눈에 크게 거슬리는 바 있어 잠깐 삭제하는 것이 좋고, 오직 가장(家藏)한즉 삭제할 필요가 없다"고 한바, 당시 복잡한 국제관계 속에서 중립을 통한 조선의 독립을 꾀한 획기적인 구상이다. 출전은 『유길준전서 [IV]』에 실린 영인본(319~38면)이다. 허동현 편역 『유길준논소선』에 실린 한문본과 번역도 참고했다.

있어 부강하나 땅이 각국의 요충에 기대어 뒤에 스스로 지킴을 다스리지 못해 세가 핍박해 꺾인 바 되어 강국의 손에 들어간즉, 시국의 대권을 흔들어 이웃나라에 화기禍機를 끼치게 될 것인 고로 여러 나라가 협의해 약속을 세우고 그 나라를 중립으로 삼아 평시平時·전시戰時를 물론하고 타국의 병이 그 지경에 드는 것을 허하지 않는 것이다. 만약 약속을 범하는 자가 있은즉 여러 나라가 함께 공격하여 그 죄를 성토한다.

지금 구라파주歐羅巴洲의 비리시比利時(벨기에), 발가리아發佳利亞(불가리아) 및 흑해의 두세 섬이 혹은 중립국, 혹은 중립지로 된다. 공법에 가로되 오직 자주의 나라가 능히 중립의 권리를 지닌다. 비리시 같은즉 본디 그렇지만, 발가리아는 이에 토이기土耳其(오스만투르크제국)에 조공을 바치는 일개 소국이고, 흑해의 섬들은 각 나라에 흩어져 예속되어 나라가 되지 못함에도 또한 이 권리가 있다. 이는 단지 공법으로써 바를 수는 없는 것이다.[2]

지금 우리나라의 땅인즉 아주의 목구멍에 처하여 마치 구라파의 비리시에 비할 것이며, 지위로써인즉 중국의 공방貢邦(조공국)이 되어 토이기의 발가리아와 같다. 그러나 동등의 예로써 각국과 조약을 맺을 권리에 있어서는 발가리아에는 없고 우리나라는 있다. 공방의 열列에서 타국의 책봉을 받는 일은 비리시에는 없고 우리나라는 있다. 이 때문에 우리나라의 형세는 실로 비·발 양국의 전례典例를 겸한 것이다. 발가리아가 중립으로 약속을 삼은 것은 구주歐洲 여러 대국이 방아防俄(아라사를 막음)의 계計에서 나온 것이고, 비리시가 중립으로 약속을 삼은 것은 구주 여러 대국이 서로 자보自保(자기 보호)의 책策으로 된 것이다. 이로 말미암아 논하건대 우리나라가 아주의 중립국으로 된즉 진실로 방아의 큰 기틀이며 또한 아주 여러 대국 상보相保의 정략일 것이다. 무릇 아俄라는 나라의 됨됨이는 만여리의 거칠고 추운 땅에 걸터앉아 정병精兵 백만이 날로 강토를 개척하는 데 힘써

---

2   원문은 '泥之'(진흙으로 바르다), 미장이가 진흙으로 칠해 마감한다는 뜻이매, 설명이 잘 안 된다는 뜻인 듯.

아亞의 여러 소국을 꾀어 혹은 보호 아래 두고 혹은 그 독립의 권리를 책임 지고 인정했다가 맹세의 피가 마르기도 전에 기어코 그 토지를 모두 군현 으로 삼고 그 인민을 노예로 했다. 강자가 약한 것을 병탄하려 하고 큰 것 이 작은 것을 삼키려 하는 것은 본디 인간세상의 기양技癢(지니고 있는 재주를 쓰지 못하여 안달함)이지만 아俄는 특히 무도하기가 심한 고로 천하가 탐폭貪 暴으로 지목함에도 그 범과 이리의 마음은 오히려 또한 탐탐耽耽하기를 그 치지 않는다. 교도教徒의 일을 가탁假託(거짓 핑계를 대다)하여 토이기에 병兵 을 얽어 그 나라를 멸하고자 했고 군사탄정보³에 웅거하여 장차 구주의 터 전을 잠식하고자 했다.⁴ 영·법英法(영국과 프랑스)이 떼로 일어나 토土를 지 원하여 그 예봉을 막고 그 꾀를 저지했다. 아인俄人이 여러 강한 이웃들과 원수가 됨이 불가한 것을 알고 마침내 그 병을 동으로 옮겨 중병重兵⁵을 해 삼위海蔘衛(블라지보스또끄)에 주둔시키고 서백리아西伯利亞(시베리아) 철로를 가설하기에 이르렀다. 그 비용이 커 얻는 것이 잃는 것을 갚지 못한즉 그 뜻은 슬기로운 자를 기다리지 않아도 가히 분별할 것이다.

그런즉 우리나라의 위태로움이 그 호흡에 육박한저! 우리나라가 오늘 의 세로써 오히려 만국의 사이에서 그 토지와 인민을 보전할 수 있음은 중 국이 준 바다. 아인이 우리를 흘겨 본 지 오래나 짐짓 또한 감히 움직이지 못한 것은, 비록 균세均勢(세력균형)의 법에 저지된 것이라고 말하지만, 실 은 중국을 두려워해서 그런 것이다. 일본 또한 일찍이 우리에게 뜻이 없는 것이 아니지만 자못 그 세가 부족한 바 있고, 힘이 미치지 못한 바 있는데, 자보自保에 겨를까지 없으니 어찌 감히 중국과 더불어 겨루겠는가? 고로 가로되, 우리나라가 믿는 바 나라를 이룰 것은 중국의 고호顧護(마음을 써

---

3   君斯坦丁堡, 콘스탄티노플 곧 이스탄불.

4   프랑스의 나뽈레옹 3세가 예루살렘 카톨릭교도의 특권을 오스만투르크에 요구하자 러시아 의 니꼴라이 1세가 그리스정교도의 보호를 명목으로 예루살렘을 점령하면서 영불이 주도하 여 러시아와 벌인 크림전쟁(1853~56).

5   치중병(輜重兵), 군수 물품을 운송하는 책임을 맡은 군사.

서 보호함)에 있다. 혹자는 가로되, 중국 또한 우리를 삼키지 않을 것을 어찌 아는가? 이는 곧 그렇지 않다. 진실로 중국이 이를 원했다면 왜 애써 여러 나라와 조약을 맺으라고 권하고는 이제 오늘에 와서 비로소 그 뜻을 행하겠는가? 중국이 멀리 있는 사람을 대하는 도는 예로부터 지금까지 대개 관용을 따라, 다만 조공을 거두고 그 책봉하여 스스로 다스리게 할 뿐 나머지는 다시 묻지 않는다.

　혹자는 가로되, 합중국(미국)은 우리와 더불어 심히 두터우니 가히 의지하여 도움이 될 것이라 한다. 가로되, 아니다. 합중국은 멀리 바다 밖에 있어 우리와 더불어 깊은 관계가 별로 없다. 그리고 또한 스스로 만로약[6]을 밝힌 뒤 구아歐亞(유럽과 아시아)의 일에 간섭할 수 없어 우리에게 급함이 있을 것 같은즉 저들이 말로 서로 도울 수는 있어도 감히 창과 칼을 써 서로 구할 수는 없다. 천마디 말이 하나의 총알만 같지 못하다고 이른다. 이 때문에 합중국은 곧 통상의 나라로 가히 친할 수 있어도 급함을 늦추는 벗으로는 가히 믿을 수 없다. 그러나 중국은 우리가 오직 몇천년간 조공을 바치고 책봉을 받은 나라다. 의관衣冠·문물을 모두 다 모방했고 풍속·호오好惡(좋고 싫음)도 서로 비슷하다. 그 사람인즉 기성箕聖(기자箕子)의 남은 바람이요, 그 땅인즉 연경燕京(북경의 옛 이름)의 동쪽 울타리다. 친하여 따름이 깊은 고로 믿고 의지함이 돈독해, 지금에 지원을 청한 일[7]에도, 비록 시무時務에는 조금 미치지 못하더라도, 또한 평소의 애호愛好를 가히 볼지라. 일본이 우리를 대접함에 걸핏하면 중국을 본뜰 뿐 아니라 한술 더떠, 내지의 무역부터 해변의 어채漁採, 한성의 개잔開棧[8] 등 여러가지가 이와 같으니 우리는 이미 그 해를 치우치게 받고 있다. 그리고 이번에 중국의 병兵은 이백 리 밖에 있는데 일본의 병은 말을 몰아 성에 드는 것이 마치 사람이 없는

6　蔓老約, 1823년 대외 불간섭을 천명한 미국의 먼로주의.
7　임오군란(1882)에 청이 파병한 일.
8　화물을 쌓아두고 객상(客商)이 유숙하며 장사하는 것.

듯했으니, 이는 비단 우리나라를 깔볼 뿐 아니라 그렇게 방자하게 중국을 가벼이 본 저들의 뜻을 가히 볼지라. 진실로 우리가 힘이 있은즉 비록 역습하여 모두 죽인들 불가할 것이 없는데 능히 한마디 따지는 말도 발하지 못하고 벌벌 떨며 오직 화和를 잃을까 두려워하니, 이는 즉 우리나라 인민이 자강自强할 수 없던 책임이매 다시 누구를 허물하리요.

설사 일본의 병이 오늘 철수한다 하더라도 우리가 마냥 족히 기뻐할 수 없고, 백년을 머물러 산들 우리가 근심을 더할 게 없다. 그 까닭이 무엇인가? 저들이 비록 오늘 가더라도 내일 다시 오고자 한즉 가히 온다. 저들이 오고자 하면 핑계가 없을까 근심할까 보냐. 이 뒤로부터는 일본만 그런 것이 아니라 천하의 병정 지닌 나라는 모두 이와 같이 할 것이다. 고로 비록 오늘 설사 잠시 철병한다 하더라도 이는 단지 눈앞의 병이 갔을 뿐 각국 속뜻의 칼날을 잠근 것이 아니다.

압록강과 두만강, 양강兩江 사이에 날로 은은隱隱히 만국을 치축馳逐(달려가 쫓음)하며 영향을 끼치는 병마가 그치는 때가 없다. 아인의 근심이 이를 따라 더욱 크다. 대저 면전緬甸(버마)·안남 동아리는 중국에 그 있고 없음과 무겁고 가벼움이 심하지 않으나, 영·법이 발호하는 거동은 오히려 중국의 위엄을 해쳤다. 지금 아俄가 우리나라에 하려는 것이 영국이 면전에 하고자 하는 것이며 법국이 안남에 하려던 것이니 가령 우리나라가 지킴을 잃은즉 중국의 환患은 이가 입술을 잃은 것처럼 위태롭기가 또한 심할 것이다. 어느 겨를에 위엄을 논하겠는가? 설사 중국이 우리나라를 평소 서로 원수로 본다 한들 영·법이 우리 땅을 시새운다면 오히려 피로 싸워 보존하는 것을 자위自衛의 방책으로 삼았을 것이다. 하물며 4천년의 관계가 있고 수백년 사대事大한 자임에랴. 내란이 작음에도 오히려 서로 구했는데 하물며 외우外憂 존망의 기틀임에랴.

대범 일은 미연에 막는 것이 귀하다. 중국이 장차 어떤 꾀를 써 우리를 보존할 것인가? 만약 아인의 움직임을 기다려 출병出兵해 멀리 구원한즉 선후先後의 절차가 이미 나뉘어 승패를 가히 알 수 없고, 설혹 아를 지경 밖으로 몬들 군대의 노고와 군비의 소모가 피폐하기 자심하니 마침내 양책良策이 아니다. 중병重兵을 미리 파견하여 우리 북변에 주둔해 지키려고 할 것 같은즉, 아인이 족히 빙자할 마침맞은 구실이 되거니와, 일본 또한 반드시 오늘과 같은 망동을 하리니, 이는 거꾸로 무사한 날에 일을 일으켜 그 화란의 기틀을 재촉하는 것이다. 그런즉 어찌해야 가한가? 그 우리나라를 아주亞洲 중립국으로 삼는 것인저! 무릇 나라가 있어 능히 자강하지 못하고 여러 나라의 약속을 빌려 근근히 자보의 꾀로 삼기를 원한다면 또한 구구함이 심해 그 어찌 사람들이 즐겨할 바이겠는가? 그러나 나라는 스스로 그 세를 아는 것이 귀하니, 억지로 큰소리치면 끝내 이로운 일이 없을 것이다. 사람은 먼 생각이 없으면 반드시 가까운 근심이 있고, 나라는 작은 어지러움으로 혹 큰 공을 세울 수도 있다. 우리나라는 통상한 후부터 오늘에 이르기까지 근심이 없었다고 가히 말할 수 없고, 또한 어지러움이 없었다고 가히 이를 수도 없다. 오직 중립 일사一事가 진실로 우리나라 지킬 책策이다.

그런데 이는 우리가 제창할 수는 없은즉 그 일을 맡아 처리해줄 것을 중국에 마땅히 청할 일이다. 만약 중국이 혹 일을 말미암아 듣고도 허락하지 않은즉 오늘 청하고 내일 청하고 또 청해, 중국이 맹주가 되어, 아토亞土(아시아의 땅)와 관계가 있는 영·법·일·아 같은 여러 나라와 회동하면서 우리를 그 사이에 밀어넣어 함께 그 맹약을 정하도록 할 일이다. 이는 비단 우리나라의 처지를 위해서뿐만 아니라 또한 중국의 이익이며 여러 나라 상보相保의 꾀이매, 어찌 괴로워하면서도 이를 하지 않는가? 구주의 여러 대국들은 방아·자보의 꾀에 급급하다가 비·발 양국의 중립을 한번 제창하자 무리로 화답하여 눈 깜짝할 사이에 바로 이루어진바, 어찌하여 아주의 여러 대국들은 단지 근심할 줄만 알지 꾀할 바를 모르는가? 지난 때에는 참으로 그 기회가 있지 않았을 뿐인데, 지금은 곧 때가 익고 기틀이 어울려 우리나라가 지금의 때에 미쳐 이 기틀을 타 중국에 청한즉 일은 가히 이루어질 것이다. 이는 아인의 흉심을 옥백玉帛[9] 사이에서 은밀히 꺾고 살벌한 기운을 가히 담소로 바꿀 방책이니, 중국은 곧 군대를 한번 번거롭게 하지 않고 동고東顧의 근심[10]을 영구히 끊음이고, 우리나라는 곧 장성長城 같은 데 의지해 앉아 만세의 이익을 거둠이다. 그 방략의 처음과 끝도 오직 중국에 있고 우리나라가 친하여 믿을 만한 바도 중국만 함이 없다. 원컨대 우리 정부가 간절히 간절히 청하라.

4장
『서유견문』[1]
(1895)

서

   성상(고종) 즉위하신 18년 신사辛巳(1881) 봄에, 내가 동으로 일본에 놀아,[2] 그 인민의 근면한 습속과 사물의 번창한 모습을 보매 마음속으로 생각하던 바 아니러니, 그 나라 안의 견문이 많고 배움이 넓은 선비를 따라 논의하고 창수唱酬(화답)하면서 그 뜻을 살피고, 새로운 견해와 신기한 문장의 책을 열람하여 거듭 자세히 탐구하는 사이에, 그 사정을 고찰하여 참

---

1   西遊見聞, 동경 코오준샤(交詢社, 영국의 클럽을 모델로 1880년 후꾸자와 유끼찌가 케이오기주꾸 출신을 주축으로 한 관료·학자·기업가 등을 구성원으로 창립한 비정치적 사교단체)에서 '개국 498년'에 간행된 최초의 국한문체 저작. "기계(杞溪) 유길준 집술(輯述)"이라고 밝혔듯이, 이 책은 후꾸자와 유끼찌가 찬집(纂輯)한 『서양사정』(1866, 1868, 1870)을 비롯한 여러 책을 참고하여 지은 것이다. 여기서는 이 책에서 그의 구상이 직접 드러난 절(節)들을 뽑아 번역했다. 출전은 『유길준전서 [I]』이고, 역본으로는 채훈의 『서유견문』(대양서적 1973), 허경진의 『서유견문』(한양출판 1995), 그리고 장인성의 『서유견문: 한국 보수주의의 기원에 관한 성찰』(아카넷 2017)을 참고했다.

2   어윤중의 수행원으로 신사유람단에 참여하여 방일한 뒤, 동경에 남아 첫 일본유학생으로 경응의숙에서 공부함.

모습을 파악하며 진상을 파헤친즉, 그 시책과 법규가 태서泰西(이전에 서양을 이르는 말)의 풍風을 모방한 것이 십중팔구十中八九나 된다.

대개 일본이 구주歐洲(유럽) 화란국和蘭國(네덜란드)과 그 교통함이 2백여 년에 지나나, 이적夷狄으로 배척하여 변문의 관시[3]를 허할 따름이러니, 최근 구미歐美(유럽과 미국) 여러 나라와 조약을 맺은 뒤로부터, 사귐이 돈독하고 친밀해짐을 따라 시기時機의 변화함을 살펴, 그들의 장기長技를 취하며 제도를 답습함으로, 30년간에 이처럼 부강을 이룸이니, 그런즉 붉은 털에 푸른 눈(서양인)에도 재주와 식견이 남보다 지나친 자가 반드시 있으매, 내가 옛날 헤아려 생각한 바 같이 순연한 야만종에 그치지 않음이라.

나의 이번 유람에 하나의 기록이 없음이 불가하다 하여, 마침내 이에 견문을 수집하며 또한 혹 서적을 참고하여 한 부의 기記를 만들새, 때는 임오壬午(1882)의 여름이라. 우리나라가 또한 구미 여러 나라와 우호조약을 허락하여 그 소문이 강호江戶(에도, 동경)에 달達하거늘, 내가 그 기記에 힘을 씀에 자못 전념하여 가로되,

'내 몸이 태서 여러 나라에 가보지도 않고, 타인의 찌꺼기를 거두어 모아, 이 기를 베낌이 꿈 속에서 남의 꿈을 이야기함과 그 다름없으나, 그들을 교제하매 그들을 알지 못함이 불가한즉, 그들의 일을 실으며 그들의 풍속을 논하여 나라 사람의 열람에 제공해도, 오히려 또한 실끝의 도움이 없지 않을 것이다'

하되, 목격한 참모습을 기록하지 못함을 스스로 아쉬워하더니, 오래지 않아 국중의 변(임오군란)이 창졸에 일어나매, 전보의 풍문으로 비록 그 실상은 알지 못하나 이역의 산천에 방황하여, 임금과 어버이 생각이 바야흐로 간절한 즈음에, 운미芸楣 민공閔公[공의 명은 영익泳翊이니 운미는 그 호라]이 배로 도착하여 난리 평정한 전말顚末을 말하고, 또 나의 오활하고 졸렬함

---

3   邊門의 關市. 변경의 관문에서 열리는 시장. 곧 나가사끼의 인공섬 데지마(出島).

을 멀리하지 아니하여 그 겨울 돌아감에 더불어 함께한즉, 해를 보낸 나그네 마음이 어찌 깊이 감동하며 즐겨 따르지 아니리요?

다음해 계미癸未(1883)에 외무낭관外務郎官[4]에 뽑혀, 윤허하신 성은을 외람되게 받자오니, 감격하여 스스로 힘써 보답하고자 하는 뜻은 더욱 굳었으나, 나이가 많지 않고 학식이 미달함으로 감히 그 직職을 사양하고, 일동日東(일본)에서 견문한 것을 기록한 바를 편집하다가, 그 원고를 다른 사람이 소매에 넣어 가버려 오유烏有[5]로 화化한지라.

한숨 쉬며 탄식함을 이기지 못하더니, 이때에 합중국 전권공사가 내빙來聘하매, 우리나라가 보빙報聘하는 예를 의론하여 문무재덕文武才德(문과 무, 재주와 덕망)을 겸비한 인재를 구할새, 민공이 이 뽑힘을 받고, 나는 공을 따라 만리를 수행하니, 또한 유람을 위함이라. 그리고 그 나라 수도에 이르러 사신의 일을 완수하매, 공이 장차 복명復命할새, 나에게 머물러 탐구하는 책임을 주고, 이에 그 외무부에 부탁하여 보호하는 혜택을 구하니, 외무부가 또한 즐겨 공의 깊은 뜻에 감복하고 친목한 정을 느끼는지라. 내 생각건대 작고 어린 한 서생書生으로 학식은 나라를 빛내기 부족하며 재능은 남과 나란히 섬에 미치지 못함에도, 이에 감히 사신의 명을 받아 외국에 유학하는 이름을 지니니, 나의 영예는 매우 크나 만약 작은 성취가 없으면, 하나인즉 국가에 수치를 끼침이요, 둘인즉 공의 정중한 부탁을 욕되게 함이라. 이를 두려워하며 이를 경계하여, 언행을 스스로 삼가며 지기志氣(뜻과 기개)를 스스로 가다듬고, 근면하는 뜻을 더하여 닦아 나아가는 일을 기약할새, 그 나라의 사물을 알고자 함에 그 문자를 알지 못함이 불가하고, 그 문자를 알고자 함에 그 언어를 배우지 않으면 부득할지니, 이는 여러 해의 익힘을 따라 그 공功을 얻어 이룩하는 것이요, 며칠 안에 잠깐 효과를 보기 불능한 일이라.

---

4   외무를 담당하는 당하관. 통리교섭통상사무아문의 주사로 임명된 사실을 가리킴.

5   어찌 있겠느냐는 뜻으로, 있던 사물이 없게 되는 것.

마사주磨沙州(매사추세츠Massachusetts주) 학문 대가 모씨[6]에 나아가 그 가르침을 청하니, 대개 마사주는 합중국의 문물주인文物主人이라 칭하니 거장巨匠과 거벽巨擘(문장 및 학식이 뛰어난 사람)을 배출한 땅이라, 그곳 사람의 학술공예가 미주美洲(아메리카대륙)에 으뜸이다. 또 모씨는 훌륭한 재능과 넓은 학식이 미국 전체 학식의 통령의 자리에 거하여, 그 명성이 세상에 떠들썩하게 울린 자라. 나의 수업하는 차례를 가르쳐주어, 학교에 출입함에 여러 규정을 맡아 알려주며 또 그 집 안에 머무는 것을 허락하여 학술의 가르침이 매우 간곡하고, 친구들의 추축追逐(벗 사이에 서로 왕래하여 사귐)에 이르러도 문인학사와의 교제를 권고하는 고로, 지혜를 열어나가고 품성을 돕는 길에 그 도움이 적지 않았으니, 보는 바가 차라리 치우칠지언정 들떠 미덥지 못하다는 비웃음은 피하고, 듣는 바가 차라리 간략할지언정 거칠고 조잡하다는 폐단은 면하여, 그 말을 조금 알아듣고 그 풍속에 차츰 익숙해지매, 술 마시는 연회에 초대되고 가무歌舞 모임에 참관함을 얻어 그 한가히 즐기고 넉넉히 즐거워하는 풍습을 알고, 혼례와 장례의 의식절차를 살펴 길흉의 법도와 예절을 얻으며, 학교의 제도를 연구하여 교육하는 깊은 뜻을 엿보고, 농공상의 일을 견학하여 그 풍성한 형편과 편리한 규모를 탐색하며, 무비武備·문사文事(학문, 예술 따위에 관한 일)·법률·부세賦稅의 여러 규칙을 찾아 물어 그 나라 정치의 경개梗槩(요점)를 대강 이해한 연후에, 비로소 이에 크게 탄식하고 매우 두려워하여 가로되,

'민공이 나의 재주 없음을 천하게 여기지 아니하고 이 땅에 유학케 함은 그 뜻이 까닭이 있음이니, 나는 게으른 습성으로 세월을 소모함이 어찌 가하리요?'

하여, 듣는 것을 기록하고 본 것을 베끼고, 또 고금의 책에서 살펴본 것

---

6   毛氏, 일본 동경대에서 다윈의 진화론을 처음 소개한 미국의 동물학자 에드워드 모스 (Edward S. Morse, 1838~1925). 구당은 그의 개인지도를 받다가 더머학원(Governor Dummer Academy) 입학함.

을 모아 정리하여 한 질秩을 이루나, 학업을 닦느라 여가餘暇를 얻지 못하는 고로, 번다한 것을 산정하지 못하며 편차를 정하지 못하고, 상자 속에 묶어두어 귀국하는 날에 그 작업을 마치기로 스스로 기약하더니, 갑신甲申의 겨울을 당하여 강의실에서 문난問難(풀기 어려운 문제에 대해 의논함)하는 사이에, 학도 한 사람이 신문 쪽지를 들고 가로되,

"그대의 나라에 정변(갑신정변)이 났다"

하거늘, 놀라 안색이 바뀌어 기숙사에 돌아온즉, 때에 큰 눈이 뜨락 소나무를 누르고, 음산한 바람은 유리창을 때리니, 밤새 침상에 뒤척여 잠을 이루지 못하고, 고국 생각이 만리 바다를 격하여 왕래하되, 분문奔問(달려 가서 문안이나 위문을 드림)하는 도리를 펴지 못하고, 중간에 소식이 막연하매 마음속에서 우러나는 분개함이 밤낮으로 더욱 격해지나, 능히 떨쳐 날아가지 못함이 한이로다.

명년 을유乙酉(1885) 가을에 대서양의 풍도風濤(바람과 큰 물결)와 홍해의 찌는 듯한 더위를 넘고 지구를 둘러, 이 해 겨울에 제물포濟物浦(인천항)에 이르매, 이로부터 강석江石 한공韓公[공의 명은 규설奎卨이니 강석은 그 호라]의 집에 붙이니, 공은 뜻있는 군자라. 나의 저술하는 일을 돌보아, 정해丁亥(1887) 가을에 한가하고 외진 임정林亭[7]에 옮김을 허하거늘, 옛 원고를 펴서 조사하니 그 태반을 잃어버려 수년의 공이 '눈 위에 난 기러기 발자국'[8]을 지은지라. 남은 것을 편집하며 이미 잃은 것을 증보하여 20편의 책을 이루되, 우리 글과 한자를 섞어 쓰고, 문장의 체재를 꾸미지 않고, 속어 쓰기에 힘써 그 뜻을 달達하기로 위주하니, 원래 여러 해의 듣고 본 사실과 학습한 고된 공부를 모호하게 꾸며낸즉, 성글다는 비난을 피하기 어려우며, 착오한 잘못이 있기 또한 쉬우나, 그러나 비유하건대 산을 그림과 같아, 그림 그리는 일의 공교함와 졸렬함이 손놀림의 운용과 의장意匠(디자인 요소)

---

7 백록동(白鹿洞) 취운정(翠雲亭, 민영익 산장).
8 눈이 녹으면 기러기 발자국이 사라지듯 없어짐.

의 경영에 있으니, 참모습의 칠분七分에는 미치지 못해도, 오히려 그 우뚝하게 높은 것은 봉우리요, 가득 널린 것은 돌이며, 높고 높이 우거져 빽빽하며 짙고 옅으면서도 깊고 수려한 것은 초목이니, 때로 구름과 연기의 천변만화하는 모양을 점점이 이음은 뛰어난 화공畫工의 기량伎倆이라. 지금 무릇 이 책이 비록 서투르나 또한 이와 같을 따름이니, 산의 그림을 가리켜 산이라 이르매, 헛그림자를 가리킴이나 그 유래한 근본은 본디 있은즉, 이 책을 대하는 자가 또한 이와 같이 보면 가할지라.

책이 이미 이루어진 뒤 어느 날, 친구에게 보이고 그 비평을 구하니 친구 가로되,

"그대의 뜻은 참으로 갸륵하나, 우리 글과 한자를 혼용함이 문장가의 궤도를 벗어나, 눈을 갖춘 자의 비웃음을 면치 못하리로다."

내 응답하여 가로되,

"이는 그 까닭이 있으니, 하나는 말뜻의 평순함을 취하여 문자를 대략 아는 자라도 쉽게 알게 하기 위함이요. 둘은 내가 책을 읽음이 적어 작문하는 법에 미숙한 고로 기록하여 쓰기에 편이함을 위함이요. 셋은 우리나라 칠서언해七書諺解[9]의 법을 대략 본받아 자세히 밝힘을 위함이라. 또 우내宇內(천하)의 만방을 두루 돌아보건대, 각 나라의 언어가 특별히 다른 고로 문자가 또한 따라 같지 않으니, 대개 언어는 사람의 생각이 소리로 발發함이요, 문자는 사람의 생각이 형상形像으로 나타남이라. 이로써 언어와 문자는 나눈즉 둘이며 합한즉 하나니, 우리 글은 즉 우리 선왕조先王朝(선대의 임금)의 창조하신 인문이요, 한자는 중국과 통용하는 것이라. 나는 오히려 또 우리 글을 전용하기 불능함을 탄식하노니, 외국인의 교제를 이미 허하매 국중인國中人(나라 안 사람)이 상하·귀천·부인·아이를 물론하고 그들의 정형情形을 알지 못함이 불가한즉, 서툴고 어려운 문자로 얼크러진 이야기를

---

9   사서(四書)와 삼경(三經)을 한글로 풀이한 책. 조선 선조 18년(1585)에 왕명에 따라 교정청(校正廳)을 설치하고 칠서를 번역, 1588년에 완성하여 간행했다. 54권 30책.

지어 실정의 어긋남이 있기보다는, 창달한 글뜻과 쉬운 말뜻에 의거하여, 참모습의 상황을 드러내기에 힘씀이 가하니, 우리나라 사람의 열람을 위하여 민공閔公이 나의 유학遊學 및 기록을 명命함인즉, 나는 이 책의 이룸을 말미암아 공의 부탁을 저버리지 않음을 심히 다행하노라."

친구 가로되,

"알겠네. 그런데, 그대의 말이 혹 가할 듯하나, 사람들이 어떻다 이를지, 뒤에 올 공정한 논의를 기다림이 가할 듯하다" 하더라.

개국 498년 기축己丑(1889) 늦은 봄에 유길준은 자서自敍하노라.

방국의 권리[10]

1. 무릇 방국邦國[11]은 일족一族[12]의 인민이 일방一方의 산천에 할거割據하여 정부를 건설하고 다른 나라의 관할을 받지 않는 것이니, 그런고로 그 나라의 최상위를 점한 자는 그 군주며, 가장 큰 권력을 잡은 자도 그 군주라. 그 인민은 그 군주를 좇아 섬기며 그 정부를 순순히 따라 일국一國의 체모를 지키고 모든 백성의 안녕을 유지하나니, 일국을 비하건대 일가一家와 같아, 그 집의 사무는 그 집이 자주하여 다른 집의 간섭함을 불허하고, 또 일인一人과 같아 그 사람의 행동거지는 그 사람이 자유하여 타인의 지휘를 받지 않음과 꼭 그대로이니, 방국의 권리도 또한 그런지라. 이 권리는 이종二種에 나누어, 첫째는 내용內用(안에서 씀)하는 주권이니 국중의 일체 정치 및 법령이 그 정부의 입헌을 스스로 지킴이요. 둘째는 외행外行(밖으로 행사

---

10 제3편에서 '양절체제'라는 열쇳말을 제시한 첫 논설 '방국의 권리'만 번역함.

11 "'방'이 국가와 국가의 관계 설정에서 사용된다면, '국'은 정부와 인민 혹은 국가와 인민이라는 관계 설정에서 사용된다. '방'이 서야만 '국'이 제대로 기능할 수 있다." 장인성, 앞의 책 212면.

12 조상이 같은 겨레붙이. 또는 같은 조상의 친척.

함)하는 주권이니 독립과 평등의 원리로 외국의 교섭을 지킴이라. 이로 말미암아 일국의 주권은 형세의 강약과 기원起源의 좋고 나쁨이며 토지의 대소와 인민의 다과多寡를 논하지 않고, 단지 그 내외관계의 참된 형상을 의거하여 단정하나니, 천하의 어떤 나라든지 다른 나라가 똑같이 지닌 권리를 침범하지 않을 때는, 그 독립자수自守하는 기초로 그 주권의 권리를 스스로 행한즉, 각방各邦의 권리는 상관된 직분의 동일한 경상景像을 말미암아, 그 덕행 및 습관의 제한을 세움이라. 이처럼 방국에 귀속하는 권리는 나라의 나라 되는 도리를 위하여 그 현 체제의 긴절한 요체이니, 이 때문에 이를 입본立本한 권리라 이르는 것이라. 지금 이 입본한 권리를 매거하건대,

제1, 현 체제를 보존하고 스스로 지키는 권리니, 이를 따라 나오는 것은
　　갑, 신왕伸枉[13]하는 권리: 화평한 조정과 판리辦理(판별하여 처리함)와 상호양보며, 평화를 권함과 전결專決이며, 또 면의面議(얼굴을 마주보고 논의함)와 국회의 도道를 따라 임의로 행함.
　　을, 보응報應(상대국이 우리나라를 대하는 똑같은 방식으로 대응함)하는 권리
　　병, 공격에 답하는 권리
　　정, 서로 다투는 물건을 잡아두는 권리
　　무, 간여해서 처리하는 권리
　　기, 선전宣戰과 결화決和(평화를 결정함)하는 권리
제2, 독립하는 권리니, 평균平均(서로 균등함)과 경중敬重(공경하여 소중히 함)하는 권리를 포함
　제3, 산업[토지]의 권리
　제4, 입법하는 권리
　제5, 교섭과 사신 파견과 통상의 권리

13　굽힌 것을 펴는 것, 곧 타국으로부터 부당한 일을 당할 때 해결함.

제6, 강화講和와 조약 체결하는 권리

제7, 중립하는 권리

2. 무릇 현 체제를 보존하고 스스로 지키는 권리는 즉 자수自守하는 방도
니, 국중 인민의 보동普同[14]한 직책이라. 각 권리 중에 가장 중한 고로 마음
을 같이하며 힘을 합쳐 정부의 방향과 능력을 좇아서 받듦이 가하고, 독립
하는 권리는 국가의 지위 및 명성의 실상과 관계가 있어 만국의 평균한 예
수禮數(명성이나 지위에 알맞은 예의와 대우)와 경중敬重하는 대우를 서로 행하는
고로, 자중自重하는 의사意思로 불굴하는 기개를 지켜 다른 나라의 치욕과
모멸을 받지 말아야 함이 가하고, 산업의 권리는 전국의 바닷가 및 산천 물
산을 보호하여 지키는 방도라. 적확한 바른 도리를 스스로 지켜 타인의 침
범을 받지 않음이 가하고, 법하는 권리는 국중의 일체 정령政令과 법도法度
가 그 폐혁廢革(폐지하여 없앰) 및 시행은 모두 자기의 장악掌握에 있어 타인
의 간섭하는 것 아니니, 자주하는 위세와 권력을 잡아 다른 나라의 넘봄을
불허함이 가하고, 교섭·사신 파견 및 통상의 권리는 방국의 교제하는 도를
세우고 인민의 이익利益한 본本을 세우되, 자기의 편부便否(편한지 아닌지)를
따라 시기時機의 취사取舍를 행하며, 다른 나라의 지휘 및 간섭을 용납하지
않음이 가하고, 강화 및 결약하는 권리는 자기의 사정 및 시세時勢와 지위
및 방편의 여하如何를 말미암아, 그 행불행行不行을 스스로 헤아리는 전결
에 있고, 중립하는 권리는 자수하는 방략으로, 다른 나라의 시비를 간섭하
지 않고 좋아하고 싫어하는 편심偏心(한쪽으로 쏠린 마음)을 행하지 않아, 서
로 사이가 좋은 나라와 교제하는 도를 유지함이라.

3. 이는 방국이 스스로 가진 권리니, 그 하나라도 빠진즉 나라가 나라 되

---

14   누구나 함께 참여함. 불교용어.

기 불능하며 또 불가한지라. 지금 무릇 세계의 광대함을 들어 한 향리에 비比한즉, 각 한 모퉁이를 점거한 여러 나라는 같은 마을에 담이 서로 접한 여러 집과 같은 것이라. 비린比隣(담을 나란히 한 이웃)의 경황은 우애하는 신의를 맺으며 도움을 주는 편리를 통하여 인세人世(사람이 사는 세상)의 광경을 조성하나니, 물物의 가지런하지 않음으로 여러 사람의 강약과 빈부는 필연 그 차이가 있을지나, 각기 일가의 문호를 세워 평균한 지위를 지킴은 국법의 공도로 사람의 권리를 보호함이니, 방국의 교제도 또한 공법으로 통제하여 천지의 치우침없는 바른 도리로 일시一視(모두를 평등하게 보아 차별하지 않음)하는 도를 행한즉, 대국도 일국이오 소국도 일국이라, 나라 위에 나라가 다시 없고 나라 아래에 나라 또한 없어, 일국의 나라 되는 권리는 피차 같은 지위로 추호의 차이가 발생하지 않는지라. 이로써 여러 나라가 벗으로 화평한 뜻으로 평균한 예를 써, 약관約款[15]을 서로 교환하며 사절을 서로 파견하여 강약의 분별을 세우지 않고, 그 권리를 서로 지켜 감히 침범하지 않으니, 다른 나라의 권리를 공경치 않으면 이는 자기의 권리를 스스로 훼손함인 고로, 스스로 지키는 도에 근신하는 자는 타인의 주권을 해치지 않는 연유라.

4. 그러나 나라의 대소와 강약을 말미암아, 그 형세의 부적不敵(대등하지 않음)함이 발생하는 고로, 때로 강대국이 공도를 돌아보지 않고 그 힘을 자기 마음대로 하는지라, 약소국이 그 자보하는 도를 위하여 다른 나라의 보호를 받으니 이는 수호국守護國이요, 또 혹 다른 나라에 공물貢物(조공하는 물품)을 증여하여 혹 예부터 전하는 약장約章(약속한 법)을 따르며, 혹 새로 맺은 조관條款(조목)을 의거하여 그 침탈한 토지를 요구하여 돌려받으며 뒤에 올 공격을 면하니 이는 증공국贈貢國이라. 이 이자二者의 권리는 그 주권

---

15   법률 계약의 당사자가 다수의 상대편과 계약을 체결하기 위하여 일정한 형식에 의하여 미리
      마련한 계약의 내용.

의 확보한 한도를 말미암는 고로, 독립주권국의 향유한 권리를 실시實施하여 수호修好(나라와 나라가 서로 사이좋게 지냄), 항해 및 통상 여러 조약을 자결自決한즉, 수호 및 증공하는 관계로는 그 주권 및 독립권이 털끝의 줄어듦도 없으니, 이는 공법의 확단선재確斷善裁[16]한 규범으로, 주권국의 체제 및 책임을 논변論辯한 말을 따라, 그 현실의 경상을 분명히 정함이 가한지라. 고금의 여러 공법 대가가 가로되,

"여하한 방국과 인민이든지 그 국헌國憲의 체제 및 품례品例[17]의 여하함을 불관不關하고, 그 나라를 스스로 관할하는 것은 주권독립국이니, 주권은 일국을 관제管制하는 최대권이다. 내외에 실시함을 얻어 내시內施하는 주권은 그 나라의 대법大法과 원리를 말미암아 인민에게 주어지며 또 주치자主治者에게 위임하고, 외시外施하는 주권은 일국 정치의 독립이 각국의 정치를 상대하고 이를 말미암아 평화와 전쟁 사이에 그 교섭하는 관계를 보유하는 것"[18]이라 하니,

대체 외치外治와 내교內交를 자주自主하고 외국의 지휘를 받지 않는 것은 정당한 독립국이라. 주권국의 열列에 두지 않으면 불가하니, 그 독립 주권의 명확한 증거는, 다른 주권독립국과 동등의 수호·통상 여러 조약을 의정議定함이며, 사신을 파견하고 맞이함이며, 화친 및 교전의 선고를 스스로 행함이니, 이는 주권에 부착하는 적합한 권리라. 일국이 이를 지녔을 때는 독립국의 한 자리를 점거하고, 없는 것은 그 약장의 관계를 살펴 반半독립국 혹 속국의 열에 돌아감이라.

5. 설혹 약소국이 급박한 경우를 당하여, 그 내외 사무에 때로 다른 나라

---

16 확정하여 결단하고 찬동하여 결정함.

17 '체제'는 '성격'(character), '품례'는 '형식'(form)의 번역어. 장인성, 앞의 책 223면.

18 이 대목은 묄렌덕의 후임으로 1886년 내한하여 대한제국 외교에 자문한 미국의 법률가 데니(Owen N. Denny, 1838~1900)의 『청한론』(China and Korea, 1888)에 의거한바, 그는 조선속방론을 강하게 비판했다. 장인성, 앞의 책 222~24면.

의 명령을 복종하며 권력을 허용하여도, 그 주권은 훼손을 받지 않나니, 이러한 정형으로는 다른 나라의 간섭을 말미암아 일시의 정당한 동요가 있을 따름이라. 근세의 공법 학사가 이르되,

"약소국이 그 독립을 보존함은 강대국의 뜻을 좇아 그 잠식하는 침략을 두려워하는 것이라. 이를 두려워하는 고로 그 분명한 말 혹 암시하는 일시의 명령을 복종하나, 그러나 그 명령과 복종이 드문 것이니, 이를 말미암아는 강대국이 약소국을 통할하는 권력도 발생하지 않고, 약소국이 강대국에 부속하는 관계도 일어나지 않는지라. 또 명령함과 복종함은 고사하고, 강대국은 항상 높고 귀하며 약소국은 항상 낮고 버금이어도, 약소국이 또한 하나의 독립 주권의 정치라. 강대국이 통할권의 쥐어가짐이 불능하여, 약소국에 명령하는 정례正例[19]도 없고 또 복종하는 정례도 없는즉, 약소국이 비록 그 독립을 보수하기와 방비하기 불능하여도, 사실과 습관[20]으로 강대국에 부속함이 없다" 하니,

6. 이로 말미암아 보건대, 권리는 천연한 정리正理며 형세는 인위하는(인위적인) 강력剛力이라. 약소국이 원래 강대국을 향하여 방자히 거스르는 강력이 없고, 단지 그 스스로 가진 권리를 지키기에 겨를이 없은즉, 강대국이 자기의 유족한 형세를 멋대로 써 약소국의 적당한 정리正理를 침탈함은 불의한 폭거며 무도한 악습이니, 공법이 불허하는 것이라.

7. 사람이 혹 시세에 통달하지 못하며 공법에 몽매하여, 증공국과 속국의 분별을 세우지 못하고 증공하는 관계를 들어 속방의 지위로 자처하는 자도 있으니, 어떤 사람이 그 임금을 사랑하지 않으며, 그 나라를 존중하지 않으리요마는, 시세의 대국大局에 익숙하지 않아 지나치게 공손한 예의와

---

19   원문은 habit. 장인성, 앞의 책 221면.
20   원문은 practice, 같은 곳.

법도로 자보하는 책략을 짓는 연유라. 약소한 형세를 스스로 헤아려 두렵고 겁내는 극단의 지경에 이름으로, 분발하는 마음의 힘이 싹트지 않고 분노하는 의기意氣를 스스로 삼키니, 그 근본을 추상한즉, 또한 충애忠愛하는 고심苦心에서 나와, 딱하게 여길 것이 이 사람이며 존경해 감복할 것도 이 사람이로되, 국가의 권리는 사리에 꼭 들어맞는 품례品例와 명확한 조리가 스스로 있어, 가혹한 대우를 받아도 훼손되지 않으며 핍박한 복종을 지어도 거리낄 바 없으니, 굳게 지켜 잃지 않음과 극히 신중하여 자수自守함이, 국인의 공동한 도리며 정부의 최대한 직책이라. 권리를 한번 잃으면, 방국의 이름은 비록 있으나 텅빈 껍데기로 되어 자유하는 행동이 불능하여, 나라의 나라 되는 체모를 훼상하고 만방의 교섭을 스스로 끊게 될 것이라. 완고한 습기習氣[21]를 벗어나지 못하여 허망한 의론을 스스로 방자하는 자는, 막대한 욕을 임금과 나라에 끼쳐 피하기 어려운 죄를 범함이니, 대개 속방은 그 섬기는 나라의 정령 제도를 한결같이 준수하여 내외 제반 사무에 자주하는 권리가 전무하고, 증공국은 강대국의 침략을 면하기 위하여 부적不敵한 형세를 스스로 생각하고, 비록 본심에 불합하여도, 약장을 준수하여 공물을 증여하고, 그 향유한 권리와 한도로 독립주권을 얻음이라. 이 때문에 증공국이 여러 다른 독립국이 보유한 여러 권리를 행할진대, 세계 중의 당당한 한 독립주권국이니, 속국은 조약을 맺는 권리가 없거늘 증공국은 다른 독립주권국과 동등의 수호, 항해 및 통상 여러 조약을 의정하며, 속국은 영사 및 무역사무관 외에 총영사도 파출하는 권리가 없거늘, 증공국은 그 맺은 약관을 따라, 조약을 체결한 여러 나라에 각급 사절을 파견하고 교전 및 결화를 선고하는 권리가 있되 속국은 이것이 없고, 증공국은 이웃 나라가 군사를 일으킬 때를 당하여 중립하는 권리가 있되, 속국은 그 섬기는 나라를 향하여 이 권리가 없으며, 증공국은 그 수공국受貢國과 사절 및 영

---

21   습관으로 형성된 기운이나 습성이란 뜻의 불교 용어.

사를 상호 파견하는 권리가 있되, 속국은 그 섬기는 나라를 대하여 이 권리가 없으니, 이 여러 조목은 그 같고 다름이 현격하게 동떨어져 있음인즉, 만국공법은 방국의 발달하는 사태를 파악하며, 또 약국弱國의 권리를 보위하여 주권을 일치一致(만국의 주권이 같게 함)에 돌아가게 하는 것이라.

8. 공법에 밝은 학사가 가로되, "속국은 현세現世에 맞지 않는 명칭이라"[22] 하니, 이 뜻은, 일국의 체제를 세운 자가 비록 약소하여도, 강대한 자의 형세로 통합하는 권리가 없음을 가리킴이라. 설령 약국이 강국의 사나운 공갈과 난폭한 핍박을 말미암아, 그 자보하는 길로 옛날에 없던 속국의 체제를 일시 자인自認함이 있어도, 이를 말미암아는 그 완전한 권리를 잃지 않나니, 위협하는 아래에 스스로 수긍하는 승인은 없으며, 또한 그 승인은 합법한 거조擧措 아닌 고로, 백번의 승인을 강요하여도, 일조一條의 공법으로 말소하는 것이라. 지금 이에 한 사람이 있어 강포한 자의 위협을 당하여, 그 목숨의 위급이 박두함으로 그 가산家産 넘기는 증서를 만들매, 그 증서의 형식이 완전한 법식을 갖춰도, 후일 그 증서를 조사해 원래 본인의 진의에서 나오지 않고 일시 목숨의 위해를 말미암아 부득이 허락한 증거가 나타날 때는, 그 증서가 한 조각 폐지廢紙에 돌아갈 따름이라.

국법은 한 나라 안에 행하여 각인이 더불어 살아가는 권리를 보수하고, 공법은 천하에 행하여 각국의 상여相與하는 권리를 유지하나니, 진정한 공도公道는 대소의 구분과 강약의 변별로 같고 다름을 세우지 않음이요, 또 혹 약국 정부의 관리가 여하한 때에 여하한 일로 강국을 향하여 속방의 체제를 자인하든지, 이는 그 사람의 무식한 망동이라 증거도 없으며 준거도 없으니, 일국의 권리는 한만汗漫(되는 대로 내버려두고 등한함)한 언사로 동요하는 것 아닐뿐더러, 천만인의 함께 지키는 주권이 한 사람의 사단私斷(개

---

22   데니 『청한론』, 장인성, 앞의 책 234면에서 재인용.

인의 판단)으로 결정되기 불능함은 사리와 형세의 밝고 바름인즉, 하나의 비유를 설設하건대, 남의 집에 고용된 자가 그 주인의 지휘와 명령이 없는데, 타인을 대하여 그 주인집의 사무를 멋대로 처리한다면, 본래 그 판별하여 처리하는 권리를 가지지 않은즉, 그 의론해 처리한 사무는 주인의 승인을 얻지 못한 것이어서, 타인도 그 고용의 허무함을 비웃을지니, 그런고로 방국의 권리는 위협과 사단私斷으로 움직여 옮김이 불능한 것이라.

9. 무릇 나라는 그 처지와 형세를 스스로 앎이 귀하니, 약국이 불행한 사정으로 강국에 증공하는 관계가 한번 있은즉, 양국 간의 교섭하는 예도와 법례를 정하여, 강국이 수공受貢하는 권리를 보유하고 공법의 승인으로 그 기초를 확립하여, 다른 나라의 간여와 간섭을 허용하지 않는지라. 이 때문에 증공국과 수공국이 회의하여 조공을 폐지하는 약관을 맺기 전에는, 증공국이 그 공貢을 증여하지 않으면 이는 옛 약관을 준수하지 않음이니, 무릇 약장의 위배는 신의를 훼손하여 공법이 취하지 않는 것이라. 수공국이 간과干戈를 움직여 그 조공 폐지하는 죄를 물어도 천하에 할 말이 있거니와, 만약 증공국이 구래의 약관을 삼가 닦아 수공하는 신의를 폐기하지 않는 때는, 수공국이 기타 권리를 침탈함이 불가하니, 무릇 공물의 증여는 약국이 그 권리를 보존하기 위하여, 이것으로 그것을 바꾸는 뜻에서 나온 것이라. 또한 하나의 명확한 증거를 의거하여 나의 공물을 받고 나의 권리를 침범치 않는 대지大旨(글이나 말의 대략적인 뜻)로 강약국이 서로 인정하는 약장이니, 만약 그 공물을 받고 또 그 권리를 침범하려 하면, 이는 또한 수공국이 분명히 체결한 약장의 대지大旨를 저버리고, 그 강대한 형세를 스스로 방자함이로되, 증공국은 본래 처지의 부적不敵으로 이와 같은 관계를 이룸인즉, 그 불공정한 학대와 무례한 폭거를 시기하고 미워하여, 그 마음에 즐겁지 않아도 그 지휘를 때로 억지로 따라 자보하는 계책을 짓나니, 이로써 그 권리에는 영향이 미치지 못하여 자여自如(보통 때처럼 침착함)한 모습

을 지탱하여 보존함이요. 또 강국의 횡포한 거조는, 천하의 이목을 꺼리며 공법의 제재를 두려워하여, 내숭스러운 명령으로 위협하고 핍박하는 습성을 행하고 밝게 드러날 예의를 따라 조종하는 개입은 감히 하지 못하는 바이니, 속국의 관계가 있는 자라도 그 섬기는 상국上國이 그 하국下國의 자유自由하는 권리를 침탈하여 잔인한 조치와 가혹한 대우를 자행하기 태심太甚(너무 심하다)한즉, 천하의 공도가 이를 불허하는 고로, 지난날 구라파주의 여러 대국이 희랍을 원조하여 토이기를 정토征討하고, 이어서 이 양국 간의 부속附屬하는 관계를 영구히 끊고, 토이기를 다그쳐 희랍의 독립을 승인함이라.[23]

10. 공물을 주고받는 관계로는 방국의 권리를 논하지 않는 고로, 수공국과 동등의 조약을 맺는 여러 나라가 또한 증공국에 평등한 의례를 행하여 동등의 조약을 맺나니, 만약 증공하는 일사一事를 인하여 내치외교의 여러 권리를 잃을진대, 이는 권리 없는 증공국이라, 속국과 다르지 않으니, 속방 같은 증공국과 천하에 자존하는 여러 나라가 어찌 서로 존경하는 동등약同等約(동등한 조약)을 맺기를 즐기리요? 이를 말미암아 논하건대, 증공국과 수공국의 관계는 형세의 분별함이요 권리의 다소를 정함이 아닌즉, 증공국이 수공국을 대하여 스스로 낮추는 이름을 칭하더라도 이는 대등한 예로써 호의를 표시함이니, 수공국이 이를 들어 더욱 높은 지위로 자처하고 권리의 차등을 구별하면, 허명虛名을 높이고 참된 도리를 버림이라. 참된 도리는 허명의 요동을 받지 않을뿐더러, 천하의 존귀한 독립주권의 여러 대국과 수공국도 동등약을 맺고 증공국도 동등약을 맺은즉, 수공국의 동등약국同等約國이 증공국의 동등약국이요, 증공국의 동등약국이 수공국의 동등약국이라. 이 여러 나라는 수공국도 동등의 우방으로 대접하고 증공

23　1822년 독립을 선언한 그리스를 오스만투르크가 탄압하자 러시아와 영국 등이 나서 마침내 1829년 그리스 독립을 국제적으로 승인한 일. 그리스독립전쟁.

국도 동등의 우방으로 접대하여, 존비의 예와 고하高下의 서序를 세우지 않으리니, 수공국의 지위가 증공국의 위에 처하여 만약 이처럼 자존할진대, 어떻게 증공국의 동등 우방과 동등예를 행하며 동등약을 맺으리요? 그 세勢가 증공국으로 하여금 여러 나라의 동등약을 사절케 함이 가할까? 가로되 불가라. 여러 나라에 간청하여 증공국의 동등약을 말소함이 가할까? 가로되 불가라.

증공국과 여러 나라의 동등약은 각기 수호修好하는 관계로 체결하는 권리를 가짐이요, 증공국이 홀로 행하는 것 아닌즉, 다른 나라와 화친을 맺어 우애함과 통상하는 이익을 간섭하고 막음은 불능하여, 분명한 말 혹은 몰래 내리는 명령으로 강제하는 위협을 멋대로 자행하기는 극히 어려울뿐더러, 여러 나라 중 스스로 높이는 나라는 타인의 입술을 바라보고 턱으로 가리켜 시키는 것을 따르지 않고, 공법을 들어 무례한 죄를 꾸짖을지니, 그런즉 어찌하오? 수공국이 그 자존하는 지위를 위하여, 여러 나라의 동등약을 사절辭絶하고, 이미 파견한 사신을 교체하여 돌아오게 하며, 이미 연 항구를 폐쇄하여 만국의 사이에 오연傲然히 홀로 처함이 가할까? 가로되 이 또한 불가하니, 자기의 이익에 손실을 끼치고 타인의 우호를 잃어 위난의 기틀을 스스로 유발함이라. 수공국이 그런즉 여러 나라를 향하여 동등의 예도禮度를 행하고 증공국을 대하여 독존한 체모를 멋대로 하리니, 이는 증공국의 체제가 수공국 및 여러 타국을 향하여 앞뒤의 양절兩截이요. 수공국의 체제도 증공국 및 여러 타국을 대하여 또한 앞뒤의 양절이라. 여러 나라가 수공국 및 증공국의 양절체제를 하나로 봄은 무슨 까닭이요? 형세의 강약은 돌아보지 않고 단지 권리의 유무만 따지나니, 강국의 망령된 높임은 공법의 조롱이 저절로 따르고, 약국의 수모는 공법의 보호가 있는지라. 그런고로, 이처럼 한결같지 않은 편벽됨은 공법이 행하지 않음으로 약자가 스스로 지키는 도니, 강자가 자행恣行하는 교만한 버릇을 조성하기 위하여는 공법의 일조一條도 두지 않음이라.

11. 때로 수공국의 인민이 그 나라의 자존하는 체제를 망령되이 사용하여 증공국을 깔봐, 그 국법을 법으로 여기지 아니하고 그 국례國禮를 예로 삼지 않아 받들어 따르는 경의敬意가 전혀 없고, 심한 것은 그 몸이 수공국의 관작 혹은 사절의 이름을 띤즉, 증공국의 군주에게 동등의 예를 함부로 행하니, 무릇 강국의 군君도 군이오, 약국의 군도 군이라. 일국의 위에 서 지존한 지위에 거居하며, 최대한 권을 잡아, 정치의 베풂과 법령의 체제는 피차의 다름이 없거늘, 이에 저 나라의 정치와 법령을 받들어 행하는 신자臣子가 이 나라의 정치와 법령을 주재하는 군주와 동등의 예를 겨루면, 이를 가히 합당하다 이를까? 극도의 무엄에 달하여 불경不敬이 큰 것이라. 증공국 군주가 동등약국의 군주를 향하여는, 이처럼 불법한 행동을 방자하기 불감하리니, 이 여러 나라의 군주는 또 수공국의 군주와 동등의 예를 행한즉, 증공국의 군주는 이에 수공국 신민이 섬기는 군주와 우호하는 동등약국 군주로 더불어 우호하는 동등약국 군주라. 그런고로 증공국의 군주는 즉 수공국 군주가 경례하는 우인友人의 또한 경례하는 우인이라. 우인의 우인은 즉 자기의 우인과 같으니, 어째서인고? 그 사람을 벗할진대 그 사람의 벗도 또한 벗이라. 그런즉 수공국 군주가 증공국 군주에게 동등의 예를 불허不許함이 즉 우인의 벗을 존경하지 않음이니, 만국의 품례에 불합하는 것이어늘, 하물며 그 신민의 무례함을 어느 누가 가로되 가하다 하리요? 이는 자기의 섬기는 군주에게 불경不敬을 더함과 다름없으니, 사람을 사랑하는 자는 그 사람의 벗도 또한 사랑하거든, 그 군주를 존경하는 자가 그 군주의 벗을 불경함이 가할까? 예를 아는 자는 이처럼 지나친 악행이 반드시 없음이라.

12. 외교하는 권리는 내치하는 제도를 말미암아 방책과 형세가 세워지나니, 인민의 지식이 고명하며 국가의 법령이 평균하여 각인의 일인一人

권리를 보호한 연후에, 만민이 각각 지닌 의기意氣를 들어 일국의 권리를 지키는지라. 인민이 권리의 중대함을 알지 못한즉, 타국의 침범을 보아도 분격한 노기가 일지 않나니, 정부의 두세 관리가 비록 그 심력心力을 들여 지키는 도를 극히 준비하여도, 영향의 응답이 없어 그 효과의 실행이 막연한지라. 옛말에 이르되,

"사람이 많으면, 하늘도 이긴다" 하니,

전국의 인민이 각기 나라의 무거움으로 자임하여 우뚝 솟은 산 같은 기세를 이룬즉, 천하에 이를 꺾어 막을 자가 어찌 있으리요? 이 때문에 인민의 지식을 요要하나니, 지식은 교육 아니면 세울 수 없는 것이라. 이에 교육하는 규모를 밝고 바르게 하여 권리의 본을 가르침이어니와, 법률이 밝지 않은즉 인민이 그 권리를 서로 침범하여 일국의 권리를 함께 지키기는 고사하고, 이를 말미암아 타방의 침략을 받되 방어하기 불능할뿐더러, 그 모멸당할 계제를 오히려 만드는지라. 이 때문에 국가의 법령은 엄격히 밝히기를 구하나니, 이는 귀천과 빈부를 물론하고 일시一視(평등하게 봄)하는 공도를 행하는 것을 벗어나지 않는지라. 이에 법률의 공도를 지키기를 힘써 권리의 쓸모를 정하니, 이를 말미암아 논하건대, 교육과 법률이 곧 방국의 권리를 보수하는 대본大本이라.

인민의 권리[24]

1. 무릇 인민의 권리는 그 자유自由와 통의通義[25]를 이름이라. 지금 그 자

24　제4편의 첫 논설만 수록함. 후꾸자와 유끼찌의 『서양사정』이 저본이지만 구당의 독자적 재구성이 빛나는 장이다. 장인성, 앞의 책 274면.

25　후꾸자와는 right를 '통의'로 역한바, 구당은 "세상에서 널리 통하는 정의와 도리"를 가리키는 맹자의 '통의'도 포섭한다. 장인성, 앞의 책, 285면.

유 및 통의를 풀건대, 자유는 그 마음이 좋아하는 바대로 어떤 일이든지 따라 하더라도, 굽히거나 거리끼는 생각이 없음을 이름이로되, 결단코 임의로 방탕하는 취지 아니며, 법을 어기고 마음대로 행하는 거조 아니요, 또 타인의 형편은 돌아보지 않고 자기의 이익과 욕심을 멋대로 부리는 생각도 아니라. 이에 국가의 법률을 존경하여 받들고, 정직한 도리를 스스로 지녀, 자기가 마땅히 할 인세人世의 직분으로, 타인을 방해하지도 말며 타인의 방해도 받지 말고, 그 하고자 하는 바는 자유하는 권리며, 통의는 한 마디로 총괄하여 가로되, 당연한 정리正理라. 지금에 몇 가지 예를 들건대, 가령 관직을 받드는 자는 그 책임을 행하기에 상당한 직권을 보유함이 그 당연한 정리며, 가택을 소유한 자가 주인의 명실名實을 갖추어 자기의 것이라 칭함이 또한 당연한 정리며, 돈을 타인에게 빌려준 자가 그 갚기로 약속한 이자를 요구함과, 논밭을 타인에게 빌려준 자가 그 수확의 몫을 요구함이 또한 이 당연한 정리니, 천만 사물에 그 당연한 도를 지켜 고유한 상경常經(사람이 마땅히 지켜야 할 올바른 도리)을 잃지 않고 상응한 직분을 스스로 지킴이 곧 통의의 권리라. 바로 이와 같은 자유와 통의의 권리는 보천솔토普天率土[26] 억조 인민이 모두 가져 함께 누리는 것이니, 각인이 각기 일신의 권리는 그 태어남과 함께 태어나, 얽매임 없이 독립하는 정신으로 무리한 속박을 당하지 않고 공정하지 않은 장애를 받지 않는 고로, 옛 사람이 이르되,

"일신을 자유하여 스스로 지킴은 천만인의 보편적 천성이니, 명리부귀名利富貴(명예와 이익과 부와 높은 지위)에 비할 것 아니라" 하며,

또 합중국에 유명한 후란길인[27]씨가 가로되,

"내 몸의 집은 정해진 곳이 없어, 자유가 존재하는 바의 곳이 즉 나의 거

---

26   온 하늘의 아래와 온 땅의 끝이라는 뜻, 곧 온 세상.

27   厚蘭吉仁, 벤저민 프랭클린(Benjamin Franklin, 1706~90), 미국 건국의 아버지의 하나. 계몽 사상가요 과학자요 교육자로 펜실베이니아대학을 세움.

소라" 하니,

무릇 자유의 보존함이 실로 통의의 보람이라. 통의가 인신人身에 있어 천연과 인위의 분별이 있으니, 천연이라 이름은 하늘이 준 대로 흔들어 고침이 없음이요. 인위라 이름은 사람의 지혜로써 법률을 세우고, 이를 따라 진퇴하는 것이어니와, 또 이 통의를 상세히 논함에 유계有係와 무계無係의 구역이 있어, 무계의 통의는 일인의 몸에 속하여 다른 관계가 다시 없는 것이며, 유계의 통의는 세속에 살면서 세인을 사귀어 서로 관계하는 것이라.

2. 이와 같은 고로, 무계한 통의는 사람의 천부天賦에 속하니, 천하의 사람에 어떤 사람이든지를 막론하고 세속 안에 거居하여 교제를 행하는 자와 세속 밖에 처하여 홀로 짝이 없는 자라도 가히 도달하는 정리正理나, 그러나 유계한 통의는 그 뜻이 대략 다른지라, 사람이 만든 법률로 윽박질러 사람으로 하여금 반드시 지키도록 함은 불가하되, 단 법률의 본뜻은 사람의 행동거지를 바로잡는 것인즉, 비록 각인 일신의 직분에는 관계가 없어도 세속 교제의 직분은 간섭함이 가한 것이니, 설령 이에 한 사람이 있어 그 마음이 자포자기하고 그 행동이 아무 거리낌없이 사치하되, 그 악惡이 자기 일신에 그쳐 세상 다스리는 모범을 해치지 않은즉, 법률이 여하히 밝게 살피든지 그 죄의 원인을 벌함이 불가하되, 곤드레만드레 취해도 싫증 내지 않고 고래처럼 마셔대 길 위에 고꾸라지는 광경을 보이는 자는, 비록 그 사람이 자기의 일신을 해치고 타인의 방해를 끼치지 않은 듯하나, 그 거동이 세간에 이미 그렇게 공공연히 드러난 때는 나쁜 풍기를 흘리며 인심을 꼬여, 사람 세상의 일반 폐단을 양성하기 용이한 고로, 법률의 권한을 빌려 막지 않을 수 없으니, 이를 말미암아 본즉, 각인의 맡은 직분을 그 중지함도, 공사公私의 구분이 있어 법률이 베푸는 한계를 세움이나, 그러나 이는 인생의 직분에 비유를 베푼 의론이니, 통의에 이르르는 이와 또한 다른지라. 인생의 통의는 한 사람의 무계無係한 몸으로 말하든지 세속 교제

의 유계有係한 몸으로 비유하든지, 공사의 구별이 없고 그 통의는 반드시 그 사람에게 속하여 외물에 움직이지 않는 것이라.

3. 인생의 무계無係한 통의를 논한즉, 그 조목이 비록 많으나, 그러나 그 강령을 먼저 들어 명분과 의리를 정하면, 즉 인생의 천부한 자유라. 자유는 우리 마음의 좋아하는 바를 따라 일을 행함을 이름이니, 그 일을 행하기는 천지의 정리正理를 따라 취사取捨하는 외에는 기타 어떤 까닭이 있든지, 추호라도 속박함을 받지 않을지며 굽힘이 또한 없을지로되, 사람이 이미 그렇게 세상에 처하여 인간의 교제가 있는 때는, 이 교제하는 도를 말미암아 받는 바 혜택과 이익이 또한 큰지라. 이를 갚기 위하여 그 천부한 일신의 자유를 어지간히 양보함이 없으면 불가하니, 일신의 자유, 일부를 양보해 사람 세상의 법도를 순종하여 그 혜택을 입어 피차의 교역을 행함과 같은 것이라. 대범 사람이 대소의 구분과 경중의 분별을 깨닫는 자는 자기 일신의 사욕을 따르기 위하여 위력을 망령되이 부림이 반드시 없으리니, 만약 한 사람이 그 뜻을 스스로 방자한즉, 타인도 또한 각기 힘을 멋대로 하여 사욕을 풀어 서로 다투고 서로 경쟁하여, 생령이 의뢰하는 큰 법이 땅에 떨어지는 고로, 처세하는 자유는 사람사람이 이 세상에 처하여, 각기 인간의 한 사람 되는 신분으로 향유하는 것이라. 그러하기에, 천부한 자유에 사람이 만든 법을 더하여, 그 본취本趣와 대지大旨를 대략 바꿔, 천하의 보편적 이익을 꾀함이니, 이 도로 미루어 생각한즉, 법률을 베풀어 사람을 방해하는 자의 죄를 통제함이 그 범하는 자 일신의 천부한 자유를 줄이거나 없애는 듯하나, 기실은 처세하는 자유를 크게 증진함이어니와, 사실에 연유하지 않고, 인민의 뜻을 속박하는 자는 폭정이라 이름이 가하니, 법률을 설정하는 데 임臨하여 공경하고 신중한 사려를 더하지 않은즉, 이와 같은 근심이 부지중 그 단서를 감출 것이나, 공경하고 두려워하는 소심小心으로 사람의 권리를 보호하면, 인민을 '자유의 성城' 가운데로 이끌어 갈지라.

세계의 만국을 한번 본들, 법률의 베풂이 없고 능히 그 인민의 자유를 지켜 일국의 독립을 조성한 경우가 있는가? 그런고로, 정부의 입법하는 큰 요충은, 인민으로 하여금 각기 일신을 스스로 지키고 인하여 처세하는 자유를 이룸으로, 천하의 보편적 큰 이익을 꾀하기에 있음이라.

4. 이를 말미암아 개관한즉, 자유와 통의는 인생에서 빼앗을 수도 없고 흔들 수도 없고 구부릴 수도 없는 권리나. 그러나 법률을 정성껏 따라 정직한 도리로 그 몸을 삼간 연후에, 하늘이 내린 권리를 보유하여 인세의 즐거움을 누릴지니, 자기의 권리를 아끼는 자는 타인의 권리를 보호하여 감히 침범하지 못하는지라. 만약 타인의 권리를 침범할진대 법률의 공평한 도가 이를 반드시 허용하지 않아, 그 침범한 정도와 같이 또한 그 범한 자의 권리를 박탈하리니, 이는 자기의 손으로 자기의 권리를 손상함이요. 법률의 위엄은 그 스스로 초래한 손상을 입을 따름이라. 그런고로 사람의 권리는 자기가 스스로 훼손하기 전에는, 만승萬乘(만대의 수레 즉 천자)의 위엄과 만부萬夫의 용기라도 흔들어 빼앗기 불능하고, 그 스스로 훼손하는 자의 권리를 이지러뜨리고 굽히는 방도는 오직 법률이 그 당연한 의리를 홀로 가지니, 법률의 공도公道 아니고 권리의 여탈與奪(줌과 빼앗음)을 행하는 자는, 권리의 절도竊盜라 이름도 가하며, 원수라 이름도 가하나, 그러나 자유를 과용過用한즉 방탕에 가까운 고로, 통의로 조종하여 그 도를 고루 알맞게 하나니, 자유는 비하건대 양마良馬라, 길들여 부림이 그 도를 만약 잃은즉, 굴레와 고삐를 벗어던져 제멋대로 날뛰는 버릇이 거듭 일어나는 고로, 통의로 그 굴레와 고삐를 만듦이어니와, 길들여 부리는 도는 법률에 있으니, 이로써 통의는 사물의 정황을 따라 각인의 한도가 스스로 있는 것이라. 학식이 몽매하여 도리를 분별하지 못하는 사람은, 그 한도를 넘어 완악한 거조도 있을지요, 미치지 못하여 나약한 상태도 있을지니, 이를 조화하여 그 중中을 지키기는 윗사람의 큰 책임이라.

5. 대범 사람이 세상에 태어남에 사람 되는 권리는 어질고 어리석고 귀하고 천함이나, 가난하고 부유하고 강하고 약함의 분별이 없으니, 이는 세간의 크게 공변되고 지극히 바른 원리라. 대중이 이를 의거하여 그 본성을 각각 이루거늘, 어떤 사람이 이르되, "사람의 사람 되는 권리는 각기 그 사람을 따라 각기 그 일정하게 정해진 것이 있다" 하나, 이는 단지 그 하나를 알고 그 둘은 알지 못하는 자이라. 사람이 세상에 태어난 후에 점유한 지위는 사람이 만든 구별이요, 향유한 권리는 하늘이 준 공도公道니, 사람의 사람 되는 이치는, 천자로부터 필부에 이르러 호리毫釐(자나 저울눈의 호毫와 이釐, 즉 매우 적은 분량)의 차이가 본래 없는 고로, 외모가 서로 같으며 성정性情이 서로 가까워 크고 작은 구분은 비록 있으나, 밖에서 이르는 불의무도不義無道의 폭거를 받지 않음과 안에 있는 좋고 나쁜 것을 취사하는 본마음을 스스로 간직함은 또한 서로 비슷하니, 사람을 가리켜 사람이라 이름에 어떤 사람이 가로되 불가리요? 사람이 천지간에 태어나 각기 사람 되는 이치로 보면, 사람 위에 사람도 없고 사람 아래 사람도 없으니, 천자도 사람이요 필부도 또한 사람이로되, 천자라 이름과 필부라 이름이 사람 세상의 법률·대기大紀(큰 벼리)로 이에 지위의 구별을 세움인즉, 이를 따라 그 차례를 베풀어 행함으로, 지위의 등분이 각기 점유한 정도로 칭호가 붙여지나니, 존귀·비천의 계급이 비로소 나뉨이라. 그런즉 지위도 그 당연한 통의가 스스로 있을지니, 그 권리의 없음이 어찌 그 가하리요? 그러하기에 지위의 권리가 각기 대소의 차이를 말미암아 그 정두의 배합이 있음이로되, 사람의 사람 되는 권리와는 같지 않아, 높고 낮은 질서와 크고 작은 경우를 정하고 형세의 변천·득실을 말미암아 추이가 있고 없는 것이니, 이름[名]은 실상[實]의 손님이라. 그 우연히 오고 우연히 감으로 인생의 권리에 증감하는 관계를 낳지 않아, 있어도 또한 가하고 없어도 또한 가하나, 사람이 이 세상에 거하여 그 점유하는 지위는 없음이 또한 불가한즉, 부귀한 자

는 부귀를 행하고 빈천한 자는 빈천을 행하여 각기 지위의 권리를 따르고 의지함이니, 이 때문에 인생의 권리와 지위의 권리를 두 종류로 나눈즉, 그 가볍고 무거움이 아주 달라 그 하나는 가로되 내유內有한 진리(천부의 권리)며, 그 둘은 가로되 외래한 세력(사회에서 부과되는 지위)이라. 고금의 인사人事를 깊이 생각건대, 세력을 잘 쓰는 자는 동류同類의 진리를 보호하고, 함부로 행하는 자는 동류의 진리를 손상하나니, 생민生民의 휴척우락休戚憂樂(편안함과 근심, 걱정과 즐거움)과 나라 지님(지킴)의 안위존망安危存亡이 기실은 이 가운데에 있음이라.

6. 어떤 사람이 이르되, "사람의 강약은 시비로 판단하고, 짐승의 강약은 세력으로 정하는 고로, 만약 사람의 강약을 시비로 판단하지 않고 세력으로써 한즉, 이는 짐승의 도와 다름없다" 하니, 이 말이 참으로 그렇도다. 천지의 이기理氣를 받아 생물의 자유를 얻음은 사람과 짐승이 마찬가지로되, 짐승은 그 자유를 사용함에 통의의 굴레가 없으며 법률의 멍에가 또한 없어, 약弱의 육肉을 강强이 이에 먹어, 그 세력을 멋대로 방자함으로 서로 살아가는 도를 지을 따름이요. 사람은 그 서로 어울리면서 법률의 기강을 세우며 통의의 영역을 정하여, 그 자유를 제어하며 조종함으로 인간의 고르지 않은 경황을 평평히 고르나니, 그러기에 만이蠻夷의 사람이라도 그 임용任用하는 자유가 짐승에 비할 바 아니로되, 지극히 아름답고 지극히 착한 지경에 도달하지 못한 고로 이를 일러 '만이의 자유'라 함이라. 사람이 만약 짐승의 자유를 행하면, 천하의 윤리의 대강大綱이 붕괴할지요, 명분과 의리의 달도達道(사람이 마땅히 지켜야 할 도)가 문란할지니, 인류의 생존이 무엇을 믿어 보전하며 무엇을 의뢰하여 편안하리요? 고로 가로되, "유식인의 자유는 부자유 가운데에 있다" 하나니, 이는 사람의 욕심을 막고 천리를 보존하여, 정직한 도로 그 권리를 지킴을 이름이라.

7. 각설하고, 무릇 통의와 자유는 그 조목을 세우기 극난하나, 오히려 또한 인간의 사물을 말미암아 그 밝게 드러난 것을 대략 들건대,

첫째 가로되, 신명身命(신체)의 자유 및 통의니, 이는 이르되, 신명의 권리라. '신명의 자유'는 정직한 도로 그 행동거지를 조심하여 삼가 자기의 한계를 넘지 않는 때는, 구애拘礙도 없으며 속박도 없어 자주自主하는 즐거움을 향유함이요. '신명의 통의'는 자기의 생명과 지체肢體를 정직한 도로 지켜, 타인의 방해를 방어하며 불법의 침해를 피하여, 건강하고 안락한 상태를 보호하여 지님이라.

둘째 가로되, 재산의 자유 및 통의니, 이는 이르되, 재산의 권리라. '재산의 자유'는 각인이 그 사유한 재산을 이용함과 처분함에 정직한 도로써 하는 때는, 통제하는 자도 없으며 조종하는 자도 없어, 그 스스로 편한 방도를 따름이요. '재산의 통의'는 자기의 소유한 재산을 지켜 무리한 빼앗김을 받지 않고 혼자 다루는 실세를 보존함이라.

셋째 가로되, 영업의 자유 및 통의니, 이는 이르되, 영업의 권리라. '영업의 자유'는 어떤 일을 따라 그 생업을 영위하든지 정직한 방도로 행하는 때는, 즐겨 일하는 자에 맡겨 방해와 금압을 받지 않음이요. '영업의 통의'는 그 영위하는 생업에 사용하는 사무는 명확한 한도를 준수하여, 억울한 폐해와 사기로 누명 씀을 방지함이라.

넷째 가로되, 집회의 자유 및 통의니, 이는 이르되, 집회의 권리라. '집회의 자유'는 여러 사람이 합의하여 어떤 집회를 행하든지 정직한 방도로 스스로 집행하는 때는, 금압하는 자도 없으며 방해하는 자도 없어, 그 교제하는 즐거움을 지님이요. '집회의 통의'는 그 집회의 규제와 사무가 어떤 기초 위에 구성하든지 정직한 방도를 잃지 않은즉, 타인의 막음을 입지 않고 유지하는 약속을 굳게 지켜, 그 집회의 특성을 보존함이라.

다섯째 가로되, 종교의 자유 및 통의니, 이는 이르되, 종교의 권리라. '종교의 자유'는 각인이 가르치는 바(敎)와 믿는 바(宗)에 일체 그 마음으로 기

뻐하는 것을 따르고, 금압하고 거리끼는 규제를 입지 않아 풍요로운 낙원에 뜻대로 돌아감이요. '종교의 통의'는 귀의하는 무리를 받으며 유지하는 규칙을 베풀기에, 국법의 큰 기강을 등지지 않을 때는, 그 사용하는 제반 사무가 자주하는 장악에 있어 타인의 조종을 받지 않음이라.

여섯째 가로되, '언사言詞(언론)의 자유'니, 각인이 위아래 서로 어울릴 제에 그 언사의 발표함이 사실을 따르고 허위가 없은즉, 자주하는 권리가 있음이라.

일곱째 가로되, '명예의 통의'니, 이는 무례한 비방과 부실한 꾸짖음을 방비하여, 그 명성을 지키는 권리라.

8. 위에서 펼쳐 진술한 여러 조목은 그 대개大槩를 설명함이니, 대저 사람의 권리는 무쌍한 보물이나, 그러나 각인 일신과 관계없다고 그 천연함을 멋대로 방자한즉, '짐승의 자유'와 같게 되는 고로 유계有係한 통의의 짐작으로 그 지나치게 사용하는 폐단을 제한했지만, 오히려 또한 '만이蠻夷의 자유'에 서로 가까운 고로 법률의 규제를 세워 동시대인의 자유를 윤색함이니, 그런즉 처세하는 권리를 간직하려는 자는 법률을 삼가 받들어 대중의 상생하는 공도를 지킴이라. 법률의 본의는 사람의 권리를 삼가 존중하고 또 이를 보호하나니, 법률의 베풂이 없을진대 권리도 그 능히 존재함이 반드시 어려울지라. 이를 말미암아 생각하면, 권리가 비록 천하 사람사람의 스스로 지닌 보물이라 하나, 기실은 법률에 의지하여 그 현상을 보전함이니, 사람의 권리는 법률이 준 바라 일러도 잘못된 평이 아니라. 법률은 장수며 권리는 병졸이니, 병졸이 장수의 명령과 절제를 따르지 않을진대 병졸의 본분을 억압한즉, 또한 좋은 장수라 이르기 불가할지니, 이 이치를 자세히 궁구하면 법률과 권리의 서로 돕는 관계를 엿보아 깨달을지로되, 법률이 권리를 보호하지만, 또한 박탈하는 세와 정지하는 힘이 있으니, 천하의 어느 나라에 살든지 그 나라의 법률을 공경하지 않고, 능히 그 몸의

권리를 보존하는 자가 있지 않음이라.

9. '신명의 권리'를 논하건대, 인생의 중대한, 하늘이 준 바른 도리라. 생명 및 지체를 보호하여 안녕하고 건강한 복을 누림은 인간의 쾌락이니, 불법한 거조로 사람의 한 터럭 한 손가락이라도 상하는 자는 천연한 도를 어김인 고로, 또한 사람에게 이 일을 당함도 불가한지라. 이 권리는 그 태어남에 함께 오고 그 죽음에 같이 돌아가나니, 죽음 또한 두 종류로 나누어, 하나 가로되 천연사天然死며 둘 가로되 세속사世俗死라. 천연사는 병으로 죽음을 이름이어니와, 세속사는 외국으로 국적을 옮김을 가리킴이니, 그러함으로 천연생은 타인의 힘으로 해침도 불가하고 자기의 손으로 해침도 또한 불가하여, 오직 극악한 대죄로 인세의 법률을 깨뜨린 자는 법으로 그 사람의 생명을 빼앗을 따름이로되, 대개 사람이 사람을 살해함은 부득이한 일로 불인不忍(차마 할 수 없음)한 정政을 행함이라. 만승의 위엄으로도 법으로 사람을 형벌하는 외에는 다른 길이 다시 없어, 범하지 않은 사람은 그 털끝이라도 흔들 수 없으니, 이를 말미암아 말하건대, 사람이 사람을 형살刑殺(형을 살리고 사형을 집행함)하는 권한이 없고, 곧 법이 그 권한을 가짐인즉 형을 살리든지 죽이든지 모두 법이라. 이로써 그 사람이 그 죄를 범하여 그 법을 받음이 가可한 연후에, 법을 집행하는 자가 법의 지휘를 따라 시행할 따름이니, 단 법관의 사의私意로 사람을 제압하여도 국률國律의 불허하는 바는 자행恣行하기 불능할지며, 설사 그리 행할진대 이는 사람의 힘으로 사람의 권리를 방해함이라. 법률의 공도를 무너뜨려 사람세상에 큰 폐단을 일으킴이니, 어떤 사람이 가로되 가可하다 하리오? 무릇 사람의 육신은 정직함으로 스스로 소중히 하고 공평함으로 스스로 너그러움이 가한 것이라. 그런고로 사람의 뜻을 억압하여, 넓은 집에 살게 하고 고기와 이밥을 먹이며 수 놓은 비단을 입혀도 이는 잡아 가둠이며, 도로 위에 사람의 왕래를 강제로 막아도 또한 잡아 가둠과 다름없으니, 신명의 권리는 국법을 범

하지 않은 때에, 그 자유를 그 사람에게 맡기고, 밖에서 오는 상해傷害를 방비함에 있을 따름이라.

10. '재산의 권리'를 돌아보건대, 또한 인생의 일대 긴요한 일이니 각인이 각기 자기의 소유한 재산을 지켜, 겨자씨 한 알이라도 남을 주지 않든지 천금으로 그 심지心志의 즐거움을 다하든지, 국가의 법률을 등지지 않는 때는 금지하기 불가하고, 또 혹 폭도의 침탈이 있은즉 법률의 공도를 의뢰하여 그 보호하는 힘을 입음이 가하니, 대개 사람의 사유한 물物을 국법으로 지킴은 지대한 혜택이라. 방해를 더하지 않음에 그치지 않고, 극진히 보호하여 추호도 침범함이 있으면 불가하니, 전국 인민 공동의 큰 이익을 주는 사건이 있어도, 한 사람의 사유를 해칠진대 행하기 불감한 것이라. 가령 여기에 한 줄기 새 길을 열기에 한 백성이 사유한 땅을 교차하여 가로지를 때는, 이 일이 비록 공중을 위하는 큰 편리나 그러나 주인의 허락을 얻지 못한즉, 그 땅을 침범하기 불감하니, 이 같은 때를 당하여는 국법으로 처리하는 방도를 행하여, 그 사람으로 하여금 합당한 값에 팔기를 명하되, 결단코 위력을 방자함이 없고 근신을 더하나니, 이에 비유로 그 한 예를 보임이라. 천만 사물이 각인의 사유에 속한 것은 국법의 보호가 지극히 신중하고 지극히 촘촘하여 귀하지 않고 소중하지 않은 것이 없으니, 천금을 가진 자의 호락(狐貉, 여우와 담비 털로 만든 갖옷)과 걸인의 한 해진 옷이 물품의 높고 낮음은 아주 다르나 각기 한 사람의 사유 되기는 같은즉, 국법의 보호는 차등을 세우지 않음이라. 그런고로, 재산의 권리는 국가의 법률에 어그러지지 않은즉, 만승의 자리라도 이를 빼앗기 불능하며 만인의 적敵이라도 이를 옮기기 불감하여, 그 주고 빼앗음이 법에 있고 사람에 있지 아니하니, 이는 공권公權으로 사물을 지키는 대도大道라.

11. '영업의 권리'를 의논하건대, 사람이 세상에 태어남에 그 생활하는

방도가 이를 말미암아 세워지는 고로 또한 인생의 없어서는 안 될 중요한 업무니, 국법에 어그러지지 않는 때는 각기 재능대로 그 마음의 즐기는 바를 영위하여, 타인의 억압과 방해를 받지 않는지라. 사농공상의 업에 귀천을 세우지 않으며, 너와 나의 일을 각기 다스려, 심로心勞(정신노동)와 역역力役(육체노동)으로 얻는 이익을 누리나니, 대개 새 책의 저술과 새 물건의 발명이 사람세상의 이익을 더할 경우는, 그 원주인에게 전매권을 허락하여 연한을 작정하고 국법으로 보호하여 타인의 침범하는 폐단을 억지하고, 특이한 권리를 부여하여 그 막대한 근로를 보상하고 이에 세인의 슬기로운 재주를 격려함이어니와, 어떤 사업이든지 대소를 물론하고 처음 연 자가 반드시 먼저 정부의 허가를 얻은 연후에, 그 경영하는 사업을 맡김이 가하고, 또 정부도 그 경영하는 공업工業의 취지를 고찰하여, 국가의 법률에 합당한 것은 불허함이 또한 없으니, 그런고로 '영업의 권리'는 국법의 금지하는 조례를 범하지 않으면, 구애拘碍하는 단서가 스스로 없음이라.

12. '집회의 권리'를 궁구컨대, 인생의 어울려 살아가는 큰 도라. 화평한 의사로 우호한 정의情誼(친분)를 표하기 위함이든지, 중대한 일로 널리 의론을 모으기 위함이든지, 국법을 준수하여 금령을 어기지 않을 때는 제지함이 불가하니, 대개 휴일의 풍치를 즐겨 친구끼리 마련한 연회는 인생의 뜻을 펼 즐거운 일이며, 심오한 사물의 이치를 연구하여 연설하는 모임은 인생의 지식을 개도開導하는 호기며, 거대한 공사를 경영하여 여럿이 모이는 회의는 세간의 편리를 증진하고, 고명한 학과를 문난問難하는 여러 학자의 모임은 천하의 교화를 떨쳐 일으키나니, 대개 사람이 무리를 이룬즉 큰 공을 일으키는지라. 국중의 인민이 교제하는 도를 잘 닦아 소리를 서로 모아 호응하고, 각기 즐겨 힘쓰는 능사로 회會를 세우며 사社를 맺어, 큰 것은 공중公衆에 두루 미치는 큰 사업을 기도하고, 작은 것은 일사일회一社一會의 작은 일을 영위하되, 그 스스로 규제를 마련하고 서로 약조를 지켜

타인의 참견을 원하지 않고, 또 혹 타인의 사고를 말미암아 때로 그 성취가 더뎌지는 폐단이 없지 않은즉 또한 국법의 보호를 받지 않으면 불가하거니와, 편당偏黨(치우친 무리)의 과격한 주장과 외진 곳의 비밀한 집회며 또 항산恒産(일정한 재산이나 생업)을 소유하지 못한 무리의 시끄러운 모임은 모두 국법의 금한 바라. 그런고로 집회의 권리는 국금國禁(나라의 금지)을 넘지 않은즉, 그 의사에 맡겨 사소한 견제도 이르지 않음이라.

13. '종교의 권리'를 들건대, 또한 인생의 일대 관계니 무릇 종교는 세상 사람의 마음과 행동을 관리하며 감화하기 위해 사람이 세운 대도라. 천하의 땅이 넓음으로 세속의 숭상하는 교가 하나에 돌아가지 않고, 각기 문호를 세워 종교의 다름이 발생하니, 사람세상의 불행이 이에 막대하나, 그러나 이 또한 대중의 신복信服하는 것이며 저 또한 대중의 숭봉崇奉하는 것으로, 대중의 기강을 유지하기는 그 방도가 같은즉, 사람을 권하여 삿됨을 버리고 바름에 귀의하는 큰 뜻은 또한 서로 가까운 기초에 성립함이라. 그렇지 않으면 어찌 대중이 기쁘게 복종하는 것 되어 천년 백년 오래 서로 전하리요? 이 때문에 각인이 각기 마음의 즐거워하는 종교를 믿고 의지하여 국법을 경건히 받드는 때는, 그 마음의 좋아하는 바를 강탈함과 그 몸의 귀의하는 바를 강제로 금지함이 불가하니, 태서인泰西人(서양인)의 고금 역사를 고찰하건대, 종교의 논쟁으로 인심을 요동하며 나라를 멸망하는 살벌의 큰 해가 적지 않은지라. 라마羅馬(로마)의 지난 시대에 천주교가 새로 전파함으로 전후 수십만 인명을 갱살坑殺(구덩이에 산 채로 묻어 죽임)하며, 이태리·불란서 등 나라의 오래지 않은 옛날에 신구교의 분쟁으로 또한 수십만 인의 생명을 살육하여 인민의 이산移散이 적지 않았고, 영길리英吉利(영국)는 신교의 교리를 오로지 숭상하여 국내 다른 종교를 엄금하나, 아이란도阿爾蘭島(아일랜드) 인민은 원래 천주교를 믿어 정부의 명을 따르지 않음으로, 또 그 법을 고쳐 종교는 각인의 뜻에 맡기되 또 한 법을 세워, 국가의

정치를 맡을 대신은 신교 종파의 사람 아니면 재덕이 구비한 자라도 발탁을 불허하니, 이를 말미암아 천주교에 귀의한 자는 집안이 모두 외국에 이민 감이 극히 많음이라. 이와 같은 사유事由로 미루어 깊이 헤아린즉, 종교의 피차를 나눠 한번 허락하고 한번 금지함이, 국가의 정치에 조그만 이익도 발생하지 않고 큰 해를 오히려 이루어, 기실 이 종교를 위하여 저 종교를 배척하기에 불과함이니, 정부의 힘을 빌려 다른 종교를 배척하는 자는 자연 그 마음이 만족하거니와, 그 배척을 입은 자는 그 마음이 불평하여 그 몸이 비록 그 나라에 살아도 그 정부를 적대시하고 믿는 종파에 충성하고자 하는 기질이 더욱 굳어지나니, 이는 천하 각 나라의 이미 그러한 형편이요, 고금의 같은 폐해라. 정치의 일시一視하는 공심은, 각인의 숭신하는 종교의 이동異同을 불문하고, 그 권리의 보호는 치우침이 없어, 그 사람을 사람으로 대접할 따름이요, 오직 그 교전教典의 조례가 인생의 오륜五倫[28]과 삼강[29]을 파괴하여 국법에 어긋난즉 금지하나니, 그런고로 종교의 권리는 국가의 전상典常(늘 지켜야 하는, 변하지 아니하는 도리)을 범하지 않는 때는 그 귀의하는 신심을 각기 따름이라.

14. '언사의 자유'를 풀건대, 인생 권리의 한 조목이라. 대저 사람의 생각이 소리로 발發하면 언사며, 형상으로 기記하면 문자니, 그런고로 이자二者를 합하여 '언사의 권리'에 모두 돌아감이라. 근거 없는 시비로 무례한 비방을 타인에 더함과 또 사심私心의 좋고 싫음으로 정치의 득실을 망령되이 논함은 나라가 금하는 바이어니와, 일의 실상을 들어 정확한 논평을 세우기는 각인의 뜻에 맡기나니, 원통하고 억울함이 이를 빙자하여 펴지

---

28 다섯가지 윤리, 곧 부자유친(父子有親), 군신유의(君臣有義), 부부유별(夫婦有別), 장유유서(長幼有序), 붕우유신(朋友有信).

29 유교에서, 윤리의 근본이 되는 세가지 벼리. 곧 군위신강(君爲臣綱), 부위자강(父爲子綱), 부위부강(夫爲婦綱)을 아울러 이르는 말.

며, 재앙과 피해가 이를 말미암아 없어지며, 선량善良이 이를 힘입어 드러나고, 또 사람세상의 천만 사물에 이르러도 이것이 없으면 그 효과가 분명히 드러남이 반드시 어려운지라. 세상의 다스려짐과 어지러움, 사람의 현명함과 그렇지 못함을 따라 이 권리의 다소를 판정하는 고로, 난세의 가혹한 법은 마주 보고 이야기하는 자를 저자에 버리고,[30] 성인聖人의 아름다운 법규는 비방의 나무를 세워[31] 천하의 좋은 말을 오게 함이니, 오직 입은 좋은 일을 내기도 하며, 전쟁을 일으키기도 하며, 화禍와 복福의 기틀을 짓기도 한즉, 군자의 근신하는 도에 함구緘口하는 가르침이 가하다 이르나, 그러나 사람이 세상에 거함에 반드시 그 생각이 있고, 또한 그 생각은 사물에 접촉하는 대로 발發하여, 기쁘고 슬프고 부드럽고 격함이 무상하니, 법률이 비록 촘촘해도 만백성의 입을 재갈 먹여, 한 큰 무리의 혀 있는 벙어리를 만들기는 불능함이라. 이로써 인민의 언로를 널리 열어, 비루한 습속과 더러운 습관, 사기 치는 행실이며 불공평한 조치를, 연설의 큰 변론으로 논박하며, 신문의 여론으로 지탄하여, 인민의 행동이 이를 꺼리며 관리의 종횡이 이를 두려워한즉 또한 세상 도리를 유지하는 한 큰 도움이로되, 만약 허황하고 부실한 자가 있으면 법률의 공도로 이를 징계함이 또한 가하니, 그러기에 '언사의 권리'는 사람사람이 모두 가져, 정직한 도로 국금國禁을 위반하지 않을 때는 타인의 조종을 받지 않는 것이라.

15. '명예의 통의'를 풀건대, 또한 인생의 일대 권리라. 기실은 '신명의 권리'에 귀속하는 것이니, 무릇 명예는 사람의 등급을 따라 그 재주 및 성질의 실상을 단정하는 평판인즉, 세간에 필요한 방도가 이에 의하여 세워지는지라. 이 통의가 타인의 손상을 한번 당한즉, 일신의 면목을 한꺼번에 잃어 각종 권리의 끊어짐이 신명의 부자유와 같은 고로, 타인의 명예를 손

---

30 저자(市)에서 죄인의 목을 베고 그 시체를 길거리에 버리는 형벌에 처함.
31 순임금이 다리 위에다 비방목을 세워놓고 백성들의 소리를 들었던 고사.

상함이 그 지체를 훼손함과 다르지 않으니, 이로써 사실과 다른 사단事端을 들어 무례한 비방을 일으키며, 의심스러운 소문을 말미암아 불경한 배척을 행하며, 혐오하는 사심을 말미암아 억울한 허물을 얽으며, 편당의 습성을 따라 취멱吹覓[32]하는 참소를 방자放恣(함부로 자행함)하는 여러 방법으로, 사람의 명예를 더럽히는 자는 국법의 불허함인 고로, 명예훼손법의 조례를 베풀어 이 같은 악행을 금단하여, 사람의 억울을 신원해 바로잡고 명예를 보호함이니, 그렇게 공중의 교제하는 대도를 지켜, 시비와 장단의 망령된 의론이 행해지지 않게 하고, 속여 은폐함과 거짓으로 꾸미는 더러운 습관이 스스로 사라져, 염치의 절조로 그 몸을 삼가며, 예의의 품행으로 그 마음을 가다듬고, 서로 공경하는 주의를 힘써 범사에 성실하기로 근본을 삼되, 여하한 사람의 여하한 일이든지 그 현실이 분명하여 세도와 인심에 유관한 것은, 연설 및 신문으로 천하에 공포하면 그 사람이 낱낱이 해명하기 또한 불능하니, 그런고로 명예의 권리는 정직한 방도로 스스로 지키고 국가의 법률을 공경하여 따른즉, 타인의 훼손을 입지 않는 것이라.

16. 이로 말미암아 보건대, 인생의 제반 권리가 비록 그 천부적으로 고루 갖춘 것이나, 인위적 법률의 관계로 그 한도에 증감增減이 있는지라. 하늘이 준 권리를 인력으로 조종하기 불가하다 하여 그 자편自便에 맡겨둘진대, 방탕한 풍속과 어지러운 악습이 날로 증가하며 달로 더하여, 그 한계가 얼마나 커질지 헤아리기 불능하리니, 사단四端[33]과 오륜의 기강과 질서를 익지하여, 법률法律의 금지가 극히 치밀한 제도를 베풀며 지극히 신중한 규칙을 세워도, 오히려 또한 그 천 갈래, 만 가지 실처럼 얽히고 터럭처럼 가는 방자한 성질과 방종한 마음은 다 뿌리뽑을 수 없고 칼로 잘라 없애기도 매우 어려워, 창기娼妓의 매음賣淫은 자기가 자기의 마음으로 '짐승의 자

---

32   취모멱자(吹毛覓疵)의 준말로 '털을 불어 굳이 상처를 찾음'.

33   인의예지의 단서가 되는 측은지심, 수오지심, 사양지심, 시비지심.

유'를 행함이요. 노비의 세전世傳(대대로 전함)은 타인이 타인의 몸에 '만이蠻夷의 통의'를 존치함이로되, 습속의 침윤으로 인간 세상의 보통 있는 일로 익숙해져 법률의 공정한 도리와 위력으로도 막을 효과를 기약하기 어려우니, 이같이 해롭고 나쁜 풍속도 각기 사람의 권리라 이름이 가할까? 아니라. 무릇 일을 행하여 그 마음에 가可한 것은 천하인이 모두 가로되 가라 할지며, 행하여 그 마음에 불가한 것은 천하인이 또한 모두 가로되 불가라 할지니, 대저 사람의 자유와 통의는 천하인의 보편적 권리라. 그런고로 한 사람의 가불가가 천하인도 똑같은 것이어늘, 지금 무릇 창기의 더러움은 정숙한 지어미의 부끄러운 바이며 노비의 천함은 평민의 미워하는 바라. 이들이 부끄러워하는 것을 저들이 행하도록 허락함은 법의 막힘이요. 이들이 미워하는 것을 저들에게 가하다고 허용함은 법의 치우침이니, 천하인이 그 가함을 동의하는 것 아닌즉 그 불가함은 스스로 그러하여, 하나인즉 그 악풍을 전파하여 사람 세상의 면목을 더럽히고, 하나인즉 왕자王者의 인민을 사유私有하여 국가의 대권을 훔침인 고로, 문명한 예법과 제도가 점차 넓어짐을 따라 법의 개정하는 발걸음이 또한 진보하나니, 대개 자유는 좋고 나쁨의 분별이 있어, 천리의 정직함을 따른즉 좋은 자유며, 사람 욕심의 간사하고 치우침에 맡긴즉 나쁜 자유라 칭하고, 통의는 참과 거짓의 구별이 존재하여, 참 통의는 천부적 좋은 자유를 지키고 거짓 통의는 인위적 나쁜 자유를 방자하는 고로, 법률은 그 좋고 나쁨과 참과 거짓의 분별을 세워 인생 권리의 큰 병을 치료하는 금단金丹(장생불사의 영약)이라.

17. 인민의 교육이 부족한즉 그 자유의 좋고 나쁨과 통의의 참과 거짓을 알지 못하여, 그 권리를 오용하는 고로 혹 자기의 궤철軌轍(바큇자국 곧 일정한 법칙이나 법도)을 물리기도 하며 혹 타인의 영역을 유린해도, 태연히 상도常度(정상적인 법도)로 여기기도 하나니, 이로써 인민의 권리를 고르게 하고자 할진대 교육을 먼저 힘써 사람사람으로 각각 지키는 지식이 있게 함이

정치의 대도라. 방국을 굳게 지켜 그 권리를 보유하는 자는 그 나라 사람의 각인 권리를 잘 보호함이 가하니, 천만인이 집합하여 큰 나라를 이룬즉, 이는 많은 물줄기를 받아 넓고 큰 바다가 되고, 흙을 쌓아 높고 높은 산악이 되는 것과 같음이라. 일인 권리의 빼앗기 어려움이 일국 권리의 범하기 어려움과 같거늘, 만약 국중의 인민이 그 서로 어울리면서, 강자가 약자를 모멸하며 귀한 자가 천한 자를 능멸하면, 강국과 약국의 맞서지 못함도 사리와 형세의 자연이라 하여 강국이 약국의 권리를 침범하여도, 그 인민이 당연한 도로 보고 작은 분노도 격발하지 않을지라. 그런즉 인민이 각기 자기 권리의 귀중함을 사랑한 연후에, 그 나라 권리의 귀중함도 또한 알아 사수死守하기를 맹서하나니, 이는 교육으로 개도開導하여 그 실효를 이룸이요, 법률의 보호에 홀로 맡겨 그 공功을 세움 아니라. 이로써 권리는 교육으로 근본을 세우고 법률로 호위를 삼아, 이자二者가 구비한 연후에 완미한 경지에 닿는다 이를지니, 개도의 공효功效(어떤 일을 한 뒤에 돌아오는 좋은 결과)를 기다려 능히 이루는 것이라.

상고의 대도[34]

1. 상고商賈(상인)는 또한 국가의 대본이라. 그 관계의 중대함이 농사에 뒤지지 않아, 정부의 부유함과 인민의 번성함이 실상은 이 도로써 아니하면 그 이룸이 불능하나니, 피차의 지방이 그 있고 없음을 서로 도우며 비싸고 쌈을 서로 바꿔, 인생의 부족한 것을 보충하며 유익한 것을 통하니, 천하의 안락한 생업이요 선미善美한 습속이라. 그런고로 옛날에 성인聖人이 시전市廛의 법을 가르치며 무역의 도를 세움이어늘, 어찌하여 후세에 이르

---

34   제14편의 첫 논설. 상업이 발달한 나라들을 예거한 맨 뒤의 11, 12장은 생략함.

러는 상고를 천시하여, 수레를 탐과 비단을 입음을 금하고, 국량局量(일을 능히 처리하는 힘)과 재예才藝(재능과 기예)가 있는 자라도 벼슬길에 나아가기를 불허하니, 이는 벼슬하는 자의 상고 대접함에 지나침이라. 대저 벼슬하는 그 사람인들, 그 입는 바 옷과, 먹는 바 밥이며, 그 일용하는 바 백천가지 사물이, 모두 어떤 사람의 힘을 의뢰하여 그 원願을 이루며 구求를 응하는가? 물품이 각기 생산되는 바 지방이 있은즉, 사람의 운전하는 도를 이용하지 않고 생물같이 스스로 날거나 스스로 걸어 오기 불능함은 분명하니, 솥 속에 음식이 스스로 생기기 불능하고 옷장에 의복이 스스로 나옴이 또한 없음은, 삼척의 동자라도 타인의 말을 기다리지 않아도 스스로 아는 것이라. 그런즉 상고의 사업이 방국에 빠져서는 아니될 대도라 이를 뿐 아니라, 인민의 생계 구하는 방책으로 의론하여도, 또한 한 장부丈夫의 경영하는 생업으로 부유해지는 양책良策이요 삿된 길이 아니어늘, 시대가 내려올수록 인심이 경박하여, 이익 취하기를 오로지 하고 인생의 신의를 돌아보지 않는 자가 간간이 있음이 또한 없지 않은즉, 이는 한 물고기가 온 물을 흐리게 함이라. 선비가 "사람이 이익 취하는 방도를 따르면 천부적 본심을 지킬 수 없다" 하여, 마침내 이에 상고의 도를 천시하는 풍속을 이룸이니, 사람이 세상에 태어남에 벽곡辟穀(곡식은 안 먹고 솔잎, 대추, 밤 따위만 조금씩 먹음)하는 신선 아니라면, 필연 그 생계 없음이 불가한즉 쓸데없이 고담준론을 짓지 말고, 어떠한 일로 이익 취하는 방도를 따르든지 그 도리와 행실이 정대한지 또는 그렇지 않은지를 의론함이 가하고 그 일의 귀천을 물음은 불가하니, 사람일의 귀천이 있음 아니요 그 이익 취하는 행실에 귀천이 있음이니, 그런고로 옛 성인이 가라사대, "인의仁義는 진실로써 이롭게 함"이라 하심.

2. 가만히 생각건대, 상고上古 시절에 인민이 각기 일방에 처하여 늙어 죽도록 서로 왕래하지 않고 농업으로 생업을 지을 따름이러니, 기풍이 점

차 열림을 따라 사람의 지혜도 점차 자라는지라, 무역하는 방도를 세워 인생의 편리를 보충함이어늘, 풍속이 경박한 지경으로 달아나 백성이 이익 취하는 도에 나아감이, 목마른 말이 샘에 달려들며 주린 사람이 먹을 것에 달라붙음과 같아, 그 형세를 막기 어려움이 있는 고로, 국정을 잡은 자가 인심과 시세를 헤아려 상고 천대하는 법으로 일시의 권도를 사용하여 이익을 다투는 습성을 억제함이니, 대개 그때는 사람의 재주가 공교롭지 않고 기계의 제도가 정밀하지 않아, 매인每人이 각기 몸에 입는 바와 그 배에 채우는 바를 자기의 손으로 옷감을 짜고 씨 뿌려도 부족한 염려가 있는 고로, 만약 물품을 만드는 자는 적고 무역에 종사하는 자가 많은즉, 실업失業하는 백성이 오히려 있을까 두려워하여 그러함이어니와, 후세에 이르러 재주와 지식이 몽매한 옛 사람에 비할 것 아닌즉, 그 수확하는 백곡百穀과 조제하는 백물百物이 옛날에 비하여 몇 배로 더 많아지니, 무릇 사람의 생업이 풍족할수록 요구하는 조건이 많으며, 요구하는 바가 많을수록 부족한 것이 많을뿐더러, 인사人事가 번잡할수록 구별하는 명목이 많고, 구별하는 바가 많은즉 겸해서 행하는 것이 어려울지라.

농작으로 업을 삼는 자가 공장工匠의 일을 겸하기 불능하되 그 농작하기에 요구하는 기계가 있으며, 공장으로 업을 삼는 자가 농부의 일을 겸하기 불능하되 그 공장 되기에 요구하는 곡식은 그 없음이 불가하니, 단 이 이자二者의 일만 그러함이 아니요, 인간의 천만 사물에 업을 삼는 방도가 그렇지 않은 것이 없거늘, 어떤 물건이든지 그 만드는 자가 그 물건을 이고 지고 세상에 다녀, 그 물건 살 자를 구하여 파는 과정을 볼진대, 그 번거로움도 이기지 못하려니와 물건 만드는 자의 사세로 의론하여도 그 해害가 적지 않으니, 어느 겨를에 제작하며 어느 겨를에 다니며 팔리요? 그 돌아다니며 판다면 비용도 반드시 많을지요 판매하는 시일도 반드시 더딜지니, 그 시일에 그 비용으로 제조하기에 전념하면 그 사람에게 이로울뿐더러 국가의 부유한 실상이 더하리니, 대개 상고하는 자가 물품 제조하는 자는 아니나 그 공효가 제조자에 비하여 가볍지 않은 연유는, 상고가 없으면 제조하는 물품이 산같이 쌓여도 쓸데가 없음이라. 그런고로 무역하는 사람은 기실 물품 제조하는 자와 물품 요구하는 자의 중간에 처하여 중매의 도를 행함인즉, 그 노고하는 대신에 이익을 취하는 일이 당연함이니, 설사 농작하는 자로 일년 내내 고되게 일해 수확한 곡식이 족하여 노적가리가 차고 넘친들 일용하는 각종 물품이야 풍족할 길이 있는가? 그 형세가 곡식을 판매하여 각종 물품을 구입할지니, 만약 곡물상이 없으면 그 군색함이 극진할지라. 이 이치로 미루어 생각하면 상고는 국가의 큰 정치라. 고금의 사세가 자연히 다른 것이 많으니, 정부는 인사를 살피고 시세를 응하여, 고인古人의 억제하던 도를 돌이켜 금일의 권장하는 정치를 행함이 가함이라.

3. 정부의 상고 보호하는 도는 인민의 재물 주고 받는 규모를 신실信實케 함과 물품 수운하는 방도를 편리케 함에 있으니, 주고 받는 규모는 법률을 엄밀히 밝혀 지킴에 있고, 수운하는 방도는 도로를 평평히 닦기에 지나지 않는지라. 이 이자二者에 일정한 규칙이 없을진대, 상고의 흥왕興旺함을 비록 날로 바란들 어찌 얻으리요? 이익이 있는 곳은 인민의 달려듦이 물불이라도 피하지 않고, 남을 앞질러 남의 것을 빼앗기로 서로 다투나니, 정부가 진실로 그 성질을 온순하게 하여 광명한 도리와 정직한 제도로 인도하면, 비록 어리석고 미련한 인민이라도 감히 간사한 행실을 방자하기 불능할지어늘, 만약 정부가 편벽된 규모로 이익만을 오로지 하는 자를 허락하여, 여러 사람의 피해를 생각하지 않고 약간의 세금을 탐내 취하는 때는, 국가의 폐단이 깊고도 길어질지요, 인민의 살 길이 옹색할지라. 어떻게 그것이 가하리요? 그런고로 국가의 정령政令은 여러 사람의 이익을 독점하는 자를 결단코 허락하지 않음이 가하니, 시세時勢가 고금의 다름이 있은즉 사정에 따라 변함이 인생의 자연한 이치라.

4. 대저 천하의 나라가 하나에 그치지 않고 인간의 일은 만萬으로 세기에도 넘치니, 기풍이 점차 열리는 지경에 닿은즉 사람의 재주와 도량을 따라 넓어지는 고로, 사해四海를 한집으로 보아 인생의 편리를 서로 도모하나니, 상고가 실상은 개화의 큰 도움이라. 사람의 재주를 권장하며 물품의 공작을 격려하여, 세계의 학식과 생민의 복록을 증가하는 고로, 각국의 통상하는 본뜻이 사람의 대도大道를 세움이요 대의大義를 맺음이나, 단속하는 규제가 없고 이익을 꾀하는 욕심에 맡긴즉, 필연히 의외의 분란이 일어날지라. 이에 조목을 정하여 서로 지키기를 약속하고, 세칙稅則(세금에 관한 규칙)을 마련하여 서로 준수하기를 허하되, 한 나라가 그 권리를 홀로 잡은즉 공평한 뜻을 잃고, 또한 이 나라의 인민이 저 나라의 명령만 받기를 즐겨하지 않는 고로, 필연 양국이 협의하여 각기 통상하는 법을 작정함이니, 아직 개항하지 않은 나라가 그 항구를 잠근 때는, 먼저 연 나라의 정부가 권하며 달래 통상하는 조약을 맺음은, 그 토지와 인민을 넘보려는 마음이 있음 아니라, 인생의 아름다운 일을 남과 동행하여 나의 넉넉한 것을 들어 저들의 부족한 것을 도우며, 저들의 넉넉한 것을 취하여 나의 부족한 것을 보충하고, 사람의 재주와 능력으로 하늘이 준 복을 향수함이니, 이는 현세에 바뀌지 않을 법이라 이를지언마는, 처음 개항한 나라는 인민의 기풍이 완고하여 외국의 물정에 어둡고, 또 하늘이 준 물품(천연자원)은 족하되 사람이 만드는 재주가 정밀하지 않아, 타인의 취해 씀에 적합하지 않을뿐더러 상고하는 도리도 타국인과 같지 않아 피해를 받는 일이 매양 많으니, 이는 다름 아니라, 다른 나라의 풍속을 알지 못하는 고로, 그 접대하면서 신실한 언약이 적고, 또 그 상응하는 물품 종류는 그 서로 구하는 사정이 어긋나, 둘 사이의 정과 의리와 기약이 독실하지 못하고 합하지 않아 미흡한 기색을 서로 안고, 이미 개항한 나라의 인민은 장사판에 백번 싸운 늙은 병사라. 기틀을 응하여 이익을 얻기에 공교하거늘, 새로 개항한 나라의 인민은 절제 없는 군사와 같은즉 그 적수 되기는 불능하니, 필연 여러 번의 단

련鍛鍊이 있은 연후에 그 이익을 다투는 방책을 비로소 얻음이라.

5. 비유하는 이치로 실상의 경황을 의논하건대, 전쟁은 난시亂時의 상고며 상고는 평시平時의 전쟁이니, 상고는 물자로써 하고 전쟁은 병기로써 하나, 승부를 결하여 이해利害를 다투기는 동일한 것이라. 상고의 물화物貨가 정교하지 않으면 군사의 병기가 둔졸함과 같으니, 병기의 둔졸한 것이 필패하여 배상금을 물게 됨은 형세의 면치 못함인즉, 물화의 거친 것은 상고의 대권을 잃어 국중의 이권을 빼앗길지라. 그런즉 배상금을 무는 것과 하등의 차이가 있으리요? 더욱 심한 것이 있으니, 배상금을 무는 것은 일시의 패배한 재앙이라 지나간즉 그뿐이려니와, 상권은 한번 잃으면 회복할 기한이 묘연杳然하여 진작하기 극히 어려우니, 그런고로 상고하는 도를 정대히 하여 타인이 이를 감히 범하지 않고, 물화의 제작을 정묘히 하여 타인의 제어를 받지 않음이 가한지라. 병兵은 속임수를 꺼리지 않음으로 사람을 속이는 계책이 병가兵家의 상사常事라 이르나, 상고하는 자는 결단코 행하지 않음이 가하니, 만약 내가 타인을 속일진대 타인도 또한 나를 속이려니와, 내가 그렇지 않으면 타인도 또한 그러지 않은즉, 이는 옛 사람의 이른바, "네게서 나온 것이 네게로 돌아감"이어늘, 잠시의 권도로 적은 이익을 탐하여 장구한 경륜經綸(일정한 포부를 갖고 계획함)을 돌아보지 않으면, 상고의 본뜻을 무너뜨릴 뿐만 아니라, 방국의 영예를 훼손하는 죄명을 면치 못할지요. 또 다른 상고가 정대한 도로 응한즉 그 패敗함은 손바닥 뒤집기의 쉬움이라. 차후로는 물화 거래하는 자 아주 끊어지리니, 이것이 상고로 그 업을 삼는 자의 깊이 헤아릴 것이라.

6. 지금 이 상고의 사업을 앉아 이야기하기는 쉬우나 실행하기에 이르러는 극난하니, 정부의 보호가 없으면 도적의 근심과 수운의 불편으로 잘 수행하기도 어렵거니와, 정부의 보호는 극진한 양 상정하고 상고의 일을 논

하건대, 자기 국중國中 어느 곳에 물화를 운송해 판매하든지, 그곳 인구의 수와, 그 물품을 능히 사용할 자의 수와, 그곳에 산출되는 물품을 타지에 옮겨 팔 만한 종류와, 또 타지의 그곳 무역하는 자의 수를 훤히 안 연후에 손실이 없을지라. 이 이치를 미루어 타국에 장사하러 가는 일을 살펴도 또한 그러하니, 재주와 도량이 부족한 자는 천만의 재물을 잡아도 필경은 낭패를 당하는 것이 이 같은 이치에 어두운 연고라. 국중에 인조물人造物(공업제조품)이 희소한 나라가 외국과 통상하는 때는, 그 수출하는 각종 물품이 천생물天生物(천연자원 및 농수산물)에 불과하나니, 그러하면 외국의 물화는 인조한 것만 수입하여, 국중의 빈곤한 형세가 극진할지라. 또한 외국 통상을 힘쓰는 나라는 해군의 준비가 강성하지 않으면 불가하니, 이는 해적의 겁탈도 방비하고 외국 정부의 약속을 어기는 것도 시비하여, 본국 인민의 상권을 지킴이라. 상고의 당연한 직분과 공부와 경계警戒가 있으니, 지금에 붓과 먹을 잠시 농롱弄하여 상업을 경영하는 요체를 개론하노니,

7. 상고의 직분: 대개 상업은 생계 구하는 방도의 한 꾀라. 사람이 세상에 태어남에 부모가 계신즉 봉양함이 사람 자식의 임무요, 처자가 있은즉 돌보아 기름이 가장의 책임이니. 이는 어떠한 방도를 따르든지 세상 사람의 같은 직책이어니와, 상고에 이르러 특별한 직분이 있는 고로, 상고의 직분이라 이름이라. 그 직분을 대강 의론하건대, 인생의 편리한 방도를 경영함과 국가의 부유할 기회를 도모함에 큰 관계와 큰 책임이 있으니, 민간의 물화를 상통함은 남의 노고를 대신 행함이요, 국중의 물가를 고르게 함은 정부의 사무를 도움이요, 본국과 외국의 물품을 교역함은 양국의 화목한 교제에 협력함이라. 그런고로 물화가 통하지 않든지 물가가 고르지 않든지 물품의 교역이 행해지지 않든지, 이는 모두 상고가 그 직분을 다하지 않은 연유니, 만약 그 직분을 다하지 않을진대 어찌 상고라 이르리요? 이를 말미암아 고찰한즉, 상고가 그 직분을 닦을 수 없을 때는 국가와 인민에게

해를 끼치는 일이 적지 않아, 능히 안전하게 지탱하는 권한이 없을지라. 상고 되는 자가 그 직분의 중대함으로 자임하여 인민의 편리한 방도가 부족하거든 자기의 직분이 닦이지 않음인가 이에 부끄러워하며, 국가의 부유한 경상이 나타나지 않거든 자기의 직분이 행해지지 않음인가 이에 근심하여, 깊이 생각함과 멀리 내다봄으로 실효가 있기를 기필하고, 만약 외국의 상고가 자기의 나라보다 성盛하거든, 본국의 상권을 잃을까 이에 두려워하며, 이권을 빼앗길까 이에 삼가하여, 상고의 업을 자기 한 사람의 사삿일로 보지 말고, 전국의 공변된 관계로 생각함이 가하니, 믿음이 없으면 이 직분을 지키기 불능하며, 의리가 없으면 이 직분을 행하기 불능하며, 지혜가 없으면 이 직분을 안정하기 불능한지라. 이 삼자의 행실이 구비한 연후에 상고의 직분을 다함이라 비로소 이를지니, 상고 되는 자의 명심明心할 것이 이보다 더한 것은 없음.

8. 상고의 공부: 상고 되는 자는 특별한 공부가 있으니, 대개 문학을 숭상하며 언행을 삼가하여, 어른을 섬기는 도에 공경하는 도리를 지킴과, 임금을 섬기는 도에 충성하는 의리를 닦아, 국가의 착한 백성 되기는 매인이 마찬가지라 다른 의론을 기다리지 않아도 밝거니와, 물화 거래와 재물 주고 받음에 조리있게 치부治簿하는 법과, 약속을 정하며 자본을 합하여 확실하게 회사會社하는 일과, 본국과 타국의 화폐를 비교하여 시세의 경중을 마련하는 이치와, 각국의 물산을 본국의 물산과 비교하여 물가의 고저를 분별하는 수단과, 본국의 물화를 타국에 수출함이며 타국의 물화를 본국에 수입함에, 각국 해관海關(세관)의 각종 물품 세액을 계산하는 법과 타인의 배에 짐 싣는 약속과 어느 항구에 이르든지 물품 푸는 규칙을 자세히 이해한 연후에, 상고의 직분을 시행할지며 생업을 바야흐로 이룰지니, 공부가 없고 성취하는 공을 이루기를 가히 희망할까? 만약 상고하는 자가 공부 없이 타국 상고의 공부한 자를 대하면, 이는 낫 놓고 ㄱ자를 모르는 촌

사람이 유식한 학사를 대좌하여 문학을 논란함과 같은지라. 굽히고 싶지 않은들 지식이 얕고 짧으니 어떡하며, 곤란하지 않고 싶은들 재주와 국량이 좁으니 어떡하리요? 그런고로 상고로 업을 삼는 자가 사욕을 부리지 말고 국가에 관계됨을 이에 살펴, 반드시 먼저 그 당연한 공부를 닦음이 가한 것이라.

9. 상고의 경계: 무릇 상고의 경계할 조건을 들건대, 회사의 규칙을 굳게 지키고, 또 문서와 장부를 정밀히 닦으며, 물화 거래에 약속을 어기지 말고, 물품 매매에 품질을 속이지 말며, 평시에 물가를 조그만 일로 말미암아 무단히 올리는 행실을 짓지 말고, 본국과 외국의 해관세를 포탈코저 하여 수입과 수출하는 물품을 은폐하지 않음이 가하니, 대개 회사의 규칙을 지키지 않은즉 부지扶持하기 불능하고, 문서와 장부 하는 법이 정밀하지 않은즉 타인의 의심을 받고, 거래하는 약속을 어긴즉 재물 꾸고 꾸어주는 길이 막히고, 물품의 품질을 속인즉 생계하는 앞길이 무너지고, 본국 해관의 세를 포탈한즉 이는 정부의 법을 범함이니 백성 되는 도리를 잃을뿐더러, 성공하지 못하면 물화는 물화대로 빼앗기고 욕이 그 몸에 미칠지요, 외국의 해관세를 포탈한즉 이는 타국의 법을 범함이니 상고의 체모를 손상하는 외에, 만약 성공하지 못하면 또한 물화는 물화대로 빼앗기고 욕이 그 나라에 돌아갈지라. 그런고로 상고 되는 자가 염치의 절개로 그 신명을 아끼고 충성스럽고 독실한 의기意氣로 그 국가를 공경하고 소중히 한 연후에 가可하니, 대저 이익이 있는 곳은 사람의 마음이 흘러들어 그 잘못을 깨닫지 못하고 그 악惡을 돌아보지 않아, 물이 흘러 습해지고 불을 따라 건조해짐 같은지라. 염치와 의기로 이를 절제함이 없으면 금지하는 도리가 불립하리니, 소심小心 경계하여 평생 잃지 말 것이 상고의 도에 이보다 큰 것이 없을 듯.

10. 국중의 상고가 능히 당연한 도리로 그 업을 행하여 인민을 편리케 하고 국가를 부유케 하면, 그 공이 나라 지키는 장수에 비견하고 그 덕이 백성 다스리는 재상과 나란히 서, 정대한 지위와 광명한 사업으로 남아의 경륜이요 장부의 생애니, 지금에 태서 각국 상무의 제도를 보건대, 정부로부터 그 직분을 보호받으며, 학교를 세워 그 공부를 권면하며, 법률을 마련, 그 경계警戒를 조절하여 제어하는 고로, 일정한 풍속을 이루어 감히 범하는 자가 없고, 운수하기는 육지에 화륜차火輪車(기차)와 수로에 화륜선이 있고, 통신하기는 긴급한즉 전기선電機線(전선으로 연결된 전보와 전화 등)이요 긴급하지 않은 때는 우정국郵征局이라. 그런고로 구차한 제도와 어려운 경상을 면하여 곤란한 기색과 불편한 사단이 조금도 없음이니, 우리나라 상고의 경황을 돌아보건대, 가히 개탄할 것이 이것이며 안타까운 것이 이것이라. 직분을 알며 공부가 있기는 고사하고 경계하는 조목에도 몽매한 자가 많으니, 나는 감히 우리나라 사람이 다 그렇다 이름은 아니로되, 어지간히 듣고 본 것으로 말하건대, 홍삼과 백미白米의 잠상潛商(금지된 물건을 파는 일)은 국금이 매우 엄하거늘, 오히려 또한 행하는 자가 과다함은 사람의 공지하는 것인즉 논하지 않고, 근년에 청심환 판매하던 일사가 족히 사람의 탄식을 일으킬 것이니, 대개 중국인이 우리나라의 청심환을 애호하는 고로 그 처음에는 개당 한냥 값을 주고 구매하되 오히려 불급할까 사거늘, 한 사람이 그 벗의 청심환 판매하는 일을 알고 청심환을 가짜로 만들어 개당 8전을 자청하더니, 또 그다음 한 사람이 개당 5전을 받고 앞의 두 사람의 판매를 방해하고 그 이利를 독점코자 하나, 중국인의 의혹심을 환기하여 개당 3전도 미치지 못하니, 이와 같은 때는 설사 가품이라도 해害를 오히려 받은즉, 자연히 그 해는 우리나라에 돌아갈뿐더러 악명惡名을 스스로 취함이며, 또 북도인北道人(함경도 사람)의 생마生麻 판매하는 전언傳言을 들음에 분慣을 이기지 못할 것이 있으니, 일본인의 생마 구매하는 때를 당하여 우리나라 사람이 각기 생마를 실어 그 도회처에 이른즉, 일본인이 교활

한 꾀로 즉시 이를 사지 않고 말하되, "이곳은 수운하기에 불편하니 물 건너 쪽 모처에 옮긴 후에 구매한다" 한데, 우리나라 사람이 앞을 다투어 그곳에 이른즉 일본인이 비로소 말하되, "이 생마의 품질이 좋지 않으니 불매한다" 하여, 그 값을 반으로 깎은 연후에 그들 임의로 저울추를 무겁게 하여 구매하되, 우리나라 사람은 감히 한마디 항변하지 못하고 일본인의 입술을 우러를 따름이라 하니, 그 해의 깊음과 욕의 큼이 일필一筆로 형용하기 불능하나, 이는 모두 우리나라 사람이 스스로 불러온 것이라 타인을 탓함이 사리에 어두운 논의이어니와, 이와 같은 사단事端이 한둘에 그치지 않은즉, 그 까닭을 자세히 미루건대 실상은 상고가 지식이 없으면 면치 못할 조건이니 유식할 도리로 경영함이 가하고, 외국 통상하는 때를 당하여는 상고의 업도 우리나라 사람이 협력하는 길이 가장 좋으니, 이 때문에 등짐장수의 각자 흩어지는 영업이 큰 상업에 극히 해로우며, 협력하는 길은 즉 회사의 법이라.

개화의 등급

1. 대개 개화라 하는 것은 인간의 천만가지 사물이 지극히 착하고 지극히 아름다운 경역에 다다름을 이름이니, 그런고로 개화하는 경역은 한정하기 불능한 것이라. 인민의 재주와 능력의 분수로 그 등급의 높고 낮음이 있으나, 그러나 인민의 습속과 방국의 규모를 따라 그 차이짐도 또한 발생하나니, 이는 개화하는 궤도가 하나 같지 아니한 연유이어니와 핵심은 사람의 하고 아니함에 있을 따름이라. 오륜의 행실을 독실히 하여 사람이 도리를 안즉 이는 '행실의 개화'며, 사람이 학술을 궁구하여 만물의 이치를 밝힌즉 이는 '학술의 개화'며, 국가의 정치를 정대히 하여 백성이 태평한 즐거움이 있은즉 '정치의 개화'며, 법률을 공평히 하여 백성에 억울한 일

이 없는 것은 '법률의 개화'며, 기계의 제도를 편리히 하여 사람의 이용을 이롭게 한 것은 '기계의 개화'며, 물품의 제조를 정교히 하여 사람의 생활을 윤택하게 하고 거친 일이 없는 것은 '물품의 개화'니, 이 몇 조의 개화를 합한 연후에 개화가 구비한 것이라 비로소 이를지라. 천하 고금의 어느 나라를 살피든지 개화의 극진한 경지에 이른 경우는 없으나, 그러나 대강 그 등급을 구별하건대 셋에 불과하니, 가로되 '개화하는 자'며, 가로되 '반半개화한 자'며, 가로되 '미未개화한 자'라.

2. '개화하는 자'는 천만 사물을 궁구하며 경영하여, 날로 새롭고 또 날로 새롭기[35]를 기약하나니, 이와 같음으로 그 진취하는 기상이 웅장하여 사소의 나태함이 없고, 또 사람을 대하는 도에 이르러는 언어를 공손히 하며 용모와 행동을 단정히 하여, 능한 자를 이에 공경하며 불능한 자를 이에 불쌍히 여기고, 감히 모멸하는 기색을 보이지 않으며 감히 비열한 용모를 베풀지 않아, 지위의 귀천과 형세의 강약으로 인품의 구별을 하지 않고, 국인이 그 마음을 하나로 합하여 여러 조목의 개화를 함께 힘쓰는 것이며,

3. '반개화한 자'는 사물의 궁구도 행하지 않으며 경영도 있지 않아, 구차한 계획과 고식姑息하는 의사로 소성小成한 영역에 편안하고 장구한 꾀가 없되, 오히려 또한 자족하는 심성이 있어 사람을 접대하기는 능한 자를 허락함이 적고, 불능한 자를 깔봐 항상 거만한 기색을 띠고 망령된 뜻으로 자신을 중히 여겨, 귀천의 지위와 강약의 형세로 인품의 구별을 지나치게 심히 행하는 고로, 국인이 각기 한 몸의 영화와 욕심을 경륜하고 여러 조목의 개화에 마음을 전념하지 않는 자며,

---

35 탕임금의 반명(욕조에 새긴 글)에 가로되, "진실로 날로 새롭거든, 나날이 새로이 하고 또 날로 새로이 하라(湯之盤銘 曰 苟日新 日日新 又日新)". 출전 『대학(大學)』 2장.

4. '미개화한 자'는 즉 야만의 종자이니, 천만 사물에 규모와 제도가 있지 않을뿐더러 당초에 경영도 하지 않고, 능한 자가 어떠한지 능하지 않은 자가 어떠한지 분별도 하지 못해, 거처와 음식에도 일정한 규모가 있지 않으며, 또한 사람을 대하기에 이르러는 기강과 예법이 없는 고로 천하에 가장 불쌍한 자라.

5. 이처럼 등급을 나누어 논하나, 그러나 힘써 노력하기를 그치지 않으면 '반개화한 자'와 '미개화한 자'라도 '개화하는 자'의 구역에 이르나니, 속담에 이르되, "시작이 반이라", 힘써 노력하면 이루지 못할 것이 어디 있으리요? 대개 '반개화한 자'의 나라에도 '개화하는 자'가 있으며 '미개화한 자'의 나라에도 '개화하는 자'가 있으니, 그런고로 '개화하는 자'의 나라에도 '반개화한 자'도 있으며 '미개화한 자'도 있는지라. 국인이 일제히 개화하기는 극히 어려운 일이니, 인생의 도리를 지키며 사물의 이치를 궁구하면, 이는 만이蠻夷의 나라에 있어도 '개화하는 자'며, 인생의 도리를 닦지 않고 사물의 이치를 궁리하지 않으면, 개화한 나라에 있어도 '미개화한 자'라. 이처럼 말하기는 각기 한 사람의 몸을 거론함이어니와, 일국의 경황을 의론하기에 이른즉, 그 인민의 '개화하는 자'가 많으면 개화하는 나라이며, '반개화한 자'가 많으면 반개화한 나라이며, '미개화한 자'가 많으면 미개화한 나라이니, '반개화한 자'를 권하여 이를 행하게 함과 '미개화한 자'를 가르쳐 이를 깨닫게 함은 '개화하는 자'의 책임과 직분이라. 가만히 생각건대 '행실의 개화'는 천하만국을 통하여 그 동일한 규모가 천만년의 장구함을 겪어도 불변하는 것이어니와, 정치 이하의 여러 개화는 시대를 따라 변화하기도 하며, 지방을 좇아 달라지기도 하리니, 그런고로 예전에 맞던 것이 지금에는 맞지 않는 것이 있으며, 저들에 좋은 것이 우리에게는 좋지 않은 것도 있은즉, 고금의 형세를 짐작하며 피차의 사정을 비교하여, 그 좋은 것을 취하고 그 나쁜 것을 버림이 '개화하는 자'의 대도라.

6. 개화하는 일을 주장하여 힘써 행하는 자는 '개화의 주인'이요, '개화하는 자'를 부러워하여 배우기를 기뻐하고 취取하기를 즐기는 자는 '개화의 빈객'이며, '개화하는 자'를 두려워하고 미워하되 부득이 따르는 자는 '개화의 노예'니, 주인의 지위에 있지 못할진대, 차라리 빈객의 자리를 취할지언정 노예의 열列에는 서지 말지니, 손님의 이름이 있으면 오히려 또한 주인의 예우가 있고, 또 진취하는 기풍을 분발하기에 이른즉, 주인의 한 자리를 점거하여 손님의 이름과 지위를 벗어 던지고 혹 예전 주인을 손님으로 삼기도 기약하려니와, 만약 노예 되는 때는 항상 타인의 지휘를 따라 부끄러운 사단이 적지 않을뿐더러, 조금이라도 선수先手(남이 하기 전에 앞질러 하는 행동)를 당하면 그 토지와 인민도 보전하기 불능하여 개화하는 자에 종속되기 쉬우니, 가히 근신할 것이 이에 지나는 것은 없는지라. 대개 사람의 기질로 의론하면, 개화하는 일에 손님의 자리에 처함도 아주 부끄러운 것이나, 그러나 시세와 처지는 인력으로 어찌하기 불능한 것이니, 설령 출중한 지혜와 비범한 용단이 있어도 벗어나기 불능하니 단지 순순히 따를 따름이라. 고로 외국의 신新개화를 처음 보는 자가 그 처음에는 꺼리고 두려워하며 질시하고 미워하여, 취하지 않을 수 없은즉 부득이 취해 쓰는 모양은 '개화의 노예'를 면치 못하다가, 급기야 그 견문이 넓어지며 지각이 고명한 때를 당하면 비로소 이에 '개화의 빈객'이 되나니, 이를 말미암아 힘써 행하기를 그치지 않으면 주인의 집에 들어가 살기도 성취할지라.

지금 무릇 천하 각국의 개화하던 시초를 자세히 살펴보건대, 지혜로써 한 자는 규모가 온전하고 폐단이 있지 않을 뿐 아니라 항상 주인의 형세를 보유하고, 용단으로써 한 자는 규범이 완전치 못해 무수한 폐단이 발생한 고로 차질을 빚는 일이 많으나 오랜 뒤에 이르러는 주인의 자리나 빈객의 지위를 점유한 자가 많으며, 위력으로써 한 자는 백성의 지식이 결핍함을 말미암아 온통 억지로 행하는 일이 많은 고로 그 규모의 여하함은 고사하고 폐단은 오히려 또한 용단한 자에 비하여 약소하나 그 정부의 위태함인즉 국중에 대적人敵이 있음과 같아 가장 어려운 자로되, 만약 정부 되는 자가 이 같이 하면 백성이 '개화의 노예' 되어 타인의 지휘를 받기 면치 못할지라. 그런고로 정부가 부득이 보국保國하는 계책을 씀이로되 한 마음으로 인민을 사랑하여 진취하는 기상이 웅장함으로 이 또한 빈객의 지위를 잃지 않고, 세월의 장구함을 거쳐 인민의 지식이 넓고 높아지기에 이른즉 주인의 이름도 도모하는 나라가 있거니와, 만일 정부와 인민이 똑같이 무식하여, 지혜로써 함도 없고 용단으로써 함도 없고 위력으로써 함도 없어, 경장更張하는 규모를 행하지 않으며 떨쳐 일어나는 기력이 부족하여, 애호하되 본받지 않으며 부러워하되 배우지 않고 두려워하되 깨닫지 못하면, 타인의 노예 되어 개화하는 지휘를 복종할 따름이니, 국인이 마음을 같이하여 경계하고 삼갈 것이 이에 있음이라.

7. 또한 무릇 개화는 실상과 허명의 분별이 있으니, '실상개화'라 하는 것은 사물의 이치와 근본을 궁구하며 헤아려 그 나라의 처지와 시세에 합당케 하는 것이며, '허명개화'라 하는 것은 사물 상에 지식이 부족하되 타인의 경황을 보고, 부러워하여 그러하든지 두려워하여 그러하든지, 전후를 헤아리는 지식이 없이 시행하기로 주장하여, 재물을 허비하기 적지 않되 실용은 그 분수에 미치지 못함이니, 외국과 처음 통하는 자가 1차는 '허명의 개화'를 거치나, 세월의 오램으로 무한한 단련을 받음이 있은 후에 이른즉 '실상개화'에 비로소 나아감이라. 그런고로 타인의 장기를 취하는 자가 결단코 외국의 기계를 구매하거나 공장工匠(기술자)을 고용하지 말고, 반드시 먼저 자기 나라 인민으로 그 재주를 배워 그 사람으로써 그 일을 행함이 가하니, 대개 사람의 재주는 다함이 없거니와 재물은 유한한 것이라. 만약 자기 나라 사람이 그 재주를 닦을진대 당장에 이로울 뿐 아니라 국중에 전파하여 그 효험이 후세에 끼치기에 이르려니와, 외국의 기계를

구매하면 그 기계가 고장나는 때는 그 기계가 다시 없을지요, 공장을 고용하면 그 공장이 떠나는 때는 그 공장이 다시 없을지라. 여하한 기계와 여하한 공장으로 그 일을 다시 행하리요? 그 형세가 그 기계를 다시 구매하고 그 공장을 다시 고용하나니, 진실로 이와 같을진대 나의 허비하는 것은 재물이라. 이처럼 허비하는 재물이 어느 곳에서 오리요? 필경은 백성에게 그 피해가 돌아갈 따름.

8. 아아, 개화하는 일이 타인의 장기를 취할 뿐 아니요, 자기의 선미善美한 것을 지키기에도 있으니, 대개 타인의 장기를 취하는 의향도 자기의 선미한 것을 돕기 위함인 고로, 타인의 재주를 취하여도 실상있게 쓰는 때는 즉 자기의 재주라. 시세를 헤아리며 처지를 살펴 경중과 이해를 판단한 연후에, 전후를 분별하여 차례로 시행함이 가하거늘, 지나친 자는 털끝의 분별도 없고 외국이면 다 좋다 하여, 자기 나라에는 여하한 사물이든지 아름답지 않다 하며, 더욱 심하기에 이르러는 외국의 경황을 칭찬하여 자기 나라를 깔보는 나쁜 풍속도 있으니, 이를 개화당이라 이르나 이 어찌 개화당이리요? 기실은 '개화의 죄인'이며, 미치지 못한 자는 완고한 성품으로 사물의 분별이 없어, 외국인이면 이적夷狄이라 칭하고 외국 물건이면 쓸데없는 물건이라 여기고, 외국 문자는 천주학(천주교)이라 하여 감히 가까이 하지 않으면서, 자기의 몸이 천하의 제일인 듯 자처하나 심하기에 이르러는 피해 사는 자도 있으니, 이를 수구당이라 이르나 이 어찌 수구당이리요? 기실은 '개화의 수적讎敵(원수)'이니, 성인의 말이 있되, "지나침과 미치지 못함이 같다"[36] 한다. 그러나 개화하는 도에 이르러는 지나친 자의 폐해가 미치지 못한 자보다 심하니 그 까닭은 다름 아니라, 지나친 자는 그 나라를 위태롭게 함이 빠르고, 미치지 못한 자는 그 나라를 위태롭게 함이 더딤이

---

36   "지나침이 미치지 못함과 같다." 출전은 『논어』 선진(先進)편, 정확한 인용은 "과유불급(過猶不及)".

라. 그런고로 필연히 득중得中(지나치거나 모자람이 없이 딱 맞춤, 곧 중용)한 자가 있어, 지나친 자를 조절하고 제어하며 미치지 못한 자를 권하여, 타인의 장기를 취하고 자기의 미사美事를 지켜, 처지와 시세를 응한 연후에 인민과 나라를 보전하여 개화의 큰 공을 이루리니, 만약 그 입에 외국 권련卷煙(종이에 말아 피는 담배)을 물고, 앞가슴에 외국 시표時標(시계)를 차며.[37] 그 몸이 번등挷凳(소파)이나 교의交椅(보통 뒤에 등받이가 있는 의자)에 걸터앉아, 외국의 풍속을 한가로이 이야기하여 그 언어를 대략 이해하는 자가, 어찌 가로되 개화인이리요? 이는 '개화의 죄인'도 아니요 '개화의 수적'도 아니라, 개화의 허풍虛風에 불려 심중에 주견 없는 일개 '개화의 병신'이라.

9. 세대가 내려올수록 사람 개화하는 도는 전진하나니, 혹 "후인後人이 전인前人을 미치지 못한다"고 말하는 자도 있으나, 그러나 이는 미달한 담론이라. 인사人事가 무궁한 고로 시대를 따라 변함이 있거늘, 후인이 응변하는 도리를 행하지 않고 옛 규모를 주수株守[38]하여, 일하는 데 시행하다가 맞지 않는 것이 있으면 문득 가로되, "금인今人이 어찌 감히 고인古人과 같으리요?" 하나, 이 말이 어찌 그러하리요? 만약 사람의 기질과 국량이 대대로 줄어들진대, 다만 지금부터 몇천년을 거치면 응당 사람의 할 일이 끊어질지요, 또 몇천년을 다시 지나면 사람의 도리도 없으리니, 이는 이치의 그렇지 않음이 적실한지라. 사람의 지식은 이력이 많을수록 신기한 것과 신묘한 것이 거듭 나오나니, 지금에 이를 증험하건대, 고인은 육지 왕래에 보행 대신하는 물物이 말 아니면 수레라, 천리 먼 길을 열흘보름의 여행으로 간신히 득달하더니, 금인은 화륜차의 신속함으로 반나절의 수고를 들이지 않고, 고인은[39] 수로에 한 조각 목선으로 만경의 창파에 출몰하여 풍

---

37   佩. 이 시계는 회중시계라 가슴 앞에 찬다고 '패'를 씀.

38   그루터기를 지킴. '수주대토守株待兎, 그루터기를 지켜 토끼를 기다리다)'에서 유래한 말로 미련하게 행동함을 가리킨다.

랑의 험악한 때는 위태함도 극진하더니, 금인은 화륜선의 견고함으로 만리의 풍랑을 평지에서 편히 왕래하고, 고인은 백리 사이에 한 봉서封書 소식을 전하기에 오고감에 이삼일은 허비하더니, 금인은 전기선의 신묘함으로 천만리의 먼 지역이라도 순식간에 왕복하여 지척에 대화함과 다름없고, 고인은 각종 물품의 제조하는 법이 인력을 쓸 따름이라 그 고된 경상이 가긍하더니, 금인은 화륜기계의 편리함으로 하루에 제작하는 것이 몇만인의 작업을 대적한즉, 이러한 일들은 우리의 견문한 대로 고인의 불능한 바며, 근세에 이르러 그 공효를 비로소 나타낸 것이라.

10. 또한 이 신기하고 신묘한 이치는 구세계에 있지 않고 금일에 처음 있는 것 아니요? 천지간의 그 자연한 근본은 고금의 차이가 없되 고인은 다 밝혀내지 못했고, 금인은 궁구하여 터득한 것이니, 이를 말미암아 본다면 금인의 재주와 식견이 고인에 비하여 월등한 듯하나, 실상은 고인이 처음으로 시작한 것을 윤색할 따름이라. 화륜선이 비록 가로되 신묘하나 고인의 배 만드는 제도를 벗어나기는 불능하고, 화륜차가 비록 가로되 기이하나 고인의 수레 만든 규모를 말미암지 않으면 이루지 못하지요. 이 밖에도 어떤 사물이든지 모두 그러하여, 고인의 만들던 법을 이탈하고 금인의 새 방법을 창출하기는 불능하니, 우리나라에도 고려자기는 천하의 유명한 것이며, 이충무의 거북선은 철갑 병선兵船이라 천하의 가장 먼저 창출한 것이며, 교서관校書舘[40]의 금속활자도 천하의 가장 먼저 창조한 것이라. 우리나라 사람이 만약 궁구하고 또 궁구하여 편리한 도리를 경영했다면, 천만 사물이 금일에 이르러 천하만국의 명예가 우리나라에 돌아왔을지어늘, 후배가 전인의 옛 제도를 윤색지 아니함이로다.

---

39 문맥상 탈락한 것으로 짐작되어 보충함.
40 조선시대에, 경서(經書)의 인쇄나 교정 따위를 맡아보던 관아.

맹인원盲人院과 아인원啞人院[41]

맹인원은 맹인을 가르치는 학교니 그 조목이 대강 아인원(농아원)과 같으나, 그 학습하는 서책은 물건 모양과 문자를 볼록하게 인쇄하고, 지도는 바늘로 종이에 구멍을 뚫어 물과 땅의 형상을 그리고, 산학算學(수학)도 그 기기器機를 따로 만들어 더하고 빼고 곱하고 나눔의 네 법으로 천문과 지리의 측량하는 도에 이르기까지 불능한 것이 없으며, 음악과 가무도 보통 사람과 차이가 없고, 이밖에도 조탁彫琢(쪼고 새김)하는 교묘한 솜씨와 옷감을 짜는 세밀한 일에 모두 능하여 그 만든 물품을 시장에 판매하고 그 남은 이익은 이 원의 비용을 제공하나니, 영길리의 맹인원 제도는 어른 아이를 막론하고 그 교수하는 제한을 6개년으로 정하여 이 연한 전에 학업이 대저 그 공을 이루되, 빈곤하여 돌아갈 곳이 있지 않는 자는 오히려 또한 원내에 머물러 그 입고 먹는 여러 비용은 자기의 버는 돈으로 준비하니, 그 살 길이 경문을 외우거나 점을 치는 것이 아니라[42] 즉 물품 제조하는 일이며, 또 그 가르치는 동안의 잡비는 모두 정부의 담당하는 것이로되, 부자의 자녀는 반드시 그 경비를 내고 오직 빈자는 그렇지 않음이라. 내가 다른 나라에 유력하던 때에 맹인원에 가보았더니, 그 교사가 맹인의 제작한 물품을 보이고 공부하는 차례를 이야기하거늘 상세히 살펴본즉, 그 수단의 정교함과 제도의 선미善美함이 두 눈이 밝은 자의 재기에 양보하지 않을뿐더러 학습하는 정신은 오히려 뛰어나다 이르는지라. 돌아갈 때를 미쳐 나의 성명을 말한데 흘림체로 써내는 솜씨가 높이 나는 듯하고 우리나라의 이

---

41 빈원(貧院, 노인원·유아원·고아원·기아원), 치아원(痴兒院, 지적 장애아 학교), 광인원(狂人院, 정신병원) 등 사회적 약자를 보호·훈도하는 복지기관을 소개한 제17편은『서양사정』초편 제1권을 참고한 것인데, 최근 장애인교육의 효시로 주목 중이다. 구당의 견문이 생생한 맹인원(시각장애인 학교)과 아인원(청각장애인 학교)만 올린다. 출전은『유길준전서 [I]』468~70면.

42 우리나라에서는 맹인들을 주로 독경해 귀신 쫓거나 점 치는 일에 종사케 한 것을 지적함.

름을 말하니 지도를 어루만져 가로되, "아주亞洲(아시아주) 동방의 먼 나라"
라 하더라.

아인원은 아인(농아)을 가르치는 곳이니, 그 조목이 어학·산술·천문·지
리학 등에 이르러 보통의 학교와 다름이 없으나, 그 가르치기 시작할 때의
방법은 손가락으로 서양 글자(알파벳) 26자를 형상하여, 말을 의지하지 않
고 문자만 보면 깨닫게 하며, 또 타인의 발언하는 때에 그 입술·혀·이·목
구멍의 운동을 배우고 이 운동하는 신기한 기틀을 배워 소리 내는 경지에
이른즉, 타인의 언어를 귀로 듣기는 불능하되 그 입과 혀 및 이와 목구멍
의 움직임을 보고 그 말뜻을 스스로 이해하여 타인과 능히 수작하나니, 무
릇 아인이 언어를 불능하는 연유는 발음하는 기관의 갖추지 못함 아니요,
단 그 귀청이 막힘으로 귓구멍이 열리지 않아 타인의 음성을 듣지 못하는
고로 자기의 음성도 조절하지 못함이니, 그 증거를 밝힌즉 기쁠 때의 웃음
소리와 슬플 제의 우는 소리가 자연스럽게 따라 나오는 것은 말할 수 있는
사람과 같음이라. 그런고로 아인은 그 귀가 반드시 먹나니 가르치기를 장
구히 하여 발음하는 형용에 익숙해지면 알아듣지 못하는 자가 없어 어떤
학문이든지 능히 학습하며, 또 서적을 읽기에 이르러는 사전과 발음서 등
의 책으로 교사를 대신하여 불통하는 것이 없고, 유희하는 기구도 그림으
로 형상하며 문자로 기호記號하여 가르침을 기다리지 않아 능히 이해하는
지라. 우리들이 외국에 출유하던 때에 한곳 아인원에 이르러 그 교사에게
아인의 말하는 거동을 보기를 청한데, 아자 한 사람을 불러 오거늘 일어나
인사하고 안부를 물으니 그 사람이 정녕히 대답하는지라. 다시 일어나 가
로되, "나는 조선인이로라" 한데, 아인이 칠판에 써 가로되, "조선인은 참
으로 우리나라의 귀한 손님이라" 하더라.

　국민의 문명 진취하는 발걸음은, 그 지식의 계발과 도덕의 수양하는 정도를 따라 높고 낮음이 드러나며 느리고 빠름이 나타나나니, 그런즉 국가 만세의 대계大計는 국민의 지식을 계발함과 도덕을 수양함에 있고, 지식을 계발하고 도덕을 수양하는 길은, 한마디로 말하여 교육에 있다 이를지오녀. 교육의 본뜻은 학술의 가르침과 품성의 도야를 위주하여, 사람의 지능을 조장하고 덕의德義를 발휘하여, 사람으로 하여금 사람의 사람 되는 권리를 알게 하며, 사람으로 하여금 사람의 사람 되는 의무를 알게 하여, 인생의 행복을 완전케 함에 있은즉, 사람의 사람 되는 도는 교육을 버리고는 다른 길이 다시 없도다.

　이로써 국민의 교육은 보급을 위주함이 가하니, 대개 소수 일부의 독학한 학문이 국민 전체에 대하여 그 이익이 넓고 많지 못한즉, 국가의 견실한 기초를 세우고 사회의 광명한 문호를 열고저 할진대, 최대 다수의 지식과 도덕이 똑같이 가지런하여 치우침이 없음을 요하는지라. 이것이 곧 보통

1　융희 원년에 지은 국한문체 글. 『서유견문』처럼 문단이 있는바, 종서를 횡서로 바꾸고 띄어쓰기하고 "ᆞ"는 현대어로 고치고 한자병용했다. 출전은 『유길준전서 [II]』, 363~67면.

교육으로서 국민교육이라 이를진저.

무릇 사람이 배운즉 모두 선비라.[2] 고로 보통교육으로써 국민을 이끌어 길러 선비의 근기根基를 정함이 가하니, 금일의 선비가 옛적의 선비와 다른 까닭이오녀. 옛적의 선비는 사민四民(사농공상)의 하나에 있어 일종 특립特立한 계급을 이루니, 이는 당시 교육을 받아 선비 되기에 족한 지식도덕을 독점한 고로 그 명칭을 향유함이나, 그러나 금일에는 그렇지 않아, 농상공農商工 중 어느 업에 종사하든지, 참으로 선비의 지식과 도덕을 갖출진대 또한 선비니, 하필 그 업무를 말미암아 명칭을 구별하리요? 세간의 천만 사업을 물론하고, 선비로서 한즉 염치를 중히 하며 지력이 가멸어(넉넉하고 많다), 그 이익이 개인 하나에만 그치지 아니하고 국가 전체에 미치나니, 우내宇内 제국諸國 중 날로 새로운 흥륭을 이루는 나라는 이에 직유職由(일이 일어나는 유일한 까닭)함이라.

지금에 우리나라의 교육을 들어 지난 상태로 논하건대, 학제學制를 세우지 않고 국중國中 자제의 가르치는 법을 가정의 자유에 방임한 고로, 학풍이 널리 행치 못하여, 국민의 십중팔구는 문자에 대한 맹盲인 듯, 아啞인 듯, 농聾인 듯, 망연히 보고 말하고 듣는 인형과 같고, 또한 그 주고 받는 학문은 공령功令(과거 문체)을 오로지 하여, 실리에 어두우며 허명에 힘쓰기로, 청춘에 부賦를 짓고 백수에 경經을 궁리하여, 재자거벽才子巨擘[3]의 명성과 명예가 일세에 울린 자라도, 붓 아래에 천언千言이 있으나 흉중에 일책一策이 없어, 그 의견의 성글음과 행실의 졸렬함이 옛날의 선비에도 견주지 못할뿐더러, 간혹 어릴 때부터 지닌 낡은 견해에 잘못 얽혀, 어둡고 완고하여 총명하지 못한 습성으로 혼야애걸昏夜哀乞[4]하여 소원을 얻은즉, 관사官事는 변모弁髦[5]같이 보고, 국고의 녹祿을 훔치기에 불과하니, 이를 가로되

---

2   "사람이 배운즉 모두 선비라." 선비의 신분을 해방한 획기적인 문장이다.
3   재주 있는 젊은 남자와 문장 및 학식이 뛰어난 사람.
4   밤중에 권세 있는 사람에게 몰래 하소연하며 빎.

선비라 하나 선비가 어찌 그러리요? 또한 농공상에 이르러는 당초부터 교양치 아니한즉, 습관적으로 서로 전하는 구풍舊風으로 어리석고 어리석은 몽매의 지경을 벗어나지 못하여, 20세기 개명한 금일에 의연히 문자 이전의 원시생활에 편안하매, 국운의 쇠퇴함과 국세의 빈약함이 목하日下 극도에 달한지라. 국내의 뜻있는 인사가 이에 감계鑑戒[6]한 바와 감오感悟한 바가 있어, 국운의 만회와 국세國勢의 진흥이 자제의 교육에 의하지 않으면 얻을 수 없음을 투철히 이해한 고로, 백방의 고난을 물리치며, 필생의 심력心力을 다하여, 일세一世(온 세상)를 경고하며 사방에 향응하여, 도시 향촌에 소학의 설립이 재재상망在在相望[7]하니, 국가와 민생을 위하여 경사스럽고 다행함이 이보다 지나친 것이 없으나, 그 비용인즉 일시의 의연義捐 기부를 우러러 장구한 기본이 서지 못하고, 그 방법인즉 제대로 양성한 교사가 결핍하여 그 수요를 공급하기 불능하니, 소학의 이름은 있고 소학의 실實이 없어, 영원한 유지維持와 완미完美한 교양을 바라기 어려운즉, 현재의 경황으로는 도저히 교육의 본뜻과 교육의 목적을 관철하기에 족하지 않도다.

우리나라 금일의 최대 급무가 보통교육의 완비함에 있거늘, 과거의 상태는 물론이어니와, 현재의 경황도 지망志望을 족하기에 미치지 못하니, 인순因循(낡은 인습을 버리지 않음) 구차하여 목전에 간신히 지냄을 이에 힘쓴즉, 장차 일어나는 학풍이 다시 쓰러져 국가의 전도가 침몰하는 비경悲境을 면치 못할지라. 이에 교육상 장래방침을 세워, 사립 소학의 이미 설립된 것은 그 확장을 꾀하며, 설립되지 않은 곳에는 그 짓기 시작함을 꾀하고, 이 교과서적의 완비와 교사의 양성에 힘을 들여, 소학교육의 보급으로 국

---

5   쓸데없는 물건. 변은 관례 때에 한번만 쓰는 치포관, 모는 동자의 더펄머리로, 관례가 끝나면 모두 소용이 없게 된 데서 나온 말.

6   지난 잘못을 거울로 삼아 다시는 잘못을 되풀이하지 아니하도록 하는 경계.

7   이곳저곳에서 일이 이루어지기를 기대함.

민개사國民皆士의 성과를 거두어, 4천년 신성한 역사를 빛내며, 2천만 무한한 행복을 더하여, 국가의 만세대계를 세우고저 함이라.

천하의 선비는 그 경영 성취하는 길에 반드시 그 기관을 요하며, 또 그 기관을 운용하기에는 혼자 힘의 맡김보다 여러 마음을 합한즉 그 효과가 강대하나니, 이는 우리가 인민의 교육으로 전국의 사풍士風을 흥기하여, 그 지식과 도덕으로 만반 사물 상에 활용하여, 사회진화의 법칙에 응케 하고, 국가 부강의 실익을 일으키게 하기 위하여, 한 단체를 맺고 이름하여 흥사단이라 칭하여, 정치 와중에 던지지 않고, 영리권 밖에 특립하여, 천하에 동감하는 선비에 고하는 까닭이니, 종교의 같고 다름을 우리가 묻지 않는 바며, 당파의 피차가 우리가 거리끼지 않는 바라. 진심 열성으로 우리의 일을 찬동한즉 족하니, 국중 자제를 애호하는 부형은 같은 소리끼리 서로 응하며 힘을 모아 서로 도와, 사립하는 준비로 공립하는 의무에 달하기를 간절히 바라노라.

융희 원년 11월 30일

6장
「소학교육에 대한 의견」[1]
(1908)

소학은 국민의 기본교육이라, 고상한 문학을 위주함이 아니요, 사람 세상의 보편 지식을 어린아이의 뇌 속에 침염浸染(좋은 영향을 받아 마음이 점점 변화함)하여, 습관이 본바탕으로 더불어 이루어 장래 선량한 국민이 되게 함이니, 고로 그 교육하는 방법이,

첫째, 국어로써 하는 배움

둘째, 국체에 협조하는 일

셋째, 보급을 꾀하는 일

대개 그 국어로써 하는 까닭은 아동의 강습에 편이케 하는 동시에, 자국의 정신을 양성하기 위함이라. 고로 대한국 아동의 교과서적은 대한국어를 사용함이 가하거늘, 근래 두루 사용하는 소학서적을 보건대, 국한자를

---

1   『황성신문(皇城新聞)』 융희 2년 6월 10일에 발표한 국한문체 논설, 역시 문단을 나눴는데 종서를 횡서로 바꾸고 띄어쓰기하고 ", ヽ"는 현대어로 고치고 한자병용함. 출전은 『유길준전서 [II]』, 257~60면.

혼용했으나 한자를 주된 자리에 두어 음독하는 법을 취하고 국자는 부속이 되어, 소학용으로는 국문도 아닌 한문도 아닌 일종 박쥐 서적을 이룬지라. 이로써 만당滿堂한 소아가 교사의 입을 따라 높은 소리로 개구리 울음 하고, 혹 그 글뜻을 물은즉 망연히 구름과 안개 속에 앉아 그 방향을 잃은 자가 십의 팔구에 있으니, 이는 국중 자녀에게 앵무교육을 베풂이라. 선미善美한 효과를 어찌 얻으리요. 고로 가로되, 소학 교과서는 국어를 전용치 아님이 가可치 않다 하노라.

또한 그 국체에 협조하기를 구함은 국가의 기초를 공고케 함과 사회의 질서를 유지함을 위함이니, 가령 군주국에는 충군하는 주의를 앞세우고 공화사상을 고취하는 유類의 교과서를 허치 아니함이요, 보급을 꾀하기는 국중자제로 하여금 배우지 않는 자가 없도록 함이라. 고로 강제력을 써도 가하여 유년자의 보호자로 교육하는 의무를 납세 및 징병의 아니치 못함 같이함이니, 대개 이 이자二者는 많은 말을 더하지 않아도 세인의 숙지하는 바일 듯.

지금 우리 소학교육에 대하여 가장 어렵고 가장 큰 문제는

첫째, 국문 전용

둘째, 한문 완전 폐지

선생과 장자長者(덕망이 높은 어른)가 표면 당돌한 이 말을 한번 들으면 올빼미와 원숭이의 나쁜 소리를 대낮에 듣는 듯 통매痛罵할지며, 몇백년 대대로 전한 가보家寶를 강도에게 강탈당하는 듯 분노할지며, 또 혹 큰 쇠몽둥이가 머리 위에 떨어지는 듯 정신이 아찔할지나, 애국하는 진정으로 국민의 계속자(계승자) 되는 유치幼稚 자녀의 기르지 않은 지각을 함양 개발하는 일에 대하여 심사숙고한즉, 그 또한 수긍하여 책상을 치고 쾌快를 부르기도 할 듯, 새로 태어나 아직 튼튼하지 못한 장과 위腸胃에 굳고 단단해

서 소화하기 어려운 음식을 준즉, 신체에 자양되지 못하기는 고사하고 일생의 고질병을 반드시 이룰지니, 이와 같이 복잡난해한 한문으로 무르고 부드러워 미숙한 두뇌를 교란하면, 지각을 증장치 못할 뿐 아니라 정신을 닳아 없어지게 하여 백년의 질병 빌미를 양성할지라. 고로 이 문제의 해결이 생리상으로도 본인의 논論에 좌단左袒[2]할지오녀.

"그런즉 소학 교과서의 편찬은 국문을 전용함이 가한가?"

가로되, "그렇다".

"그런즉 한자는 사용하지 않음이 가한가?"

가로되, "아니라. 한자를 어찌 가히 폐지하리요? 한문은 폐지하되 한자는 가히 폐지치 못하나니라".

가로되, "한자를 사용하면 이 곧 한문이니, 당신의 완전 폐지라 하는 이야기는 우리의 이해하지 못할 바이로라".

가로되, "한자를 이어 연결하여 구두句讀[3]를 이룬 연후에 비로소 가히 가로되 문文이니, 글자마다 따로 씀이 어찌 가히 가로되 한문이리요? 무릇 우리가 한자를 차용함이 이미 오래되어, 그 동화한 습관이 국어의 일부를 이루었으니, 참으로 그 훈독하는 법을 사용하면, 즉 그 꼴이 비록 가로되 한자이나 즉 우리 국문의 부속품이며 보조물이라. 영국인이 로마자를 취하여 그 국어를 표기함과 같으니, 한자 취해 쓴 연유로 누가 감히 대한국어를 가리켜 한문이라 하리요? 영문 중에 희랍어를 수입輸入 동화한 자가 있음으로 영문을 희랍어로 칭하는 자는 우리의 보지 못하는 바이로라".

그런즉 소학 교과의 서적은 국한자를 혼용하여 훈독하는 법을 취하면 가하거니와, 이에 대하여 국중 부형父兄(학부형)의 참고에 제공할 것은 언어

---

2   '왼쪽 소매를 벗는다' 곧 남을 편들어 동의함. 전한(前漢)의 여태후(呂太后)가 죽자 주발(周勃)이 군중(軍中)에서, 여씨를 돕고자 하는 자는 오른쪽 소매를 벗고 한나라 황실을 돕고자 하는 자는 왼쪽 소매를 벗으라고 명하자 모두 왼쪽 소매를 벗었다는 고사.

3   句는 "한짝을 이루는 연"이고 讀는 구를 이루는 짧은 구절. 심경호, 「기록의 증거력」, 다산칼럼 2022. 12. 26.

의 종류이니, 대개 세계가 넓고 인류가 많되 그 두루 사용하는 언어를 문법상으로 분석한즉,

첫째, 착절어錯節語[4]이니 즉 한어漢語·영어같이 서로 엇갈려〔上下交錯〕그 뜻을 표시하는 자

둘째, 직절어直節語[5]이니 즉 우리나라 말 및 일본어같이 순서대로〔直下〕 그 뜻을 표시하는 자

사람이 그 사상을 소리로 표시하는 것은 언어이며, 형상으로 표시하는 것은 문자이라. 지금에 국한자 혼용하는 책에 착절체법을 사용하면, 이는 문을 이루지 못함이 한문에 직절체법을 행함과 같은지라. 이로써 음독하는 문이라도 이를 힘써 피하여야 가하니, 훈독한 연후에 이 폐단이 스스로 없어질지라. 소학의 교육은 국민자제의 사상을 계발하고 성질을 도야하며 기개와 절조를 북돋고 권장하여, 국가의 그 국가 되는 체통을 세우며 민족의 그 민족 되는 혈통을 이어, 이 나라의 가히 사랑함을 알게 하며 이 나라의 가히 존경함을 알게 하여, 이 나라를 위하여 살게 할지며 이 나라를 위하여 죽게 할진즉, 이 나라의 말과 이 나라의 글을 주로 사용치 않고 가할까? 감히 한마디로써 국중 부형에게 묻노라.

---

4   예컨대 'I have a meal'처럼 목적어가 뒤로 가고 서술어가 앞으로 오는 언어. 굴절어.
5   예컨대 '밥을 먹는다'처럼 목적어 다음에 서술어가 오는 언어. 교착어.

7장
『노동야학 독본 제일勞動夜學 讀本 第一』[1]
(1908)

제22과 노동의 거룩E祿[2]한 일

거룩하도다 노동이여, 국가의 근본이 이에 있으며, 사회의 근본이 이에 있나니, 부강코저 하는가? 노동을 잘하여야 되고, 문명하려 하여도 노동을 잘하여야 되나니라.

그러한 고로 노동하는 사람이 없으면 나라도 없고 사회도 없나니, 사람 세상의 개화하는 분수는 노동하는 사람의 일하는 힘과 맞서 나니라.

영국이 가멸다 하는가? 덕국이 굳세다 하는가? 법국法國(프랑스)이 좋다 하는가? 노동하는 사람이 그 나라와 그 사회를 만들지 아니했으면 그리 되지 못하나니, 우리나라 동포님네, 저 사람의 노동을 보소. 우리도 잘하면은

1　유길준이 짓고 발행한(융희 2년 7월 13일) 최초의 노동야학 교과서다. 국한문체지만, 일본의 루비(ruby)처럼, 한자 옆에 한글로 음독 또는 훈독을 달아, 한자를 몰라도 읽을 수 있는 문체를 실험했다. 나는 그 뜻을 살려 한글'위주로, 띄어쓰기하고, 약간만 현대맞춤법으로 수정했다. 총 50과로 이루어진 이 독본에서 몇 과를 뽑아 싣는다. 출전은 『유길준전서 [II]』 301~08, 312, 349~50, 353~75면.

2　'거룩하다'를 '녹봉이 크다'는 '거룩(E祿)'으로 유길준이 부러 바꿨다.

그리되고도 남나니라.

세계 각국 임금님께 아뢰노니, 폐하께서 수라하시는 진지와 어거하시는 의대(衣襨, 임금의 옷)를 누가 만들어 드리압나이까? 감히 가로되 노동하는 백성의 충忠이라 하압나이다.

묻노라, 부귀하는 사람들아? 당신네 좋은 집과 좋은 밥과 좋은 옷에, 나가며는 높은 수레 들어오면 비단요에, 소원성취 한이 없이 족한가? 평생 이러하니 팔자 좋다 말씀 마소. 뉘 힘으로 아시나뇨? 노동하는 형제분이 힘들이고 땀나이어(땀내어) 주야장천晝夜長天 하는 일이 세상 사람 도와주네.

노동이라 하는 말씀은 수고로이 움직인다는 함이니, 이로 보건대 노동하는 그 사람이 저의 몸을 움직임이나 그 힘이 실상은 세계를 움직이나니라.

거룩할손 노동이야! 사람이사 근본이 이 아니고 또 있는가? 내 노릇을 내가 하기는 대신大臣 의자에 앉았거나 대신 교자轎子[3]를 머이거나(메거나), 이도 저도 매한가지니, 낮은 일이라고 싫여 마오, 벌이하기에는 귀천이 없나이다.

제23과 노동가

노동하는 동포님네 대한남자 우리로세

우리힘이 나라되고 우리땀이 사회되네

수고롭다 말씀마소 움직이네 우리세계

인간사를 돌아보니 만가지로 벌었는데(벌려 있는데)

그중에도 첫째됨은 사는노릇 세가질세

농부되어 밭을갈고 목수되어 집을짓세

---

3 조선시대에, 종일품 이상 및 기로소(耆老所)의 당상관이 타던 가마. 앞뒤로 두 사람씩 네 사람이 낮게 어깨에 메고 천천히 다녔다.

누에치고 면화심어 길쌈하니 옷감일세
부귀공명 무엇인고 성현호걸 이것일세
저사람네 사는방법 달려있소 우리손에
거룩할사 노동이야 우리노릇 이러한데
그누라서 천賤타할까 동포님네 생각하게
정직하온 마음으로 성실근면 겸했네
헛말씀은 순지르고⁴ 거짓행실 뿌리끊게
남의일이 내일이니 정성으로 하여보세
추위더위 무릅쓰고 비장마와 눈보라에
굴치않고 어서하자 맡은일이 짐이되네
약속시간 어길손가 세상만사 신信이로세
일하기와 품팔기는 내힘으로 내가사네
부모님을 기꺼이며⁵ 안해자식 기르기에
편히놀고 할수있나 괴로움이 즐김일세
한집일만 하지말고 여러분이 단체되게
외줄기로 묶어놓고 한결같이 움직이세
산이라도 빠힐지온⁶ 바다라도 머힐지니⁷
우적우적 나아가세 힘들이고 땀나이여
노동일세 노동일세 우리나라 부강토록
우리사회 문명하게 효성으로 피는꽃을
드리오자 부모님께 충성으로 맺은열매
바치오자 임금님께 광명정대 이렇듯이

---

4   筍지르다, 초목의 곁순을 잘라내다.
5   기껍게 하며.
6   뭉텅 빼다.
7   메울지니.

대한남자 노동하세

제24과 노동 연설 1[8]

여보시오, 노동하는 동포님네. 이 내 말씀 들으시오. 세상에 앉아서 일하
는 사람도 많은데, 당신네는 어찌하여 서서 하시오? 그러면 앉은 사람은
무삼(무슨) 일을 하오? 그는 마음(心)으로 하지요. 어떠한 일이 마음으로 하
는 것이오? 눈에 보이지 아니하고 손에 잡히지 아니하니 서서 하는 일과는
다르지요. 그렇지만은 서서 하는 일이 어데서 나온 줄을 아시오? 대저 서
서 하는 일은 힘으로 하는 노릇이라, 마음으로 하는 일을 따라가지요. 당신
네 여러분 중에 혹 어제 저녁이나 오늘 아침이라도 어느 사람의 심부름이
나 이삿짐으로 이 동네루서[9] 저 동네까지 갔다오신 일이 있소? 이는 당신
의 힘이 그 사람의 마음을 따라다니는 것이오. 당신네 각기 한몸으로 보아
도 마음이 시키여야 힘이 하지요. 그러하기 사람의 일은 마음 쓰는 노릇도
있고 힘쓰는 노릇도 있으니, 마음 쓰는 일은 앉아 하는 노릇이요, 힘쓰는
일은 서서 하는 노릇이라. 마음 쓰는 사람만 있으면 천하의 일을 어찌 운전
하며, 힘쓰는 사람뿐 있으면 천하의 일을 어찌 경륜하리오?

이러한지라 사람의 세상에는 마음으로 하는 일과 힘으로 하는 일이 나
는 새의 두 나래 있음과 같으니, 한가지라도 궐厥(빠짐)하면 세상이 되지 못
할지로되, 앉아 하는 노릇은 한 사람이 천백 사람을 부리고, 서서 하는 노

---

8   이 장은 기본적으로 맹자에서 왔다. "마음 쓰는 자(勞心者)는 사람을 다스리고, 힘쓰는 자
     (勞力者)는 사람에게 다스림을 받는다. 사람에게 다스림을 받는 자는 사람을 먹이고, 사람
     을 다스리는 자는 사람의 먹임을 받는 것이 천하의 통의(通義)다(勞心者 治人 勞力者 治於
     人, 治於人者 食人 治人者 食於人 天下之通義也)." (『맹자』「등문공상滕文公上」) 그럼에도
     구당은 양자를 새의 두 날개에 비함으로써 노력자를 보다 중시했다.
9   이 동네로부터.

롯은 천백 사람이 한 사람에게 부리우는 고로, 힘은 한 사람의 일만 하여 마음같이 크게 미치지 못하니, 이 일이 저 일보다 천하다 함이며, 저 일이 이 일보다 귀하다 함이지요.

그러하되 세상에 앉은 사람이 적고 섰는 사람이 많아야, 그 나라가 부강하고 그 사회가 문명하지요. 섰는 사람은 앉은 사람이 없어도 그대로 살려니와, 앉은 사람은 섰는 사람이 없으면 잠시도 못 견디지요.

제27과 노동 연설 4

노동하는 동포님네, 사람이 배우지 못하면 무식하다 하나니, 무식하다 함은 아는 것이 없다 하는 말씀이라. 여러분, 어려서 배우지 못했으나 지금부터라도 배우기만 하면 될 터인데, 어찌하여 무식한 사람 되시려 하오? 배우는 것은 글뿐 아니라 말과 행실을 다 배워야 하지요.

문자로 말씀하면 우리나라의 글이 천하에 제일이요. 한문도 쓸데없고 일본문도 쓸데없고 영국문은 더군다나 쓸데없으니, 우리나라 사람에게는 우리나라의 국문이라야 하지요. 우리가 이러한 좋은 글이 있는데, 어찌하여 배우지 않고 나라에 무식한 사람이 많소? 여러분, 배우시오. 며칠 아니 되어 국문 보는 법을 깨치시리다. 한번만 깨치시면 아무리 어려운 글이라도 다 보시리니, 나라의 문명은 무식한 사람이 없어야 된다 하오.

말과 행실을 배워야 한다 함은 당신네 들으시기에 혹 이상할 듯하오. 배우지 않기로서 무슨 말씀을 못하시며 무슨 행실을 모르시겠소마는, 옥은 닦을수록 윤택하고 쇠는 불릴수록 견강堅强하듯이, 사람이 배울수록 지식이 높아지지요. 대개 사람이 말씀은 그 몸의 문채文彩(아름다운 광채)며 행실은 그 몸의 보배라. 배워도 능치 못한 일이 많거든, 하물며 당초부터 배우지 아님이리요? 여러분네 동포 중에 어떠한 분은 과연 미안한 일이 없지 아니하니 생각하여 보시오. 말끝마다 헛맹서 짓거리를 당신은 잘한다 하시겠소? 일마다 품삯 덧거리(바가지)를 당신은 잘한다 하시겠소? 벌기만 하면 한냥이나 열냥이나 술 노름에 다 없애고 집안 식구 모르는 체가 당신도 잘한다고는 못하시지요? 이 말씀이 당신에게 무례한 듯하나, 동포 형제의 서로 사랑하는 도리와 정의情義로 차마 남의 일 보듯 그저 있지 못하여 두어마디 지껄임이오니, 깊이 헤아리시며 널리 용서하시기를 바라오.

제47과 경쟁

경쟁은 다투고 다툰다는 말씀이니 공연히 사람더러 서로 다투라 함이 아니라. 그러하기 입으로 떠들어 말씀으로 서로 다툼이 아니며, 주먹으로 겨뤄서 힘으로 서로 다툼이 아니요, 무슨 일이든지 내가 남보다 나으려고 하여 잘하기를 힘쓰는 일이니, 가령 선배(士)가 남보다 잘하려고 하는 것은 이는 '선배의 다툼'이요, 장사가 남보다 잘하려고 하는 것은 '장사의 다툼'이요, 장색匠色(수공업자)이 남보다 잘하려고 하는 것은 '장색의 다툼'이며, 농사를 남보다 낫게 하고저 하면 이 또한 '농사의 다툼'이라. 그러한 고로 사람의 일이 서로 다투지 아니한즉 천만 사물의 경황景況이 뒷걸음질치나니라.

옛 사람이 가로되, "그 다툼이 군자라"[10] 하니, 군자는 현인을 일컬음이라. 다투는 일이 만일 좋지 아닐진대 어찌 군자의 일이라 했으리오?

넉넉한즉 있음(存)과 용렬한즉 멸滅함이며, 굳센 자는 이김과 약한 자는 패함이, 하늘도(天道)의 떳떳함이요, 사람일(人事)의 마땅함이라. 그러한 고로 사람이 남보다 넉넉하여야 될지며 굳세야 될지니, 그 넉넉고저 함과 군

10 　"기쟁야군자(其爭也君子)." 『논어』「팔일편(八佾篇)」. 군자는 다툼이 없어야 하지만 불가피하게 다툴 때에도 군자다워야 한다는 뜻.

세고저 함이 다툼이어날, 만일 사람과 나둠이 군자의 일이 아니라 하여, 거 짓 겸손과 빈 사양으로 스스로 높은 체하고 세상의 변하는 형세를 살피지 아니하면, 그 결말은 용렬하고 약하기에 그치나니라.

사람이 각기 한 사람의 경쟁을 능히 한 연후에야 그 몸이 비로소 세상에 서나니, 그러한 고로 나라도 경쟁하는 역량이 없은즉 천하 만국의 사이에 서지 못하거니와, 경쟁한다고 공경하는 예와 사랑하는 덕을 돌아보지 아 니하면, 나라가 도리어 위태하니, 힘쓸지어다 경쟁함은 그 도가 있나니라.

경쟁하는 일이 없으면 사람의 세상이 다시 야만시대 되나니, 세계의 진 보는 경쟁에 있나니라. 생각하여볼지어다, 이제 우리나라 사람이 능히 세 계로 더불어 다투는가?

제49과 외국 사람과 교제하는 일

천하에 나라는 한둘이 아니니 우리나라 외에는 다 남의 나라이라. 대개 우리나라이라 하는 말씀은 우리 동포가 한가지〔共〕 사는 나라를 이름이니, 우리는 우리나라를 위하여 잘되게 함이 옳으니라.

남의 나라 사람을 외국 사람이라 하나니, 일본 사람이나 청국 사람이며 영국 사람과 미국米國 사람 같은 자가 다 외국 사람이라. 그러한 고로 우리 나라 사람 아니면 다 가로되 외국 사람이라 함이니라.

외국 사람이 우리나라에 오기는, 우리 임금의 성명聖明하신 덕화德化를 사모하며, 우리 정부의 공평한 법률을 믿으며, 우리나라 사람의 예의 있 는 풍속을 기꺼하고, 또 우리나라의 물산이 풍족함과 산수의 경치가 좋음 을 사랑하여, 천리만리를 멀리 여기지 아니하고, 정부는 영사領事를 보냄 이며, 백성들은 장사이나 공장〔工〕이나 선배〔土〕며 농사하는 이가 서로 이 끌고 다투어 이름이니, 우리는 주인이요 외국 사람은 다 손이라. 주인 되는 도리에 손 대접을 잘하여야 옳으니라. 우리나라 사람이 타국에 가서 대접을 잘못 받는다 하면, 우리가 듣고 성나이며 분히 여기나니, 이와 같이 우리가 타국 사람을 잘못 대접할진대, 그 나라 사람들도 또한 그저 있지 아닐지라. 그러한 고로 외국 사람을 아무쪼록 잘 대접하여야. 모른다고 못된 소리로 욕하지 말며, 외롭다고 업수이 여기지 말며, 또 혹 홀로 거居하고 외로이 행하여 서로 도와주는 동무 없는 자이(가) 있을진대, 우리나라의 풍속을 아지 못함으로 그러하다 하여 용서하되, 사람의 권리에 이르러는 조금이라도 범하는 자를 허치 아닐지니라.

노동하는 사람이 혹 타국 사람의 고용이 되거나 사환使喚이 되거나 또 잠시간 품팔이를 하더라도, 정성으로 힘을 쓰고 조금이라도 속이지 말며 부지런히 움직여서 공空한 삯을 받지 말지어다. 우리 이천만 동포 중에 한 사람이라도 더러운 이름 들으면, 이는 이천만이 같이 당하는 혜임(셈)인즉, 우리 대한국의 죄인 되기를 면치 못할지니라.

외국 사람이라고 서어齟齬히(서먹하게) 여기지 말지어다. 천지간 사람 되기는 한가지니, 옛 사람이 가로되, "사해四海가 다 형제라"[11] 하니라. 그러하기 서로 사랑하는 마음으로써 서로 교제하고 서로 미워하지 말지어다.

제50과 스스로 도움自助[12]

"하늘이 스스로 돕는 사람을 돕는다"[13] 하니, 하늘이 돕는다 함은 곧 사

---

11 "군자가 공경하여 실수함이 없으며, 사람과 더불어 공손하여 예가 있으면, 사해 안이 모두 형제일 것(君子 敬而無失 與人 恭而有禮 四海之內 皆兄弟也)." 『논어』 「안연(顏淵) 편」.

12 나까무라 마사나오(中村正直, 1832~91)가 1871년, '빅토리아 중기 자유주의의 성경'이라 일컬어진 사뮤얼 스마일즈(Samuel Smiles, 1812~1904)의 Self Help(1859)를 『사이꼬꾸릿시헨(西國立志編)』으로 번역 출간한바, 선풍적인 인기로 '메이지시대의 성경'으로 부상함. 나중에 『자조론(自助論)』으로 다시 번역됨.

람이 스스로 도움이라. 대개 사람이 저의 일을 제가 함이 저의 몸을 도움 인즉, 제가 저의 일을 아니하면 이는 제가 저의 몸을 돕지 아님이오녀. 그러한 고로 사람이 스스로 도운 연후에 남이 돕나니, 스스로 돕지 아니하면 사람이 또한 돕지 아니한즉, 이는 가히 가로되, "하늘이 스스로 돕지 아니하는 사람을 돕지 않는다" 할지라.

사람이 서로 돕는다 하나, 스스로 돕지 아니하는 사람은 돕지 못하나니, 그러한 고로 남의 도움을 받기도 저에게 있은즉, 남의 도움이 실상은 스스로 도움이로다. 속담에 일렀으되, "구슬이 서말이라도 꿰여야 구슬이라" 하니, 고기 잡고저 하는가, 그물을 가지고 물에 들지며, 나무 하려 하거든, 도끼를 머이고(메고) 산에 오를지어다. 나무 하는 도끼로 물에 향하며, 고기 잡는 그물로 산을 찾으면, 사람이 비록 돕고저 하나 무슨 일을 도우리오? 이는 그 하는 일이 스스로 돕는 도에 어김일새니라.

그러한 고로 천하만사가 그 근본은 다 나에게 있으니, 내가 잘하면 나의 복이 되고, 내가 잘못하면 나의 재앙이 되는지라. 옛 말씀에 가로되, "화복禍福은 스스로 구하지 않는 자가 없다"[14] 하니라.

사람이 상常해(항상) 남을 도울 마음이 있어야 악한 일을 행치 아니하며, 또 남의 도움도 오나니, 스스로 도움이 실상은 서로 도움이오녀. 가령 농부가 공장工匠의 물건을 사니, 이는 공장이 간접으로 공장을 도움이로다. 이한 일이 이러할 뿐이니라. 사람이 세상에 살려 하면, 천가지 만가지가 다 서로 바꾸는 일이니, 서로 바꿈이 곧 서로 도움이요, 또 서로 도움은 이에 스스로 돕는 일이라. 농부가 농사하는 일로 스스로 돕지 아니하면, 능히 공장을 돕는 곡식이 없을진즉, 공장이 비록 물건이 있어도 농사 아니하는 농부를 돕지 못하나니, 그러므로 물건 만들지 않는 공장은 농부가 곡식 있어도 또한 돕지 못하나니라.

---

13   『자조론』 서문에 나오는 격언, "Heaven helps those who help themselves".
14   "禍福無不自己求之者." 『맹자(孟子)』 「공손추상(公孫丑上)」.

고로 가로되, "사람은 스스로 돕는다" 하나니, 스스로 돕지 아니하는 사람은 하늘도 돕지 아니하며 사람도 돕지 아니하나니라.

8장
「『대한문전』자서大韓文典 自序」[1]
(1909)

읽을지어다, 우리 『대한문전』을 읽을지어다, 우리 대한 동포여, 우리 민족이 단군의 빼어난 후예로, 고유한 언어가 있으며, 특유한 문자가 있어, 그 사상과 의지를 소리로 발표하고, 기록으로 전하매, 언문일치의 정신이, 4천여의 세월을 일관하여, 역사의 참얼굴을 보존하고, 습관의 실정을 증험하도다.

그러나, 언어는 배우지 아니하여도 능하며, 문자는 형상이 단순하고, 용법이 간이簡易하여, 배우기에 시일을 허비치 아니한즉, 이로 말미암아 서로 전해 연구하는 공부를 더하지 아니하며, 구조口調(말의 가락)의 전와轉訛(어떤 말이 본래의 뜻과 달리 전해져 그릇되게 굳어짐)로 음운의 차가 발생하고, 글자 꼴의 변화로 부호의 오류가 보이되, 교정하는 법을 행치 아니하여, 금일에 이르러는, 그 사용이 정곡을 잃은 것이 많을뿐더러, 문전文典[2]의 명의名

---

1   일본 망명기(1896~1907)에 저술된 우리나라 최초의 국어문법서 『조선문전(朝鮮文典)』을 최종 개정한 『대한문전』(동문관同文館 융희 3년)의 국한문체 서문이다. 쉼표와 마침표가 사용되고 문단도 나눴는데 종서를 횡서로 바꾸고 띄어쓰기하고 아래아(、)는 현대어로 고치고 한자병용함. 출전은 『유길준전서 [II]』107~11면.
2   본문 맨앞에 "사람의 사상을 정확히 발표하는 법"(119면)이라고 정의함. 곧 문법.

義는 꿈도 꾸지 못했도다.

그러한 중, 몇백년 한문 숭배하는 기풍이, 전국을 풍미하여, 서쪽 이웃(중국)에서 빌려온 나그네 글자가 국민의 정음(훈민정음)을 쫓아내, 학사學士의 책상머리를 떠나며, 사장詞匠(문장가)의 붓끝을 떠난즉, 아편 연기에 중독됨같이, 마쳐 더욱 심하여, 사람의 성姓, 지명과, 국호까지도, 한자로 고쳐 썼으니, 이 말을 의심하거든, 옛 역사를 한번 볼지어다. 을지乙支의 성은 어디에 다시 볼고, 갈파지葛坡知(함경남도 삼수군의 지명)와 가리개加里介(전라남도 화순의 지명)의 이름이 지금 세상에 아직 그대로 있거니와, 졸본卒本이니 서라벌徐羅伐이라 하던 호칭은 그 뜻이 어디에 근거한 것인가. 상상컨대, 이 모두 그때 사람의 말을, 저 한자로 번역해 씀이오녀.

대개 그 글자는 상형문자〔象符〕라, 우리의 표음문자〔音符字〕와 그 성질이 다른즉, 도저히 같이 사용할 수 없는 고로, 문자가 말을 싣지 못하고, 말이 문자를 짝하지 못하여, 판연히 언문 불일치의 결과를 발생하매, 청춘으로부터, 백수白首에 이르도록, 형설螢雪[3]의 괴로움을 쌓아도, 그 피상적 앎을 얻는 자가, 백에 한둘에 지나지 아니하니 이를 말미암아, 국중의 보통문학普通文學되지 못함으로, 눈앞의 'ㄱ'자를 알지 못하는 사람이, 모두 다일뿐더러, 문전文典의 학은, 저기에 있어도 본국에 없는 연유로, 비록 큰 선비의 이름이 있는 자라도, 그 의의에 생각이 미치지 못함인저.

세월을 거침이 오래매, 그 사용이 더욱 관행이 되어, 국인의 귀와 눈에 점점 익숙하여, 언어 사이로 당겨 들어가는 예가 발생한즉, 자연 동화하는 법이 우리나라 말의 일부를 이루니, 이것이 저 고대 희랍 및 라마羅馬(로마)의 죽은 말〔死語〕이 오늘날 영길리·불란서 여러 나라에서 활용되는 말로 바뀐 이치와 한 수레바퀴 자국이로다.

지금 무릇 순연한 한자로 엮은 문장을, 표면으로 보는 때는, 우리의 국문

---

3   중국의 진(晉)나라 차윤(車胤)이 반딧불을 모아 글을 읽고, 손강(孫康)이 겨울밤에는 눈빛에 비추어 글을 읽었다는 고사에서 유래하여, 가난 속에서도 열심히 공부함을 이름.

아니라도, 그 의미의 해석은 우리의 국어를 반드시 의시하는지라, 고로, 우리나라에는, 한자는 사용하되, 한문은 사용하지 않아, 우리의 한 보조물이며, 부속품 되기에 그치는 것인즉, 그 독법은, 음독音讀을 말미암든지, 훈독訓讀을 위주하든지, 우리의 문전에 의하여, 성립하는 외에는, 다른 길이 없고녀.

그런즉 우리의 글자를 우리가 사용하며, 우리의 말을 우리가 사용하니, 이 곧 자연한 천기天機에서 발하는 것이라, 하필 문전의 있음을 기다려, 그 법을 비로소 이해하리요 하나, 이는 결코 그렇지 아니하니, 수레가 바퀴 없이 능히 구르며, 배가 키 아니고 능히 행하는가. 이 때문에 우리가 여러 해의 연구를 거쳐, 이 책을 지음이로니, 감히 가로되, 신묘한 이치를 깨달으며, 깊은 뜻을 밝게 드러내, 남은 것이 없다 함이 아니요, 양식에 따라 조롱박을 그림이, 앉은뱅이가 한단邯鄲의 걸음 배우는 추태[4]로되, 모로 가도 서울만 가면 됨은 거의 이루어질 듯, 그 의의를 천착함에, 투식套式(상투형)의 그르침으로, 눈 갖춘 자의 조롱을 면치 못할지나, 대방군자大方君子(문장이나 학술이 뛰어난 선비)의 수정하는 공을 빌어 선미善美한 구역에 들어감은, 그날로 반드시 해낼 것을 가히 기약할지니, 이로써, 자족하여, 그 흡족치 못함을 자위自慰하노라.

읽을지어다, 우리 동포여, 천하만국에, 그 특유한 언어문자가 있고, 문전 없는 국민은 없으니, 읽을지어다, 이 문전을.

---

4   조(趙)나라의 도읍 한단에서 그들의 걸음걸이를 배우려다 원 걸음도 잃었다는 추태의 고사.

9장
『20세기지대참극 제국주의』의 서[1]
(1908)

    만국을 가히 하나로, 오족五族(황인종·백인종·흑인종을 비롯한 다섯 인종)을 가히 하나로 할진대, 즐거울진저! 천하의 일을 이리 봄도 가할 터. 무릇 약자가 보합保合을 원願으로 삼음은 정情이요. 강자가 발전을 바람은 세勢다. 꽃은 피고 새가 울며, 물은 흘러 구름이 일어나듯 자연스러울 뿐. 저 이른바 국민주의라는 건 누가 무얼 위해 만든 것인가? 저 이른바 제국주의라는 건 누가 시켜 그렇게 하는 것인가? 경계로 말미암아 서로 부딪치고, 삶이 있으면 반드시 생존하려고 하는 법. 경쟁은 이에 진취의 문이고, 전쟁은 여기 평화의 바탕인즉, 결국 동화의 이치란 우열優劣을 통일하는 것. 바라보매 국민주의도 제국주의도 바로 통일의 도구로 되는 데 불과할 터.

    오늘의 통일은 옛날처럼 남의 나라를 군郡으로, 남의 사社[2]를 집으로 함

---

1   변영만(卞榮晩)이 역술한 『二十世紀之大慘劇 帝國主義』(광학서포廣學書舖 1908)에 부친 구당의 한문체 서문이다. 『유길준전서』에도 빠진바, 출전은 실시학사 고전연구회 편, 『변영만전집: 하』, 성균관대 출판부 2006, 42면. 여기 수록된 원문 및 번역을 참고하여 내가 새로이 했다. 단재 신채호도 적지 않게 감탄한 명문이다. 변영만, 「나의 회상되는 선배 몇 분」, 『신동아』 1936.7, 『전집 하』, 271면.
2   토지신을 모신 곳. 곡신을 모신 직(稷)과 함께 '사직단'을 가리킴.

을 이르지 않는다. 피차 각 나라가 그 나라 하고, 각 임금이 그 임금 하면서, 별도로 만국 공통의 일대 정부를 세워 세계사무를 관리하고, 세계인으로 하여금 세계의 생활을 지은즉, 그때 나는 장차, 강고한 함대가 상려商旅(타국을 다니면서 장사를 하는 사람)의 편리에 이바지하고, 예리한 병장기가 농공農工의 연장으로 화하고, 천하의 동산을 들어 일가一家 가운데 둠을 볼 것이다. 밝은 창, 가을 햇살, 서구西球로부터 돌아와³ 등을 지지며,⁴ 이처럼 세계몽世界夢을 짓도다.

융희隆熙 2년 9월일 구당거사居士 유길준

3　구당은 1896년 2월 아관파천으로 일본으로 망명하여 1907년 8월 순종의 사면으로 11년 만에 귀국했다. 이 글은 그 1년 뒤에 쓰여진바, '西球'(서양)로부터 돌아왔다고 한 점이 흥미롭다. 일본을 서양으로 여겼든지, 아니면 예전 갑신정변 소식에 미국 유학을 중단하고 귀국길에 올라 1885년 12월 귀국한 그때 이미 이런 꿈을 꾸었는지도 모르겠다.

4　아마 온돌 아랫목에 누운 것을 가리킬 것.

부록

선친약사(1914)[1]

개국 465년 병진丙辰(철종 7년, 1856년) 10월 24일[음력 9월 25일]에 계동桂洞 본제本第(본가)에서 출생하여 9세에 가정에서 학업을 처음 받았다. 11세 때에 불란서 선박이 강화도에 내침함(병인양요)에 경사京師(서울)가 시끄러움으로 온 집안이 피하여 광주廣州 선영先塋의 아래 이사해 살다가, 점차 성장함에 경성에 다시 와 외조外祖 이공(李公)[휘諱 경직敬稙, 휘는 죽은 어른의 생전의 이름]에게 수학하여 학업이 점점 나아가니 환재瓛齋 박공(朴公)[휘 규수珪壽]이 극히 칭찬하여 은근히 후일 국가의 일을 부탁하는 뜻을 보이더라. 26세 때(1881년)에 동경에 유학하니 유학생의 효시러라. 경응의숙慶應義塾[2]에 들어 복택福澤 선생에게 수학하여 무릇 3년을 지내고, 본국에 돌아온즉 통리교섭통상사무아문 주사를 임명하나 취임치 아니하고, 같은 해(1883년)에 보빙사절報聘使節을 따라 북미합중국에 갔고 일행이 일이 끝나 귀국하

---

1   「선친약사(先親略史)」를 부록으로 올린다. 장자 만겸이 국한문체로 작성한 이 약사는 유길준의 다단한 생애를 간명하게 정리한바, 출전은 『유길준전서 [V]』(363~65면)다. 오자가 많다. 되도록 원문을 살리면서 한글로 풀었다.

2   후꾸자와 유끼찌(福澤諭吉)가 1858년 난학숙(蘭學塾)으로 설립하여, 1868년 케이오기주꾸(慶應義塾)로 바꾸고, 1920년 케이오기주꾸대학으로 승격함.

되 홀로 돌아가지 아니하고, 관비로 마주摩州 담마학원[3]에 수학[미국米國 유학생 효시]하여 3년을 지낸 뒤 구주를 시찰하고 본국에 돌아오니, 그사이에 박영효, 김옥균, 홍영식 제공이 국정을 개혁코저 하다가 실패하고 그 동지 인사는 거의 다 살육된지라. 본국의 지경에 들어옴에 미쳐 김·박과 같은 당의 혐의를 받아 남대문 밖의 길 가운데에서 체포되어 목숨이 경각에 있더니 다행히 이교익李喬翼,[4] 조강하趙康夏[5] 두 공의 극력 구호함을 얻어 죽음을 면하고, 당시 포도대장 규설圭卨 씨 집에 구류한 바 되어 1년을 경과한 뒤 한韓 장신將臣(장수)의 구호를 더욱 받아 백록동에 옮겨 유폐하니 때는 개국 496년(1887년)이라.

백록동에서 책을 읽어 스스로 즐기며 『서유견문』을 벽지壁紙를 취하여(뜯어) 다시 지으니, 때에 국가와 외교 사항이 다단하나 대국大局의 정세를 통효通曉(통달)하는 자가 드묾으로 홀로 근심걱정하고 때때로 군주의 명에 의하여 외교문서를 번역해 올리는 동시에 의견을 개진해 아뢰고 왕왕히 당로當路한 여러 사람의 요청에 응하여 대외관계 중 중대한 사항의 타결 방략을 지시하며 또 그 교섭문서를 기초하여 국가의 치욕과 손해를 제거하되 생색내 자랑치 아니하고 태연히 유폐에 스스로 편안하더라. 개국 501년(1892)에 이르러 구금을 비로소 풀되 또한 경성 떠남을 불허한즉 본제는 광주에 있어 집은 가난하고 부모는 늙었으나 돌아가 봉양치 못하고 여사旅舍(여관)에 우처寓處했더라.

개국 503년(1894)에 통리교섭통상사무아문 주사를 다시 임任하고 같은 해 여름 일청전쟁에 즈음하여 국정을 개혁하기에 이른즉 드디어 공천公薦을 입어 통리교섭통상사무아문 참의參議를 배拜하고 군국기무처軍國機務

---

3   淡馬學院, Governor Dummer Academy. 매사추세츠(Massachusetts)주에 위치한 더머학원.
4   고종 때 성균관 대사성과 공조판서 등을 역임한 문신.
5   원문에는 '조광하(趙廣夏)'이나 '조강하'로 수정함. 조대비의 조카로 예조판서와 경상관찰사 등을 역임한 문신.

處[6] 위원에 파견되어 무릇 한달 안에 동부승지, 형조참의, 예조참의를 거쳐 같은 해 7월에 의정부 도헌都憲에 오르고 9월에 일본에 사신으로 나가 10월에 복명하고, 504년(1895) 4월에 내각 총서總書에 임했다가 5월에 내부협판에 임하여 대신大臣 사무를 서리署理하고 8월에 의주부義州府 관찰사를 임하여 장차 부임코자 하더니, 때마침 황후 시역의 변(을미사변)이 일어나 인심이 요란한즉 내부협판에 다시 임하여 난국을 당케 하며, 9월에 내부대신 사무를 서리케 했다가 10월에 내부대신을 임한지라.

수상 김홍집 씨로 더불어 국정의 개혁에 노췌勞瘁(지치고 힘들어서 파리함)하여 밤낮으로 분연히 몸을 돌아보지 아니하더니, 건양建陽(고종이 칭제하고 처음 정한 연호) 원년(1896) 2월에 황제께서 노국 공관에 파천하시고 내각이 전복한즉 본관을 면하고 일본에 피해 가 강호해도江湖海島에 주유하되 항상 고국 국정의 위태로움과 그릇됨을 탄식하여 개혁의 계획을 일으킨 일이 있었으며, 12년간을 지나 융희 원년(1907) 9월에 은유恩宥(사면)를 입어 본국에 돌아오니 그사이에 부모가 모두 돌아가시고 온 집안이 표박하며 하물며 국사國事는 더욱더욱 날로 그르칠새 뜻을 접어 마침내 벼슬의 뜻을 끊고 궁내부宮內府(한말에 왕실에 관한 일을 맡아보던 관아) 특진관特進官에 임하나 세차례 소를 올려 면체免遞하고, 민간에서 교육과 자치의 발흥이며 실업의 진흥에 전념하니 흥사단과 한성부민회漢城府民會 및 지방의 민회 등의 조직이 있었으며 예전에 스스로 지은 『대한문전』의 발간과 노동 신성의 정신을 고취함이더라. 은사恩賜하신 노량진 옛 용양봉저정龍驤鳳翥亭에 퇴거하여 조호정詔湖亭이라 이름을 고치고 나무를 심으며 고기를 낚음으로 소요하며 날을 보내더니, 융희 4년(1910) 4월에 훈일등勳一等을 서叙하고 태극대수장太極大綬章을 내리시다.

천민天民이라 호를 고쳐 항상 민업民業 발달에 정성을 다하나 수년래로

---

6   정치·군사에 관한 일체의 사무를 맡아보던 관아. 청일전쟁 직후 일본의 강압으로 관제를 개혁할 때인 고종 31년(1894)에 설치한 것으로, 갑오개혁의 중추적 역할을 했다.

몸이 쇠약하여 요양에 전념하며 또 신명身命을 안락케 하기 위하여 종교서적을 읽게 하여 조용히 듣더니, 병이 중함에 미칠새 스스로 일어나지 못함을 알고 자제 등을 가려 가로되, "내 병이 일어나기 어려우니 내 죽은 뒤에 광주 선친先親의 산 아래 계장繼葬(조상의 무덤 아래에 잇대어 자손의 묘를 씀)하되, 살아 있는 동안 공덕이 이 세상에 없으니 거적에 싸서 묻고 또 영연靈筵(혼백이나 신위를 모신 자리)과 제전祭奠(제사)을 베풀지 말며 곡소리를 내지 마라" 명하더니, 필경 일어나지 못하고 갑인甲寅(1914년) 9월 30일 상오 7시에 장서長逝하니 수가 59세에 당함이라. 유언에 의하여 광주 풍덕동豊德洞 선영 산 아래 장지를 정하여 사회 각계의 호상護喪(장례에 참석하여 상여 뒤를 따라감)으로 안장하다. 〈자 만겸 씀〉

핵심저작

주시경

주시경(1876~1914) 초상

1장
「국문론」[1]
(1897)

배재학당[2] 학원學員(학생) 주상호周相鎬(주시경의 초명) 씨가 「국문론」을 지어 신문사에 보내였기에 아래에 기재하노라.[3]

    사람들 사는 땅덩이 위의 다섯 큰 부주浮洲(대륙) 안에 있는 나라들이 제가끔 본토 말들이 있고 제가끔 본국 글자들이 있어서 각기 말과 일을 기록하고, 혹간 말과 글자가 남의 나라와 같은 나라도 있는데, 그중에 말하는 음대로 일을 기록하여 표하는 글자도 있고 무슨 말은 무슨 표라고 그려놓

---

1   한힌샘 주시경(1876~1914)의 첫 글이다. 소리나는 대로 받침을 적는 8종성을 폐기하고 표의주의적 새 받침론을 비롯한 여러 혁신안을 주장한 이 뛰어난 한글체 논문은 『독립신문』에 2차 연재되었다. 1차는 1897년 4월 22일과 4월 24일, 2차는 동년 9월 25일과 28일이다. 당시 그의 나이 20세, 배재학당 학생으로 서재필에 발탁되어 『독립신문』 '회계 겸 교보원校補員'으로 일했을 때다. 이기문 「해설」, 이기문 편 『주시경전집: 상』(아세아문화사 1976), 2면.

2   培材學堂. 고종 22년(1885) 미국 북감리회 선교사 아펜젤러가 서울에 세운 우리나라 최초의 근대식 사립학교.

3   출전은 이기문 편 『주시경전집 상』, 1~20면. 되도록 원문에 충실하되 현대맞춤법에 의거하여 고쳤다. 세로쓰기를 가로쓰기로 하고, 문단을 나누고, 문장 부호를 베풀었다. 이하 이 책의 인용은 본문에 면수만 표시함.

는 글자도 있는지라. 글자라 하는 것은 단지 말과 일을 표하자는 것이라. 말을 말로 표하는 것은 다시 말하잘 것이 없거니와, 일을 일로 표하자면 그 일의 사연을 자세히 말로 이야기를 하여야 될지라. 그 이야기를 기록하면 곧 말이니, 이런고로 말하는 것을 표로 모아 기록하여놓는 것이나, 표로 모아 기록하여놓은 것을 입으로 읽는 것이나, 말에 마디와 토가 분명하고 서로 음이 똑같아야 이것이 참 글자요. 무슨 말은 무슨 표라고 그려놓는 것은 그 표에 움직이는 토나 형용하는 토나 또 다른 여러 가지 토들이 없고 또 음이 말하는 것과 같지 못하니, 이것은 꼭 그림이라고 이름하여야 옳고 글자라 하는 것은 아주 아니될 말이라.

또 이 두가지 글자들 중에 배우기와 쓰기에 어렵고 쉬운 것을 비교하여 말하면, 음을 좇아 쓰게 만드는 글자는 자모[모음이란 것은 소리가 나가는 것이요, 자음이란 것은 소리는 아니 나가되 모음을 합하면 모음의 도움으로 인하여 분간이 있게 소리가 나가는 것이라]음에 분간되는 것만 각각 표하여 만들어놓으면 그 후에는 말을 하는 음이 돌아가는 대로 따라 모아 쓰나니, 이러함으로 자연히 글자수가 적고 문리가 있어 배우기가 쉬우며 글자가 몇이 못 되는 고로 획수를 적게 만들어 쓰기도 쉬우니, 이렇게 글자들을 만들어 쓰는 것은 참 의사意思와 규모와 학문이 있는 일이요. 무슨 말은 무슨 표라고 그려놓는 것은 물건들의 이름과 말하는 것마다 각각 표를 만들자 한즉 자연히 표들이 몇만개가 되고 또 몇만개 표의 모양을 다 다르게 그리자 한즉 자연히 획수가 많아져서 이 몇만가지 그림들을 다 배우자 하면 몇 해 동안 애를 써야 하겠고, 또 획수들이 많은 고로 쓰기가 더디고 거북할뿐더러 이 그림들의 어떠한 것이 '이름진 말표'(명사)인지, '움직이는 말표'(동사)인지, '형용하는 말표'(형용사)인지, 암만 보아도 알 수가 없고 또 잊어버리기가 쉬우니, 이는 때를 공연히 허비하고 애를 공연히 쓰자 하는 것이니 참 지각이 없고 미련하기가 짝이 없는 일이라.

옛적 유롭 속에 있는 헤니쉬아[4]란 나라에서 만든 글자들은 자모음을 합하여 스물여섯자로되 사람들의 말하는 음들은 다 갖췄는 고로 어떤 나라 말의 음이든지 기록치 못할 것이 없고, 또 쓰기가 쉬움으로 인하여 지금 문명한 유롭 속의 여러 나라들과 아메리가(아메리카 대륙) 속의 여러 나라들이 다 이 글자로 저희 나라 말의 음을 좇아 기록하여 쓰는지라. 조선 글자가 헤니쉬아에서 만든 글자보다 더 유조有助(도움이 있음)하고 규모가 있게 된 것은 자모음을 아주 합하여 만들었고 단지 받침만 임시하여 넣고 아니 넣기를 음의 돌아가는 대로 쓰나니 헤니쉬아 글자 모양으로 자모음을 옳게 모아쓰려는 수고가 없고, 또 글자의 자모음을 합하여 만든 것이 격식과 문리가 더 있어 배우기가 더욱 쉬우니, 우리 생각에는 조선 글자가 세계에 제일 좋고 학문이 있는 글자로 여기노라.

조선이 가장 처음에는 말을 기록하는 표가 없는 까닭에 기자箕子께서 조선에 오신 후로부터 한토漢土(중국 땅) 한문을 전하고자 하신즉 이루 말로만 가르치실 수가 없어 한토 글자를 가르치셨고, 한토의 사적史蹟을 배우려 하는 사람들도 그 글자를 모르고는 염량炎涼(선악과 시비를 분별하는 슬기)하기가 어려운 고로 차차 그 글자를 공부하는 사람들이 많아졌는지라. 이 글자들은 무슨 말은 무슨 표라고 도무지 학문이 없게 그려놓은 그림인 고로 배우기가 어렵고 쓰기가 어려우나, 이 그림으로 학문도 그려서 배우며 사기史記도 그리며 편지도 그려서 사정도 통했으니 그전에 이런 그림글자나마 없을 때보다는 좀 유조함이 있어 몇천년을 써서 내려오다가, 조선 세종대왕께서 문명의 정치를 힘쓰사 더욱 학문을 국중에 넓히시고자 하시고 서울과 시골에 학교를 많이 세우시며 국내에 학식이 있는 선비들을 부르사 여러 가지 서책들을 많이 만들어내시며 백성을 다 밝게 가르치자 하시나 한문 글자가 배우기와 쓰기에 어렵고 지리한 것을 염려하시고, 서장국西藏國(티베트 왕국) 글자를 인하여 말하는 음을 좇아 쓰게 하여[5] 글자들을

---

4   페니키아(Phoenicia). 기원전 3000년 무렵에 페니키아인이 시리아 중부 지방에 건설한 도시 국가를 통틀어 이르는 말. 기원전 1세기에 로마에 병합되었다.

어리석은 아이라도 하루 동안만 배우면 다 알게 만드사, 국내의 백성을 가르치시며[이름은 훈민정음이라 하셨으니 뜻은 백성을 가르쳐 음을 바르게 하시는 것] 한문 책들을 이 글자로 뜻을 새겨서 판에 박아 내시고 또 새 책들도 많이 만드사 그 한문 글자를 모르는 인민들도 다 알게 하옵셨는지라.

이 글자들은 자음이 여덟가지 표요, 모음이 열한가지 표로 합하여 만드셨는데[ㅣ 이 표는 모음에 든 것인데 받침으로도 쓰고, ㅏ·ㆍ 이 두가지 모음 표는 모양은 다르나 음은 다를 것이 없고, 단지 ㆍ 이 표는 받침이 많이 들어가는 음에만 쓰자는 것] 흐린 자음은 맑은 자음에다가 획을 더 넣고 자음마다 모음을 합하여 맑은 음 일곱줄은 바른편에 두고 흐린 음 일곱줄은 왼편에 두고 그 가운데에 모음을 끼어서 이것은 이름을 반절反切[6]이라 하고, 특별히 글자 음의 높고 낮은 데에 다 세가지 표하는 것이 있으니 낮은 음 글자에는 아무 표도 없고[없는 것이 표라] 반만 높이는 음 글자에는 점 하나 치고 더 높이는 음 글자에는 점 둘을 치는지라. [이 표하는 말은 『독립협회회보』 첫째 번으로 난 책 지석영 씨 「국문론」[7]에 자세히 났더라.]

참 아름답고 은혜롭도다, 우리 큰 성인께서 하신 사업이여. 글자 음이 음률에 합당하고 반절 속이 문리가 있어 어리석은 어린아이라도 하루 동안만 공부하거드면 넉넉히 다 알 만하도다. 전국 인민들의 공연히 때 허비하는 것을 덜어주시고 남녀노소 상하 빈부귀천 없이 다 일체로 편리케 하셨으며, 더욱 오늘날 우리나라 문명정치상에 먼저 쓸 큰 사업이로다. 그 크신 은공을 생각하면 감격함을 이기어 다 기록할 수 없도다. 이렇게 규모가 있

---

5   누락으로 짐작되어 '하여'를 보충함.

6   한글 자모를 반절식으로 배열한 본문. 자음 'ㄱ, ㄴ, ㄷ, ㄹ, ……'과 모음 'ㅏ, ㅑ, ㅓ, ㅕ, ……'를 합쳐 '가, 갸, 거, 겨, ……, 나, 냐, 너, 녀, ……'의 순서로 늘어놓은 것이다.

7   송촌(松村) 池錫永(1855~1935)은 서울 중인 출신으로 우리나라 종두법의 아버지다. 한편 국문의 연구와 보급에도 크게 기여한바, 『대조선독립협회회보(大朝鮮獨立協會會報)』 창간호(1896.11)에 기고한 한글전용체 「국문론」은 그 효시다. 한힌샘이 지적했듯이 송촌의 글은 성조(평성, 상성, 거성)를 표시하여 말뜻을 분명히 하자는 주장이다. "독립하는 나라에 확실한 기초"로서 국문에 대한 관심을 촉구한 송촌의 글을 한힌샘이 계승한 것이다.

고 좋은 글자는 천히 여겨 내버리고 그렇게 문리가 없고 어려운 그림을 애쓰고 배우는 것은 글자 만드신 큰 은혜를 잊어버릴뿐더러 우리나라와 자기 몸에 큰 해와 폐가 되는 것이 있으니, 배우기와 쓰기 쉬운 글자가 없으면 모르되 어렵고 어려운 그 몹쓸 그림을 배우자고 다른 일은 아무것도 못하고 다른 재주는 하나도 못 배우고 십여년을 허비하여 공부하고서도 성취치 못하는 사람이 반이 넘으며, 또 십여년을 허비하여 잘 공부하고 난대도 그 선비의 아는 것이 무엇이뇨? 글자만 배우기도 이렇게 어렵고 더딘데 인생이 칠팔십년 동안에 어렸을 때와 늙을 때를 빼어놓고 어느 겨를에 직업상 일을 배워가지고 또 어느 겨를에 직업을 실상으로 하여볼른지 틈이 있을까 만무한 일이로다. 부모 앞에서 밥술이나 얻어먹을 때에는 이것을 공부하노라고 공연히 인생이 두번 오지 아니하는 청년을 다 허비하여버리고, 삼사십 지경에 이르도록 자기 일신 보존할 직업도 이루지 못하고 어느 때나 배우려 하나뇨? 어찌 가련하고도 분하지 아니하리요. 이러함으로 백성이 무식하고 간난(가난)함을 인하여 자연히 나라가 어둡고 약하여지는지라. 어찌 이것보다 더 큰 해와 폐가 있으리오? 글자라 하는 것은 다만 말만 표했으면 족하건마는 풍속에 거리껴서 그리하는지 한문 글자에는 꼭 무슨 조화가 붙은 줄로 여겨 그리하는지 알 수 없으니 진실로 애석한 일이로다. 우리나라 사람들이 종시 이것만 공부하고 다른 새 사업을 배우지 아니하거드면 우리나라이(가) 어둡고 약함을 벗지 못하고 머지아니하여 자기 조상들에게 전하여 받아 내려오는 전지田地(논과 밭)와 가장家藏(집안의 살림에 쓰는 온갖 도구)과 자기의 신골身骨(몸과 뼈)과 자손 들이 다 어느 나라 사람의 손에 들어가 밥이 될지 아지 못할 증거가 목하에 뵈이니 참 놀랍고 애탄할 곳이로다. 어찌 조심치 아니할 때리요.

만일 우리로 하여금 그림 글자를 공부하는 대신에, 정치 속의 의회원議會員(의회 의원) 공부나 내무 공부나 외무 공부나 재정 공부나 수륙군 공부나 항해 공부나 위생상 경제학 공부나 장색匠色(수공업) 공부나 장사 공부나 농사 공부나 또 기외의 각색 사업상 공부들을 하면, 어찌 십여년 동안에 이 여러가지 공부 속에서 아무 사람이라도 쓸 만한 직업의 한가지는 잘 졸업할 터이니, 그 후에 각기 자기의 직분을 착실히 지켜 사람마다 부자가 되고 학문이 널려지면 그제야 바야흐로 우리나라가 문명 부강하여질 터이라. 간절히 비노니 우리나라 동포 형제들은 다 깨달아 실상 사업에 급히 나가기를 바라노라. 지금 우리나라 한시 동안은 남의 나라 하루 동안보다 더 요긴하고 위급하오니, 그럼 한가지 배우자고 이렇게 아깝고 급한 때를 허비시키지 말고 우리를 위하여 사업하신 큰 성인께서 만드신 글자는 배우기가 쉽고 쓰기도 쉬우니 이 글자들로 모든 일을 기록하고 사람마다 젊었을 때에 여가를 얻어 실상 사업에 유익한 학문을 익혀 각기 할 만한 직업을 지켜서, 우리나라 독립에 기둥과 주초柱礎(주춧돌)가 되어 우리 대군주 폐하께서 남의 나라 임금과 같이 튼튼하시게 보호하여드리며 또 우리나라의 부강한 위엄과 문명한 명예가 세계에서 빛나게 하는 것이 마땅하도다.

내가 월전月前(달포 전)에 국문을 인연하여 신문에 이야기하기를 국문이 한문보다는 매우 문리가 있고 경계가 밝으며 편리하고 요긴할뿐더러 영문보다도 더 편리하고 글자들의 음을 알아보기가 분명하고 쉬운 것을 말했거니와, 지금은 국문을 가지고 어떻게 써야 옳을 것을 말하노니 어떤 사람이든지 남이 지어놓은 글을 보거나 내가 글을 지으려 하거나 그 사람이 문법을 모르면 남이 지어놓은 글을 볼지라도 그 말뜻의 옳고 그른 것을 능히 판단치 못하는 법이요. 내가 글을 지을지라도 능히 문리와 경계를 옳게 쓰지 못하는 법이니 어떤 사람이든지 먼저 말의 법식을 배워야 할지라.

이때까지 조선 안에 조선말의 법식을 아는 사람도 없고 또 조선말의 법식을 배우는 책도 만들지 아니했으니 어찌 부끄럽지 아니하리요. 그러나 다행히 근일에 학교에서 조선말의 경계를 궁구하고 공부하여 적이(어지간히) 분석한 사람들이 있으니 지금은 선생이 없어서 배우지 못하겠다는 말들도 못할 터이라. 문법을 모르고 글을 보든지 짓는 것은 글의 뜻은 모르고 입으로 읽기만 하는 것과 꼭같은지라. 바라건대 지금 조선 안에 학업의 직임을 맡은 이는 다만 한문 학교나 또 그외에 외국 문자 가르치는 학교 몇들만 가지고 이 급한 세월을 보내지 말고, 조선말로 문법책을 정밀하게 만들어서 남녀 간에 글을 볼 때에도 그 글의 뜻을 분명히 알아보고 글을 지을 때에도 법식에 맞고 남이 알아보기에 쉽고 문리와 경계가 밝게 짓도록 가르쳐야 하겠고, 또는 불가불 국문으로 옥편玉篇(한자 사전이나, 여기서는 국어 사전)을 만들어야 할지라.

옥편을 만들자면 각색 말의 글자들을 다 모으고 글자들마다 뜻들도 다 자세히 내려니와 불가불 글자들의 음을 분명하게 표하여야 할 터인데, 그 높고 낮은 음의 글자에 표를 각기 하자면 음이 높은 글자에는 점 하나를 치고 음이 낮은 글자에는 점을 치지 말고 점이 없는 것으로 표를 삼아 옥편을 꾸밀 것 같으면, 누구든지 글을 짓거나 책을 보다가 무슨 말의 음이 분명치 못한 곳이 있는 때에는 옥편만 펴고 보면 환하게 알지라.

근일에 높고 낮은 음들을 분간하되 윗자는 높게 쓰고 아랫자는 낮게 쓰니, 설령 사람의 목 속에 있는 '담'이라 할 것 같으면 이 '담'이라 하는 말의 음은 높으니 위 '다' 자에 미음을 받치면 되겠고, 흙이나 돌로 쌓은 '듬'이라 할 것 같으면 이 '듬'이라 하는 말의 음은 낮으니 아래 '드' 자에 미음을 받치면 높고 낮은 말의 음을 분간하겠으나,[8] 마침 윗자와 아랫자가 이렇게 되는 것을 만났으니까 높고 낮은 말의 음을 표가 없어도 분간이 되지, 만일 중간 글자가 이런 경계와 같은 것을 만나면 중간 글자는 윗자와 아랫자가 없으니 어찌 분간할 수가 있나뇨? 설사 약국에서 약을 가는 '연' 碾(약재를 가는 약연藥碾)이라 할 것 같으면 이 '연'이라 하는 말의 음은 높으나 '여'자에 이 '연' 할 수밖에는 더 없고, 아이들이 날리는 '연'이라 할 것 같으면 이 '연'이라 하는 말의 음은 낮으나 '여'자에 이 '연' 할 수밖에는

---

8   장윤희 교수에 의하면 이때만 해도 'ㅏ'는 높은 소리, 곧 상성으로 'ㆍ'는 낮은 소리 곧 평성으로 알아 '담'과 '듬'을 이렇게 구분해 설명했다.

더 없으며, '여'자는 윗 '여'자와 아랫 '여'자가 없으니 이런 성우를 만나면 이 위에 '담'을 가지고 말한 것과 같이 윗자와 아랫자를 가지고 높고 낮은 말의 음을 분간할 수가 없은즉, 점 치는 법이 아니면 높고 낮은 말의 음을 분간하는 것이 공평치가 못하니 불가불 옥편에는 점 치는 법을 써야 하겠고, 또 글자들을 모아 옥편을 꾸밀 때에 '門 문'이라 할 것 같으면 도무지 한문을 못 배운 사람이 한문으로 '문 문'자는 모르나 '문'이라 하는 것은 열면 사람들이 드나들고 닫치면 사람들이 드나들지 못하는 것인 줄로는 다 아니, '문'이라 하는 것은 한문 글자의 음일지라도 곧 조선말이니 '문'이라고 쓰는 것이 마땅할 것이요. 또 '飮食 음식'이라 할 것 같으면 마실 '음', 밥 '식'자인 줄을 모르는 사람이라도 사람들의 입으로 먹는 물건들을 '음식'이라 하는 줄로는 다 아니 이런 말도 또한 마땅히 쓸 것이요. '山 산'이라 하든지 '江 강'이라 할 것 같으면 이런 말들은 다 한문 글자의 음이나 또한 조선 말이니 이런 말들은 다 쓰는 것이 무방할뿐더러 마땅하려니와, 만일 한문을 모르는 사람들이 한문의 음으로 써서 놓은 글자의 뜻을 모를 것 같으면 단지 한문을 모르는 사람들만 아지 못할 뿐만 아니라 한문을 아는 사람일지라도 한문의 음만 취하여 써서 놓은 고로 흔히 열자면은 일곱이나 여덟은 모르나니, 차라리 한문 글자로나 쓸 것 같으면 한문을 아는 사람들이나 시원히 뜻을 알 것이라. 그러나 한문을 모르는 사람에게는 어찌하리요? 이런즉 불가불 한문 글자의 음이 조선말이 되지 아니한 것은 쓰지 말아야 옳을 것이요. 또 조선말을 영문으로 뜻을 똑같이 번역할 수가 없는 마디도 있고 영문을 조선말로 뜻을 똑같이 번역할 수가 없는 마디도 있으며, 한문을 조선말로 똑같이 번역할 수가 없는 마디도 있고 조선말을 한문으로 뜻을 똑같이 번역할 수가 없는 마디도 있나니, 이는 세계 모든 나라들의 말이 혹간 뜻이 똑같지 아니한 마디가 더러 있기는 서로 마찬가지나, 그러나 또한 뜻이 그 글자와 비슷한 말은 서로 있는 법이니 한문이나 영문이나 또 그 외의 아무 나라 말이라도 혹 조선말로 번역할 때에는 그 말뜻의 대체만 가지고 번역하여야지 만일 그 말의 마디마다 뜻을 새겨 번역하잘 것 같으면 번역하기도 어려울뿐더러 그리하면 조선말을 잡치는 법이라. 어떤 나라 말이든지 특별히 조선말로 번역하는 주의主意(주된 뜻)는 외국 글 아는 사람을 위하여 번역하는 것이 아니요, 외국 글 모르는 사람을 위하여 번역함이니 주의가 이러한즉 아무쪼록 외국 글 모르는 사람들이 다 알아 보기에 쉽도록 번역하여야 옳을 터이요.

또 아직 글자들을 옳게 쓰지 못하는 것들이 많으니 설령 '이것이' 할 말을 '이것이' 이렇게 쓰는 사람도 있고 '이거시' 이렇게 쓰는 사람도 있으니 이는 문법을 모르는 연괴(緣故ㅣ)라. 가령 어떤 사람들이 어떤 책을 가리키며 '이것이 나의 책이다' 할 것 같으면 그 물건의 원 이름은 '책'인데 '이것'이라고 하는 말은 그 '책'을 대代하여 잠시 대신 이름함이니, 그런즉 '이것' 이 두 글자는 그 '책'을 대하여 대신 이름된 말이요. '이' 한 글자는 그 대신 이름된 말 밑에 토로 들어가는 것인데 그 토 '이' 자를 빼고 읽어볼 것 같으면 사람마다 '이것' 이렇게 부르지 '이거' 이렇게 부르는 사람은 도무지 없는데, 토 '이' 자까지 합하여 놓고 읽어볼 것 같으면 음으로는 '이것이' 하는 것과 '이거시' 하는 것 이 두가지가 다 음은 조금도 다르지 아니하니, 이 다르지 아니한 까닭은 반절 속의 '아' 자 줄은 다 모음인데 모음 글자들은 다 음이 늦으니 '이' 자도 모음 글자요. 또한 음이 늦은 고로 '이것이' 할 것 같으면 'ㅅ'이 받침의 음이 중간에 있어 '이' 자는 '시' 자 음과 같고 '것' 자는 '거' 자 음과 같은 고故인데 음이 이렇게 돌아가는 줄은 모르고 '이것시' 이렇게 쓰는 사람은 '이것' 이 자는 옳게 썼거니와 그 토는 이 '이' 자로 쓸 것을 '시' 이 자로 썼으니 한가지는 틀렸고, '이거시' 이렇게 쓰는 사람은 '이것' 이렇게 쓸 것을 '이거' 이 자로 썼으며 이 '이' 자로 쓸 것을 '시' 이 자로 썼으니 이름된 말이나 그 이름된 말 밑에 들어가는 토나 두 글자가 다 틀렸으니 문법으로는 대단히 실수함이라. 이 아래 몇 가지 말을 기록하여놓으니 이 몇 가지만 가지고 미루어볼 것 같으면 다른 것들도 또한 다 이와 같을시라. 설령 '墨 믁으로' 힐 깃을 '머그로' 하지 말고, '手 손에' 할 것을 '소녜' 하지 말고, '足 발은' 할 것을 '바른' 하지 말고, '心 맘이' 할 것을 '마미' 하지 말고, '飯 밥을' 할 것을 '바블' 하지 말고, '筆 붓에' 할 것을 '부세' 하지 말 것이니, 이런 말의 경계들을 다 옳게 찾아 써야 하겠고, 또 글을 쓸 때에는 왼편에서 시작하여 오른편으로 가며 쓰는 것이 얼마 편리한지라. 오른편에서 시작하여 왼편으로 써나갈 것 같으면 글씨를 쓰는 손에 먹도 묻을뿐더러 먼저 쓴 글씨 줄은 손에 가리어서 보이지 아니하니 먼저 쓴 글줄들을 보지 못하면 그다음에 써 내려가는 글줄이 혹 비뚤어질까 염려도 되고 먼저 쓴 글씨 줄들의 뜻을 생각하여가며 차차 앞줄을 써내려가기가 어려우니, 글씨를 왼편으로부터 오른편으로 써내려가는 것이 매우 편리하겠더라.

2장
「국문」[1]
(1906)

말

일문 말이 무엇이뇨.

답 뜻을 표하는 것이니이다.

이문 말이 쓸데가 무엇이뇨.

답 사람이 사는 일을 잘하려면 불가불 그 뜻을 서로 통하여야 되나니 말은 그 뜻을 서로 통하게 하는 것이니이다.

삼문 무엇으로 말이 되나뇨.

답 소리로 말이 되나이다.

사문 소리는 무엇이뇨.

답 소리는 기운이 동하여 퍼져나가는 것이니 곧 기운이 퍼져나가다가

---

1 『가뎡잡지』 1년 3호(1906.8.25)와 1년 5호(1906.10.25)에 실린바, 한힌샘이 1906년 5월 이 잡지 교보원校補員에 피선되었을 때 집필한 한글체 글이다. 내용은 『대한국어문법』(1906.6)을 간추려 쉽게 고쳐쓴 것(이기문 「해설」,『주시경전집 하』 아세아문화사 1976, 15면)이다. 현대맞춤법으로 고치고 띄어쓰기하고 문장부호를 넣었다. 출전은 『주시경전집 하』, 689~96면.

기운끼리 부딪든지 무슨 물건에 부딪혀 울리는 것이니이다.

오문 말소리는 어디서 나며 어떻게 말이 되나뇨.

답 말소리는 폐에 있는 기운이 동하여 아무 분별없이 성관聲管으로 울려 나오다가 목구멍께 이르면 어금니와 혀와 입술과 앞니와 목구멍으로 그 소리를 다르게 분별하여 여러 가지 말이 되나이다.

육문 이 말을 다른 사람이 어떻게 듣나뇨.

답 귀는 소리를 듣고 아는 것인데, 말은 소리요, 소리는 물에 돌을 던지면 물결이 퍼져 나가는 것 같이 기운이 동하여 퍼져 나가서 저 사람 귀청을 울려 듣는 경락經絡²을 통하여 뇌腦로 들어가면 신神이 깨닫나이다.

칠문 그 사람이 이 말을 듣고 그 뜻을 어떻게 아나뇨.

답 말은 한 지경에 모여 사는 사람들이 무슨 뜻은 무슨 소리로 대신 쓰기를 정하여 차차 시행되어오는 것인 고로 그 소리를 들으면 그 뜻을 아나이다.

글

일문 글은 무엇이뇨.

답 글은 뜻을 그린 그림이나 말소리를 그린 그림이니, 지나支那 글 같은 것들은 뜻을 그린 그림이요, 우리 국문 같은 것들은 말을 그린 그림이니이다.

이문 말로 뜻을 통하거늘 글은 쓸데가 무엇이뇨.

답 뜻을 먼 곳과 후세에 전하며 무슨 일을 표하여 기억하기에 쓰는 것이니이다.

---

2   인체 내의 경맥과 낙맥을 아울러 이르는 말.

삼문 이 두 글 중에 어느 글이 쉽고 좋으뇨.

답 뜻을 표하는 글은 천만가지 뜻을 다 각각 그리매 글자와 획수가 번다하고 말 외에 따로 더 배우는 것인 고로 어렵고 좋지 못하며, 말소리를 구별하여 그린 글은 글자가 몇 못 되고 획수가 심히 간단한 까닭에 배우고 쓰기가 쉽고, 읽으면 곧 말인 고로 알기도 대단히 쉬워 뜻을 표하는 글보다 매우 좋습니다.

사문 이 글을 다른 사람이 어떻게 보나뇨.

답 눈은 빛을 보고 아는 것인데, 글은 그림이요, 그림은 빛을 분별한 것이라. 이 빛이 저 사람의 눈에 비치면 그 빛이 눈 가운데 유리구슬 같은 데 박여져 보는 경락으로 통하여 뇌에 들어가면 신이 깨닫나이다.

오문 그 사람은 이 그림을 보고 그 뜻을 어떻게 아나뇨.

답 글은 한 지경에 모여 사는 사람들이 무슨 뜻은 무슨 표로 그려 공부하여 차차 시행하여오는 것인 고로 그 그림을 보면 그 뜻을 알며 무슨 말소리는 무슨 표로 그린 것인 고로 그 그림을 보면 그 말인 줄 아나이다.

전호에는 국어를 조금 말했으나 이번에는 다시 음을 말하여 장차 국어 공부할 자본을 작만코자 하노라.

소리라 하는 것은 천지에 자연히 있는 것이라. 이럼으로 천지에 자연히 있는 소리를 뉘 능히 덜할 수 없고, 천지에 자연히 없는 소리를 뉘 능히 더하지도 못할지라. 이럼으로 정학역재[3]도『훈민정음』「서」에 "천지에 자연한 소리가 있은즉 반드시 천지에 자연한 글이 있으리라" 했으니, 글은 천지에 자연히 있는 소리대로 될 것이요. 한점 한획이라도 있는 것을 덜하거나 없는 것을 더할 수 없으리라 함이 명백하니라.

---

3   정인지(鄭麟趾, 1396~1478). 본은 하동, 호는 학역재(學易齋), 시호는 문성(文成). 대제학, 영의정을 지낸 조선 전기의 문신·학자.『훈민정음』 해례 서문을 지었다.

소리라 하는 것은 쉽게 말하자면 물건과 물건이 부딪든지 물건이 공기와 부딪든지 공기와 공기가 부딪쳐 울리는 것[곧 흔들리는 것, 곧 떨리는 것]이요. 그 소리의 전파됨은 그 울리는 물건이 차차 흔들려 나가는 것이나 그 울리는 공기가 차차 흔들려 나가는 것이라.

이런 공부는 배우기가 어려울 뿐 아니라 실상으로 쓰는 데는 요긴함이 심히 적음으로 이만큼만 말하노라.

이는 국문을 공부하는 것인 고로 사람의 말소리를 대강 아래에 문답하노라.

문 사람의 말소리가 어떻게 되나요.

답 사람의 폐경에 기운[공기]이 성관[기관]을 울려 차차 목구멍으로 나오는 것으로 말소리가 되나니라.

조수어별鳥獸魚鼈[4] 등 모든 동물이 다 사람과 같이 폐가 있어 소리를 발하는데 그 기관이 한결같지 아니하여 그 음도 여간 다름이 있으나 이치는 일반이니라.

소리[여러 소리를 통칭함]는 천지에 자연한 분별이 있으나 알아듣기 쉬울 본보기가 없음으로 사람의 말소리로 표준을 삼아 묻고 차차 말하노라.

문 소리의 큰 분별이 몇 가지며 무엇이뇨.

답 두가지니 하나는 모음母音이요, 하나는 자음子音이니라.

소리를 이 두가지로 분별하기 전에 다른 두 분별이 있으니 하나는 분별 없는 소리요, 하나는 분별 있는 소리라. 분별 없는 소리는 바람 소리와 우레 소리와 무슨 물건의 울리는 소리 같은 것들이요. 분별 있는 소리는 그 소리가 자모음으로 되고 자모도 각각 분별 있는 소리들이니라.

4　새, 짐승, 물고기, 자라, 즉 육지와 바다의 동물을 통틀어 이르는 말.

한문에 성聲과 음音을 더러 혼잡하여 썼으나 풍성風聲이라 뇌성雷聲이라 함과 같은 것을 보면 분별 없는 소리를 흔히 성聲이라 했고, 오음五音[5]이라 정음正音이라 함과 같은 것들을 보면 분별 있는 소리를 흔히 음音이라 했고, 우리나라 말에 소리라 하는 것은 분별이 있는 것이나 없는 것이나 통칭함이라. 이럼으로 우리 국문 공부에는 분별 없는 것을 '성'이라 하고 분별 있는 것을 '음'이라 하고, 이 두가지를 분별치 않는 것을 으레이 '소리'라 하겠노라. 또 한문의 운韻이라 하는 것은 가만히 살펴본즉 모음의 길고 짧고 높고 낮고 넓고 좁은 것이나, 자음의 가볍고 무겁고 맑고 흐린 분별을 통칭함이라. 그런고로 '운'이라 하는 자는 이런 뜻으로 쓰겠노라.

이는 글자의 뜻을 정하려 함만 아니라 이를 분별하는 것도 소리 공부가 되는 고로 여기 기록하노라.

문 모음이라 자음이라 하는 분별을 알 수가 없으니 우리 국문으로 본을 삼아 자세히 말하라.

답 ① 모음이라 하는 것은 스스로 발하는 음들을 이름함이니 우리 국문에 ㅏ ㅑ ㅓ ㅕ ㅗ ㅛ ㅜ ㅠ ㅡ ㅣ · 같은 음들이요.

② 자음이라 하는 것은 그 음의 구별은 자세하되 모음을 의지하지 아니하면 그 소리가 드러나지 못하는 음들이니 우리 국문에 ㄱ ㄴ ㄷ ㄹ ㅁ ㅂ ㅅ ㅇ ㅈ ㅎ ㅋ ㅌ ㅍ ㅊ 같은 음들이니라.

모음과 자음의 성질이 천연으로 아주 다르니 음을 공부하려면 불가불 두가지의 서로 다름을 투철히 분별하여야 될 것이요, 이 분별을 모르는 이는 가히 더불어 음을 말하지 못하리라.

모음에는 높고 낮고 길고 짧고 넓고 좁은 분별이 있고,

자음에는 맑고 흐리고 가볍고 무거운 분별이 있어 이도 천연의 형세라, 도무지 한데 섞어 의론치 못할 것이니라.

---

5   아설순치후(牙舌脣齒喉)의 소리.

또 모음은 모음끼리만 합하고 자음은 자음끼리만 합하며 사음이 발할 때는 모음을 의지만 함이요, 합함은 아니니라.

문 목 속에서 나오는 소리가 어떻게 이같이 여러 분별이 되나뇨.

답 사람의 신이 하고자 하는 말이 있어 폐경을 시켜 폐에 있는 공기를 움직여 성관을 지나 나오며 그 성관을 울려 소리를 나게 하나니, 이때는 이 소리가 아무 분별이 없다가 목구멍께 이르면 목구멍과 혀와 입술과 앞니와 어금니로 절조를 만들어 모음과 자음과, 모음의 분별과 자음의 분별을 만드나니, 저[6]를 부는 것 같이 폐경의 기운을 성관으로 내보내는 것은 입 기운을 저 속으로 불어 내보내는 것 같고, 목구멍으로 나오는 소리를 목구멍과 혀와 입술과 어금니와 앞니로 절조를 만드는 것은 저의 옆구멍을 손가락으로 닫았다 열었다 하여 그 저의 원구멍으로 나가며 울리는 소리를 여러 가지로 다르게 하는 것과 비슷하니라. 그러나 이 비유가 꼭 같지 아니한 것이 있으니 저의 옆구멍을 열고 닫는 것은 소리를 높게 하거나 낮게 하는 것 같은 분별들뿐이요, 사람의 성관으로 나오는 소리를 목구멍과 혀와 입술과 앞니와 어금니로 절조를 만들어 자모음과 그 분별을 만드는 것과는 같지 아니하니라.

이 공부를 보면 무슨 소린지 알 수 없다, 어려워서 자미없다, 할 사람이 많이 있을 줄로 미리 짐작하나, 이것을 먼저 말하지 아니하면 공부의 차서가 틀려 더 알기 어려울지라. 어렵단 말을 마시오. 국문 공부라는 것을 조금이라도 했으면 어렵지 아니할 터인데, 도무지 생각도 않고 물어보지도 아니한 것인 고로 어려운 것이요, 그 실상은 그다지 어려운 것이 아니니 힘써 공부하심을 바라노라.

---

6   가로로 불게 되어 있는 관악기를 통틀어 이르는 말.

3장
「국어와 국문의 필요」[1]
(1907)

대저 글은 두가지가 있으니 하나는 형상을 표하는 글이요, 하나는 말을 표하는 글이라. 대개로만 말하면, 형상을 표하는 글은 옛적 덜 열린 시대에 쓰던 글이요, 말을 표하는 글은 근래 열린 시대에 쓰는 글이라. 그러나 형상을 표하는 글을 지금까지 쓰는 나라도 적지 아니하니 지나支那 한문 같은 글들이요. 그 외는 다 말을 기록하는 글들인데 이국伊國(이딸리아) 법국法國 덕국德國 영국英國 글과 일본 가나假名와 우리나라 정음正音 같은 글들이라. 대개 글이라 하는 것은 일을 기록하여 내 뜻을 남에게 통하고 남의 뜻을 내가 알고자 하는 것뿐이라. 물건의 형상이나 형상 없는 뜻을 구별하여 표하는 글은 말 외에 따로 배우는 것이요, 말을 표하는 글은 이왕 아는 말의 음을 표하는 것이라.

이럼으로 형상을 표하는 글은 일 한가지가 더하여 그 글을 배우는 것이

1   주로 황해도 출신 지식인들이 서울에서 결성한 애국계몽단체 '서우학회(西友學會)'의 기관지 『서우(西友)』 2호(1907. 1)에 '회원 주시경' 이름으로 발표한 한글체(한자병용)의 글. 내용은 『대한국어문법』(1906. 6)의 국한문혼용체 '발'과 거의 같다.(이기문 「해설」, 『주시경전집 하』 5면) 이미 띄어쓰기와 문단 나누기가 정비되어 현대어로 약간 수정한바, 세로쓰기를 가로쓰기로 바꾸고 문장 부호를 넣었다. 출전은 『주시경전집 상』, 21~24면.

타국말을 배우는 것과 같이 세월과 힘이 허비될 뿐 아니요, 천하 각종 물건의 무수한 이름과 각색 사건의 무수한 뜻을 다 각각 표로 구별하여 그림을 만들매, 글자가 많고 자획이 번다하여 배우고 익히기가 지극히 어려우나, 말을 표하는 글은 음의 십여가지 분별만 표하여 돌려쓰므로 자획이 적어 배우기와 익히기가 지극히 쉬울 뿐 아니라, 읽으면 곧 말인즉 그 뜻을 알기도 말 듣는 것과 같고 지어쓰기도 말하는 것과 같으니, 그 편리함이 형상을 표하는 글보다 몇 배가 쉬울 것은 말하지 아니하여도 알지라.

또 이 지구상 육지가 천연으로 구획되어 그 구역 안에 사는 한 떨기 인종이 그 풍토의 품부稟賦(선천적으로 타고나다)한 토음土音(어느 한 지방에서만 쓰는 말)에 적당한 말을 지어 쓰고 또 그 말 음에 적당한 글을 지어 쓰는 것이니, 이럼으로 한 나라에 특별한 말과 글이 있는 것은 곧 그 나라가 이 세상에 천연으로 한 몫 자주국 되는 표요. 그 말과 그 글을 쓰는 인민은 곧 그 나라에 속하여 한 단체 되는 표라. 그러므로 남의 나라를 빼앗고자 하는 자, 그 말과 글을 없이하고 제 말과 제 글을 가르치려 하며, 그 나라를 지키고자 하는 자는 제 말과 제 글을 유지하여 발달코자 하는 것은 고금천하 사기에 많이 나타난 바라. 그런즉 내 나라 글이 다른 나라만 못하다 할지라도 내 나라 글을 숭상하고 잘 고쳐 좋은 글이 되게 할 것이라.

우리 반도에 태곳적부터 우리 반도 인종이 따로 있고 말이 따로 있으나 글은 없더니, 지나를 통한 후로 한문을 일삼다가 아조我朝 세종대왕께서 지극히 밝으사 각국이 다 그 나라 글이 있어 그 말을 기록하여 쓰되 홀로 우리나라는 글이 완전치 못함을 개탄하시고 국문을 교정하사 중외中外 (나라 안팎)에 반포하셨으니 참 거룩하신 일이로다. 그러나 후생들이 그 뜻을 본받지 못하고 오히려 한문만 숭상하여 어릴 적부터 이삼십까지 아무 일도 아니하고 한문만 공부로 삼되 능히 글을 알아보고 능히 글로 그 뜻을 짓는 자, 백에 하나이(가) 못 되니 이는 다름 아니라 한문은 형상을 표하는 글일뿐더러 본래 타국 글인 고로 이같이 어려운지라.

사람의 일평생에 두번 오지 아니하는 때를 다 한문 한가지 배우기에 허비하니 어찌 개탄치 아니하리요. 지금 유지有志하신 이들이 '교육' '교육' 하니 이왕 한문을 배운 사람만 교육코자 함이 아니겠고, 또 이십년 삼십년을 다 한문을 가르친 후에야 여러 가지 학문을 가르치고자 함도 아닐지라. 그러면 영어나 일어로 가르치고자 하나뇨? 영어나 일어를 뉘 알리요? 영어 일어는 한문보다 더 어려울지라. 지금 같은 세상을 당하여 특별히 영일법덕英日法德 등 여러 외국 말을 배우는 이도 반드시 있어야 할지라. 그러나 전국 인민의 사상을 돌리며 지식을 다 넓혀주려면 불가불 국문으로 각색 학문을 저술하며 번역하여 무론남녀毋論男女(남녀를 막론함)하고 다 쉽게 알도록 가르쳐주어야 될지라. 영미법덕 같은 나라들은 한문을 구경도 못했으되 저렇듯 부강함을 보시오. 우리 동반도東半島(한반도) 사천여년 전부터 개국한 이천만중 사회에 날로 때로 통용하는 말을 입으로만 서로 전하던 것도 큰 흠절이어늘, 국문 난 후 기백년에 자전字典 한 책도 만들지 않고 한문만 숭상한 것이 어찌 부끄럽지 아니하리요. 자금自今(지금부터) 이후로 우리 국어와 국문을 업수이 여기지 말고 힘써 그 법과 이치를 궁구하며 자전과 문법과 독본 들을 잘 만들어 더 좋고 더 편리한 말과 글이 되게 할 뿐 아니라, 우리 온 나라 사람이 다 국어와 국문을 우리나라 근본의 주장글로 숭상하고 사랑하여 쓰기를 바라노라.

말은 사람과 사람의 뜻을 통하는 것이라.

한 말을 쓰는 사람끼리는 그 뜻을 통하여 살기를 서로 도와줌으로 그 사람들이 절로 한 덩이가 지고 그 덩이가 점점 늘어 큰 덩이를 이루나니 사람의 제일 큰 덩이는 나라라.

그러함으로 말은 나라를 이루는 것인데 말이 오르면 나라도 오르고 말이 나리면 나라도 나리나니라.

이러함으로 나라마다 그 말을 힘쓰지 아니할 수 없는 바니라.

글은 말을 담는 그릇이니 이지러짐이 없고 자리를 반듯하게 잡아 굳게 선 뒤에야 그 말을 잘 지키나니라.

---

1   한성 중부 박동(磚洞) 보성중학교내(普成中學校內) 보중친목회에서 발행한『보중친목회회보(普中親睦會會報)』창간호(1910.6.10)에 실린 국문체(더러 한자 노출) 글이다. 1910년 1월 보성중학교 강사로 취임한 한힌샘은『보중친목회회보』의 제술원(製述員)인바, 이때 '국어'와 '국문' 대신 '한나라말'과 '한나라글'을 쓰기 시작했다.『국어문법(國語文法)』(1910.4)의 '국문의 소리'를 학생들을 위해 쉽게 푼 글이다.(이기문「해설」,『주시경전집 상』10면) 가로쓰기로 바꾸고 현대맞춤법에 맞게 수정하고 문장부호를 새로 넣었다. 출전은『주시경전집 상』, 459~65면.

글은 또한 말을 닦는 기계니 기계를 먼저 닦은 뒤에야 말이 잘 닦아지나니라.

그 말과 그 글은 그 나라에 요긴함을 이루 다 말할 수가 없으나 다스리지 아니하고 묵히면 더 거칠어지어 나라도 점점 나리어가나니라.

말이 거칠면 그 말을 적는 글도 거칠어지고 글이 거칠면 그 글로 쓰는 말도 거칠어지나니라.

말과 글이 거칠면 그 나라 사람의 뜻과 일이 다 거칠어지고, 말과 글이 다스리어지면 그 나라 사람의 뜻과 일도 다스리어지나니라.

이러함으로 나라를 나아가게 하고자 하면 나라 사람을 열어야 되고 나라 사람을 열고자 하면 먼저 그 말과 글을 다스린 뒤에야 되나니라.

또 그 나라 말과 그 나라 글은 그 나라 곧 그 사람들이 무리진 덩이가 천연으로 이 땅덩이 위에 홀로 서는 나라가 됨의 특별한 빛이라.

이 빛을 밝히면 그 나라의 홀로 서는 일도 밝아지고, 이 빛을 어둡게 하면 그 나라의 홀로 서는 일도 어두워가나니라.

우리나라의 뜻있는 이들이여, 우리나라 말과 글을 다스리어주시기를 바라고 어리석은 말을 이 아래 적어 큰 바다에 한 방울이나 보탬이 될까 하나이다.

어느 나라 말이든지 알아보자 하면 먼저 그 소리를 알아야 되나니 우리나라 말도 풀어보려면 먼저 소리를 알아야 할지라.

이러함으로 이 아래 소리의 어떠함을 먼저 말하노라.

한나라글의 소리

소리의 남
몬이 움직이는 것이라.

몬은 우리나라 말로 한자 物(물), 같은 이름이니 '동언해東言解'[2]에 난 것이라.

이는 固(고), 液(액), 氣(기) 세가지를 다 이름이라.

소리의 퍼짐

氣(기)의 결이라.

결은 물결이라 나무결이라 하는 결이라.

소리의 빛

소리가 나는 몬의 性(성)을 따라 서로 다른 바니라.

(본) 사람과 사람이 서로 다름과, 쇠와 나무가 서로 다름과 같은 것들이라.

으뜸소리

스스로 나는 소리를 이름이니 브리튼 말로 바웰vowel이라 함이요. 청국과 일본에서 이를 새기어 모음이라 하는 것이라.

(본) ㅏ ㅓ ㅗ ㅜ ㅡ ㅣ ㅑ ㅕ ㅛ ㅠ · ㅘ ㅝ ㅙ ㅞ 같은 것들이라.

붙음소리

으뜸소리와 더불어 나는 소리를 이름이니 브리튼 말로 칸손앤consonant이라 함이요. 청과 일본에서 이를 새기어 자음이라 하는 것이라.

(본) ㄱ ㄴ ㄷ ㄹ ㅁ ㅂ ㅅ ㅇ ㅈ ㅊ ㅋ ㅌ ㅍ ㅎ ㆁ ㅿ ㆆ 같은 것이라.

(본)은 본보기라 함이니 한자 例(예)와 한 뜻으로 씀이라.

으뜸소리와 붙음소리를 풀어 한 본으로 '가'를 가지고 말하면 ㅏ는 ㄱ이 없어도 스스로 나고 ㄱ은 그 소리가 있되 홀로 나지 못하고 ㅏ에 붙은 뒤에

---

2   편자 미상의 『공사항용록(公私恒用錄)』에 기록되어 있는 한문속담집.

야 드러나나니라.

말의 소리를 알려면 먼저 으뜸소리와 붙음소리의 다름을 밝히 알아야 되나니라.

으뜸소리의 홑과 겹

ㅏ ㅓ ㅗ ㅜ ㅡ ㅣ 홑소리

홑소리는 둘로, 둘 더 되는 소리로 나눌 수 없는 것을 이름이니, 우리 글의 으뜸소리가 여섯뿐이로되 말을 적지 못할 것이 없으니, 이는 우리 나라 말의 으뜸소리가 깨끗하고 두렷하며, 또 그 소리의 홑몸을 잘 찾아 내어 글을 만들으신 까닭이라.

ㅑ ㅕ ㅛ ㅠ · ㅐ ㅔ ㅚ ㅟ ㅢ ㅘ ㅝ ㅙ ㅞ와 같은 것은 다 겹소리라.

겹소리는 다 홑소리 ㅏ ㅓ ㅗ ㅜ ㅡ ㅣ가 겹치어 된 것이니라.

ㅑ는 ㅣㅏ의 겹이요, ㅕ는 ㅣㅓ의 겹이요, ㅛ는 ㅣㅗ의 겹이요, ㅠ는 ㅣㅜ의 겹이요, ·는 ㅣㅡ의 겹이요. ㅐ는 ㅏㅣ의 겹이요, ㅔ는 ㅓㅣ의 겹이요, ㅚ는 ㅗㅣ의 겹이요, ㅟ는 ㅜㅣ의 겹이요, ㅢ는 ㅡㅣ의 겹이요, ㅘ는 ㅗㅏ의 겹이요, ㅝ는 ㅜㅓ의 겹이요, ㅙ는 ㅗㅏㅣ의 겹이요, ㅞ는 ㅣㅗㅣ의 겹이니, 그 나마는 다 이러하니라.

한 본으로 들어 말하면, ㅘ는 ㅗㅏ가 겹치어 나는 소리를 적음인데, ㅗ를 왼쪽에 쓰고 ㅏ를 오른쪽에 씀은 그 소리가 겹치어 날 때에 ㅗ는 왼쪽에서 나고 ㅏ는 오른쪽에서 난다 함이 아니요,『훈민정음』예를 따라 이러하게 씀이니, 소리로 ㅗ가 먼저 되고 ㅏ가 나중으로 겹치어 나는 것이라.

'가'와 같은 소리도 ㄱ이 먼저 되고 ㅏ가 나중으로 겹치어 나는 소리니, ㄱ을 왼쪽에 쓰고 ㅏ를 오른쪽에 씀은『훈민정음』예를 좇음이니라.

'그리었다' 하는 말을 흔히 '그렸다'라 하니 '었'의 ㅇ은 표만 있고 소리 는 없는 것인 고로 '그리'의 끝소리 ㅣ와 '었'의 첫소리 ㅓ를 겹치어 내는 것이니, 이것만 미뤄보아도 ㅏ의 겹소리가 ㅑ요, ㅣㅗ의 겹소리가 ㅛ요, ㅣㅜ의 겹소리가 ㅠ로 된 것인 줄을 따로 말하지 아니할지라도 넉넉히 다 알 것이라.

붙음소리의 홑과 겹

ㄱㄴㄷㄹㅁㅂㅅㅇㅈㅎ 홑소리

  ㅇㅎㅿ 이 셋은 이 다음에 따로 말하리라.

ㅊㅋㅌㅍㄲ ㄺ과 같은 것들은 다 겹소리라.

  ㅊ은 ㅈㅎ이나 ㅎㅈ의 겹소리

  ㅋ은 ㄱㅎ이나 ㅎㄱ의 겹소리

  ㅌ은 ㄷㅎ이나 ㅎㄷ의 겹소리

  ㅍ은 ㅂㅎ이나 ㅎㅂ의 겹소리

ㅊ ㅋ ㅌ ㅍ ㆄ ㆅ ㆅ ㅀ과 같은 것들은 섞임소리니, 두 소리가 먼저 되고 나중 되는 다름이 없이 한가지로 나는 것이니, 곧 ㅎ이 어떤 소리와 겹치어 나는 것이라. 이는 ㅎ이 섞이는 바탕이 되는 까닭이니라.

ㄲ ㄴ ㄸ ㄹ ㅁ ㅃ ㅆ ㅇㅇ ㅉ와 같은 것들은 짝소리니, 이는 같은 소리끼리 겹치는 것을 이름이라.

ㄺ ㄼ과 같은 것들은 덧소리니, 이는 먼저 되고 나중 되는 다름이 있는 것이라.

으뜸소리와 붙음소리가 저끔(제가끔) 홑과 겹의 다름이 있으니, 맑고 흐림으로 말하면 홑소리는 맑다 할 것이요, 겹소리는 흐리다 할 것이며, 가볍고 두꺼움으로 말하면 홑소리는 가볍다 할 것이요, 겹소리는 무겁다 할 것이며, 쉽고 어려움으로 말하면 홑소리는 쉽고 겹소리는 어려우니라.

한문에 이러하게 다름을 가르는 법은 그 첫소리 되는 붙음소리만 말하는 것이니, 이를 淸濁(청탁)이라 하여, 홑소리는 全淸(전청)이라 하고, 섞임

소리 곧 'ㅎ'이 겹친 것은 次淸(차청)이라 하고, 짝소리 곧 같은 소리가 겹친 것은 全濁(전탁)이라 하고, '疑泥明微喩來日(의니명미유래일)'[3]은 不淸不濁(불청불탁)이라 하는 네가지의 다름으로 만들었는데, 그 속에 풀어 말할 것이 적지 아니함으로 이 다음에 다시 말하고자 하고, 여기에는 이러함이 있는 것만 말하노라.

---

3 명 태조가 중국의 소리 체계를 다시 정한 『홍무정운(洪武正韻)』을 인용한바, 『국문연구(國文硏究)』(1909)에 실린 '홍무운삼십일자모지도(洪武韻三十一子母之圖)'(『주시경전집 상』 306면)에 의거해, 원문의 '의니명미(疑尼明微) 유래일모(喩來日母)' 8자를 7자로, '尼'를 '泥'로 교정했다.

5장
「큼과 어렵음」[1]
(1910)

적음으로, 큼을, 일우고, 쉽음으로, 어렵음을, ᄒ나니

큼을, 적음에서, 쇠ᄒ고, 어렵음을, 쉽음에서, 힘쓸지로다

큼을, 적음에서, 쇠ᄒ며, 어렵음을, 쉽음에서, 힘쓰는, 이는, 일어날 것이요

큼을, 적음에서, 웃으며, 어렵음을, 쉽음에서, 잊어버리는, 이는, 넘어지리로다

---

1   이 경구(警句)는 『보중친목회회보』 창간호의 '잡조(雜俎)'에 실린 것이다. 그의 관(觀)을 보여주는 귀중한 글이다. 가로쓰기로 바꾸기만 하고 원문 그대로 싣는다. 『주시경전집 하』, 705면.

부록

『독립신문』창간사[1]

논설

우리가 독닙신문을 오늘 처음으로 츌판ᄒᄂᆞᆫ디 조션속에 잇ᄂᆞᆫ 닉외국 인민의게 우리 쥬의를 미리 말슴ᄒᆞ여 아시게 ᄒᆞ노라

우리는 첫지 편벽 되지 아니ᄒᆞᆫ고로 무슴 당에도 상관이 업고 샹하귀쳔을 달니디졉아니ᄒᆞ고 모도조션 사ᄅᆞᆷ으로만 알고 죠션만 위ᄒᆞ며공평이 인민의게 말 홀터인디 우리가 셔울 빅셩만 위홀게 아니라 죠션 전국인민을 위ᄒᆞ여 무슴일이든지 디언ᄒᆞ여 주랴홈 정부에셔 ᄒᆞ시ᄂᆞᆫ일을 빅셩의게 전홀 터이요 빅셩의 정셰을 정부에 전홀터이니 만일 빅셩이 정부일을 자셰이알

1 부록으로 서재필의 『독립신문』 창간사(1896. 4. 7)를 올린다. 이 글은 정론도 정론이지만 국문으로만 쓴 주지(主旨)를 당당히 밝힌 논설로 주목되는데, 띄어쓰기를 처음으로 실험한 것으로도 유명하다. 세로쓰기를 가로쓰기하고 원문대로 옮긴다. 내가 참고한 영인본은 두종이다. 『독립신문 축쇄판: 상』(세계일보사 1959)과 『독립신문: 1』(상남언론재단 1996)인데, 작은 차이가 있다. 아마도 후자가 교정본으로 짐작되어 이를 정본으로 삼는다. 최기영 엮음 『서재필이 꿈꾼 나라』(푸른역사 2010)에 수록된 활자본도 참고했다. 독자들의 편의를 위해 내가 작업한 현대어 본도 붙인다.

고 정부에서 빅셩에 일을 자셰이 아시면 피츠에 유익한 일만히 잇슬 터이요 불평한 ᄆᆞ음과 의심ᄒᆞᄂᆞᆫ 싱각이 업서질 터이옴 우리가 이신문 츌판 ᄒᆞ기ᄂᆞᆫ 취리ᄒᆞ랴ᄂᆞᆫ게 아닌고로 갑슬 헐허도록 ᄒᆞ엿고 모도 언문 으로 쓰기ᄂᆞᆫ 남녀 샹하귀쳔이모도 보게홈이요 또 귀졀을 쩨여 쓰기ᄂᆞᆫ 알어 보기 쉽도록 홈이라 우리ᄂᆞᆫ 바른 ᄃᆡ로만 신문을 홀터인고로 졍부 관원이라도 잘못ᄒᆞᄂᆞᆫ이 잇스면 우리가 말홀터이요 탐관오리 들을 알면 셰샹에 그사ᄅᆞᆷ의 힝젹을 폐일터이요 ᄉᆞᄉᆞ빅셩이라도 무법한일ᄒᆞᄂᆞᆫ 사ᄅᆞᆷ은 우리가 차저 신문에 셜명홀터이옴 우리ᄂᆞᆫ 죠션

대군쥬폐하와 됴션졍부와 죠션인민을 위ᄒᆞᄂᆞᆫ 사ᄅᆞᆷ드린고로 편당잇ᄂᆞᆫ 의논이든지 한쪽만 싱각코 ᄒᆞᄂᆞᆫ 말은 우리 신문샹에 업실터이옴 또 한쪽에 영문으로 긔록ᄒᆞ기ᄂᆞᆫ 외국인민이 죠션 ᄉᆞ졍을 자셰이몰은즉 혹 편벽 된 말만 듯고 죠션을 잘못 싱각홀까 보아 실샹 ᄉᆞ졍을 알게ᄒᆞ고져ᄒᆞ여 영문으로 조곰 긔록홈

그리ᄒᆞᆫ즉 이신문은 쏙 죠션만 위홈을 가히 알터이요 이신문을 인연ᄒᆞ여 ᄂᆡ외 남녀 샹하 귀쳔이 모도 죠션일을 서로알터이옴 우리가 또 외국 ᄉᆞ졍도 죠션 인민을 위ᄒᆞ여 간간이 긔록홀터이니 그걸 인연ᄒᆞ여 외국은 가지 못ᄒᆞᄃᆞ리도 죠션인민이 외국 ᄉᆞ졍도 알터이옴 오날은 처음인고로 대강 우리 쥬의만 셰샹에 고ᄒᆞ고 우리신문을 보면 죠션인민이 소견과 지혜가 진보홈을 밋노라 논셜긋치기젼에 우리가

대군쥬 폐하ᄭᅴ 숑덕ᄒᆞ고 만셰을 부르ᄂᆞ이다

* * *

우리신문이 한문은 아니쓰고 다만 국문으로만 쓰ᄂᆞᆫ거슨 샹하귀쳔이 다보게 홈이라 또 국문을 이러케 귀졀을 쩨여 쓴즉 아모라도 이신문 보기가 쉽고 신문속에 잇ᄂᆞᆫ말을 자셰이 알어 보게 홈이라 각국에셔ᄂᆞᆫ 사ᄅᆞᆷ들이 남

녀 무론ᄒ고 본국 국문을 몬져 비화 능통ᄒᆞᆫ 후에야 외국 글을 비오ᄂᆞᆫ 법인 되 죠션셔ᄂᆞᆫ 죠션 국문은 아니 비오드릭도 한문만 공부 ᄒᆞᆫ 까둙에 국문을 잘아ᄂᆞᆫ 사ᄅᆞᆷ이 드물미라 죠션 국문ᄒᆞ고 한문ᄒᆞ고 비교ᄒᆞ여 보면 죠션 국문이 한문 보다 얼마가 나흔거시 무어신고ᄒᆞ니 첫ᄌᆡᄂᆞᆫ 비호기가 쉬흔이 됴흔글이요 둘ᄌᆡᄂᆞᆫ 이글이 죠션글이니 죠션 인민 들이 알어셔 빅스을 한문되신 국문으로 써야 상하 귀쳔이 모도보고 알어보기가 쉬흘터이라 한문만 늘써 버릇ᄒᆞ고 국문은 폐ᄒᆞᆫ 까둙에 국문으로 쓴건 죠션 인민이 도로혀 잘 아러보지 못ᄒᆞ고[2] 한문을 잘알아보니 그게 엇지 한심치 아니ᄒᆞ리요 또 국문을 알아보기가 어려운건 다름이 아니라 첫ᄌᆡᄂᆞᆫ 말마듸을 쎄이지 아니ᄒᆞ고 그져 줄줄ᄂᆡ려 쓰ᄂᆞᆫ 까둙에 글ᄌᆞ가 우희 부터ᄂᆞᆫ지 아릭 부터ᄂᆞᆫ지 몰나셔 몃번 일거 본후에야 글ᄌᆞ가 어듸 부터ᄂᆞᆫ지 비로소 알고 일그니 국문으로 쓴편지 ᄒᆞᆫ장을 보자ᄒᆞ면 한문으로 쓴것보다 더듸 보고 또 그나마 국문을 자조 아니 쓰ᄂᆞᆫ고로 셔툴어셔 잘못봄이라 그런고로 정부에셔 ᄂᆡ리ᄂᆞᆫ 명녕과 국가 문젹을 한문으로만 쓴즉 한문못ᄒᆞᄂᆞᆫ 인민은 나모 말만 듯고 무슴 명녕인줄 알고 이편이 친이 그글을 못 보니 그사ᄅᆞᆷ은 무단이 병신이 됨이라 한문 못 ᄒᆞᆫ다고 그사ᄅᆞᆷ이 무식ᄒᆞᆫ사ᄅᆞᆷ이 아니라 국문만 잘ᄒᆞ고 다른 물졍과 학문이잇스면 그사ᄅᆞᆷ은 한문만ᄒᆞ고 다른 물졍과 학문이 업ᄂᆞᆫ 사ᄅᆞᆷ 보다 유식ᄒᆞ고 놉흔 사ᄅᆞᆷ이 되ᄂᆞᆫ 법이라 죠션부인네도 국문을 잘ᄒᆞ고 각식 물졍과 학문을 비화 소견이 놉고 ᄒᆡᆼ실이 졍직ᄒᆞ면 무론 빈부 귀쳔 간에 그부인이 한문은 잘ᄒᆞ고도 다른것 몰으ᄂᆞᆫ 귀족 남ᄌᆞ 보다 놉흔 사ᄅᆞᆷ이 되ᄂᆞᆫ법이라 우리 신문은 빈부 귀쳔을 다름업시 이신문을 보고 외국물졍과 ᄂᆡ지 ᄉᆞ졍을 알게 ᄒᆞ랴ᄂᆞᆫ 뜻시니 남녀 노소 상하 귀쳔 간에 우리 신문을 ᄒᆞ로 걸너 몃달간 보면 새지각과 새학문이 싱길걸 미리 아노라

---

2   축쇄본에는 "국문만쓴글을조선인민이 도로혀 잘 아러보보지못하고"(1면)로 나온다. 오자가 났다. 아마도 축쇄본이 1판일 듯싶다. 재단본은 1판을 수정한 새로운 판으로 추정된다.

논설(현대어 옮김)

우리가 독립신문을 오늘 처음으로 출판하는데 조선 속에 있는 내외국 인민에게 우리 주의를 미리 말씀하여 아시게 하노라.

우리는 첫째 편벽되지 아니한 고로 무슨 당에도 상관이 없고, 상하 귀천을 달리 대접하지 아니하고 모두 조선 사람으로만 알고 조선만 위하여 공평히 인민에게 말할 터인데, 우리가 서울 백성만 위할 게 아니라 조선 전국 인민을 위하여 무슨 일이든지 대신 말하여주려 함. 정부에서 하시는 일을 백성에게 전할 터이요, 백성의 정세를 정부에 전할 터이니, 만일 백성이 정부 일을 자세히 알고 정부에서 백성의 일을 자세히 아시면 피차에 유익한 일 많이 있을 터이요, 불평한 마음과 의심하는 생각이 없어질 터임.

우리가 이 신문 출판하기는 이익을 취하려는 게 아닌 고로 값을 헐[3]하도록 했고, 모두 언문으로 쓰기는 남녀 상하 귀천이 모두 보게 함이요, 또 구절을 떼어 쓰기는 알아보기 쉽도록 함이라. 우리는 바른 대로만 신문을 할 터인 고로, 정부 관원이라도 잘못하는 이 있으면 우리가 말할 터이요, 탐관오리들을 알면 세상에 그 사람의 행적을 펴일[4] 터이요. 사사 백성이라도 무법한 일 하는 사람은 우리가 찾아 신문에 설명할 터임.

우리는 조선 대군주 폐하와 조선 정부와 조선 인민을 위하는 사람들인 고로, 편당 있는 의논이든지 한쪽만 생각코 하는 말은 우리 신문상에 없을 터임. 또 한쪽에 영문으로 기록하기는 외국 인민이 조선 사정을 자세히 모른즉 혹 편벽된 말만 듣고 조선을 잘못 생각할까 보아 실상 사정을 알게 하고자 하여 영문으로 조금 기록함.

그리한즉 이 신문은 똑 조선만 위함을 가히 알 터이요, 이 신문을 인연하여 내외 남녀 상하 귀천이 모두 조선 일을 서로 알 터임. 우리가 또 외국

---

3   '歇하다' 곧 값이 싸다.

4   '펴다'의 사동사.

사정도 조선 인민을 위하여 간간이 기록할 터이니 그걸 인연하여 외국은 가지 못하더라도 조선 인민이 외국 사정도 알 터임. 오늘은 처음인 고로 대강 우리 주의만 세상에 고하고, 우리 신문을 보면 조선 인민이 소견과 지혜가 진보함을 믿노라. 논설 그치기 전에 우리가 대군주 폐하께 송덕하고 만세를 부르나이다.

* * *

우리 신문이 한문은 아니 쓰고 다만 국문으로만 쓰는 것은 상하 귀천이 다 보게 함이라. 또 이렇게 구절을 떼어 쓴즉 아무라도 이 신문 보기가 쉽고 신문 속에 있는 말을 자세히 알아보게 함이라. 각국에서는 사람들이 남녀 무론하고 본국 국문을 먼저 배워 능통한 후에야 외국 글을 배우는 법인데, 조선서는 조선 국문은 아니 배우더라도 한문만 공부하는 까닭에 국문을 잘 아는 사람이 드묾이라. 조선 국문하고 한문하고 비교하여보면 조선 국문이 한문보다 얼마가 나은 것이 무엇인고 하니, 첫째는 배우기가 쉬우니 좋은 글이요, 둘째는 이 글이 조선 글이니 조선 인민들이 알아서 백사百事를 한문 대신 국문으로 써야 상하 귀천이 모두 보고, 알아보기가 쉬울 터이라. 한문만 늘 써 버릇하고 국문은 폐한 까닭에 국문으로만 쓴 글을 조선 인민이 도리어 잘 알아보지 못하고 한문을 잘 알아보니 그게 어찌 한심치 아니하리요.

또 국문을 알아보기가 어려운 건 다름이 아니라 첫째는 말마디를 떼이지 아니하고 그저 줄줄 내려쓰는 까닭에 글자가 위에 붙었는지 아래 붙었는지 몰라서, 몇 번 읽어본 후에야 글자가 어디 붙었는지 비로소 알고 읽으니, 국문으로 쓴 편지 한장을 보자 하면 한문으로 쓴 것보다 더디 보고, 또 그나마 국문을 자주 아니 쓰는 고로 서툴러서 잘못 봄이라. 그런고로 정부에서 내리는 명령과 국가 문적을 한문으로만 쓴즉 한문 못하는 인민은 남의 말만 듣고 무슨 명령인 줄 알고, 이편[5]이 친히 그 글을 못 보니 그 사람은 무단히 병신이 됨이라.

한문 못한다고 그 사람이 무식한 사람이 아니라, 국문만 잘하고 다른 물정과 학문이 있으면 그 사람은 한문만 하고 다른 물정과 학문이 없는 사람보다 유식하고 높은 사람이 되는 법이라. 조선 부인네도 국문을 잘하고 각색 물정과 학문을 배워 소견이 높고 행실이 정직하면, 무론 빈부 귀천 간에 그 부인이 한문을 잘하고도 다른 것 모르는 귀족 남자보다 높은 사람이 되는 법이라. 우리 신문은 빈부귀천을 다름없이 이 신문을 보고 외국 물정과 내지(內地)(국내) 사정을 알게 하려는 뜻이니, 남녀노소 상하 귀천 간에 우리 신문을 하루 걸러 몇 달간 보면 새 지각과 새 학문이 생길 걸 미리 아노라.

---

5   이(伊), 곧 말하는 이가 자기 또는 자기를 포함한 여러 사람을 가리키는 일인칭 대명사.

김옥균 연보*

* 1896년 을미개혁 전후로 음력(전)과 양력(후)이 구분되며, 국외 사건은 양력으로 표기한다.

연도	김옥균	국내외 주요 사건
1851년 (철종 2년)	* 신해(辛亥) 음력 2월 23일, 충청남도 공주군(公州郡) 정안면(正安面) 광정리(廣亭里)에서 김병태(金炳台)와 은진송씨(恩津宋氏)의 장남으로 출생. * 선원(仙源) 김상용(金尙容)의 후손으로, 장동김씨(장김)의 핵심을 구성한 청음(淸陰) 김상헌(金尙憲) 후손과 달리 가계가 현달하지 못하였음.	* 중국 태평천국 전쟁 발발.
1852년 (철종 3년)	* 천안(天安) 원대리(院垈里)로 이사. 부친은 서당 훈장으로 생애하고, 모친은 양잠(養蠶)에 골몰.	
1856년 (철종 7년)	* 당숙 김병기(金炳基)에게 입양되어 서울 북촌 화개동(花開洞, 옛 경기고 터)으로 이사.	
1859년 (철종 10년)	* 8월 21일, 양부(養父) 강원도 금성(金城) 현령으로 부임.	* 다윈『종의 기원』출간.
1865년 (고종 2년)	* 3월 17일, 양부 충청도 옥천(沃川)군수로 부임.	* 1863년, 철종이 붕어하고 고종이 즉위함에 따라 장김 세도가 붕괴하고 흥선대원군이 집권함.
1867년 (고종 4년)	* 8월 24일, 양부 제주 공마(貢馬)를 부실하게 관리한 책임을 물어 옥천군수에서 파직. * 12월 25일, 양부 강원도 양양(襄陽) 부사로 부임.	* 11월 9일, 일본 대정봉환.
1872년 (고종 9년)	* 2월 4일, 경무대(景武臺) 알성시(謁聖試) 문과갑과 제일(文科甲科第一) 독권관(讀券官) 박규수(朴珪壽) 급제. * 2월 8일, 성균관(成均館) 전적(典籍, 정6품)을 병으로 사임. * 7월 21일, 사헌부(司憲府) 감찰(監察, 정6품) 임명. * 8월 2일 사헌부 지평(持平, 정5품) 임명. (22세)	
1873년 (고종 10년)	* 12월 27일, 사간원(司諫院) 정언(正言, 정6품) 임명.	* 대원군 실각하고 민씨 세도 성립.

* 고균의 연보는 허구적인 데가 많다. 『조선왕조실록』과 『승정원일기(承政院日記)』를 중심으로 여러 책을 참고하여 사실이라고 판단되는 것 위주로 작성했다.

1874년 (고종 11년)	* 2월 24일 홍문관(弘文館) 교리(校理)(정5품) 임명. * 12월 3일 홍문관 수찬(修撰)(정6품)으로 연명 상소에 참여.	
1876년 (고종 13년)	* 윤 5월 19일, 홍문관 부교리(副校理)(종5품)로서 연명 상소에 참여.	* 2월 27일, 조일수호조약으로 개항. * 12월 27일, 박규수 별세.
1877년 (고종 14년)	* 9월 20일, 양부 경기도 마전(麻田)군수로 부임.	* 영국 빅토리아 여왕이 인도 황제에 즉위.
1879년 (고종 16년)	* 9월 상순, 화계사 승려 출신의 이동인(李東仁)을 일본에 밀파.	* 일본이 류우뀨우왕국 병합.
1880년 (고종 17년)	* 1월 1일, 홍문관 부교리로 연명 상소에 참여. * 1월 30일, 양부 강원도 강릉(江陵)부사로 부임. * 2월 29일, 과거 부정에 대한 문공사관(文公事官)의 책임으로 찬배(竄配) 결정. * 3월 3일 평안도 창성부(昌城府)로 유배됨. * 5월, 2차 수신사(김홍집) 파견에 강위를 서기로 추천. * 양력 5월 15일, 백담사 승려 출신의 탁정식을 밀파하여 이동인과 합류. * 6월 7일, 해배(解配). (30세)	* 12월, 통리기무아문 설치.
1881년 (고종 18년)	* 2월 29일, 생부(生父) 선공감(繕工監) 가감역(假監役, 종9품의 임시직) 임명. * 3월 1일, 생부 사직.	* 4월, 일본에 조사시찰단 파견. * 9월, 청나라에 영선사 파견.
1882년 (고종 19년)	* 양력 3월 17일, 고종의 명과 민영익의 비호 아래 일본의 우편 선박 천세환(千歲丸, 치또세 마루)으로 제1차 방일(서광범, 강위, 유학로, 변수, 이윤고李允杲, 탁정식 동행), 일본을 두루 시찰. * 양력 6월, 동경에 도착하여 복택유길(福澤諭吉, 후꾸자와 유끼찌)을 비롯한 유력인사들과 교류. * 6월 9일 임오군란 발발. * 양력 8월 귀국. * 8월 26일 사헌부(司憲府) 장령(掌令, 정4품) 임명. * 8월 23일 지석영의 상소에 김옥균이 편집한 책 『기화근사(箕和近事)』가 추천목록으로 언급됨(조선과 일본의 최근 관계사를 다룬 책으로, 현재 전하지 않음). * 양력 9월 20일, 3차 수신사(박영효)와 동행하여 제2차 방일에 오름.	* 5월, 조미수호통상조약 체결. * 6월 9일, 임오군란 발발. * 7월, 조중상민수륙무역장정 체결. 제물포조약 체결.

1882년 (고종 19년)	* 9월 22일, 특별히 승정원(承政院) 우부승지(右副承旨)로 임명. * 12월, 동경 체류 중 『치도약론(治道略論)』 저술.	
1883년 (고종 20년)	* 1월 17일, 교섭통상사무 참의(交涉通商事務參議) 임명. * 3월, 서재필, 서재창, 이규완, 신응희, 유혁로, 신중모, 정난교 등 17명을 일본 호산(戶山)학교로 유학보냄. * 양력 3월 14일, 장기(長崎, 나가사끼)에서 배편으로 귀국. * 3월 16일, 동남제도개척사(東南諸島開拓使)로 포경(捕鯨) 등의 일을 겸임. * 4월 5일, 이조참의(吏曹參議) 임명. * 4월 20일, "개척사 김옥균은 고래잡이하는 일을 개척하는 외에 해안의 각 고을들에 대하여 살펴보고 백성들을 구제하는 데 이로운 것과 그 폐단을 수습 처리하는 데 관계되는 일들을 수시로 장문(狀聞)하라"는 명령이 내림. * 양력 6월, 고종의 밀명을 받고 차관 문제를 협의하기 위해 일본 3차 방문하였으나 실패. * 10월 7일 호조참판 임명. * 12월 29일, 양부(부호군副護軍) 김포(金浦) 군수 임명.	* 1월, 인천항 개항. * 6월, 미국에 보빙사 파견. * 10월, 『한성순보』 창간.
1884년 (고종 21년)	* 1월 11일, 울릉도의 목재를 일본 사람들이 잠채한 일에 공모한 도장(島長) 전석규(全錫圭)를 탄핵하는 소를 올려 그를 형조로 압송. * 5월 16일, 양부 경기도 가평(加平)군수 파직. * 양력 10월 30일, 죽첨진일랑 공사 귀임. * 10월 17일, 우정국 낙성연에서 거사, 임금을 모시고 경우궁으로 이동(갑신정변). * 10월 18일, 수구파 처단하고, 혜상공국당상(惠商公局堂上) 겸 호조참판으로 새 정부 구성. * 10월 19일, 아침에 14조항의 혁신정강을 발표, 오후에 청군의 공격과 일본의 철수로 갑신정변이 '3일천하'로 실패. * 10월 21일, 죽첨 공사를 따라 박영효, 서재필, 서광범과 함께 인천항에 정박 중인 천세환에 승선. * 10월 27일, 장기항에 하선하여 동경으로 가 복택유길이 알선한 은신처에서 일본 망명생활 시작, 천세환의 선장 십등십랑(辻藤十郞, 쓰지 토오주로)가 장기에서 헤어질 때 일본식 이름 암전주작(岩田周作, 이와따 슈우사꾸)를 선사.	* 8월, 청불전쟁 발발. * 10월, 우정국 설치. * 11월 24일, 한성조약 체결.

1884년 (고종 21년)	* 11월 1일, 생부와 양부 삭탈관직(양부는 김옥균을 파양하고 본가로 돌려보냄).	
1885년 (고종 22년)	* 양력 6월, 자객 장은규(일명 장갑복)가 김옥균 암살 위해 파견되었으나 실패. * 양력 9월경, 『갑신일록』 저술 시작. * 8월, 시사랑(柴四朗, 시바 시로오)의 정치소설 『가인지기우(佳人之奇遇)』 초판 2책(동경: 박문당博文堂 1886) 2권에 저자의 요청으로 발문 「서가인지기우후(書佳人之奇遇後)」를 기고. (35세)	* 3월 1일, 영국군 거문도 점령.
1886년 (고종 23년)	* 2월 23일, 자객 지운영이 밀파되었으나 역시 실패. * 6월 17일, 조선 조정, 지운영을 유배. * 양력 7월, 일본정부가 소립원(小笠原, 오가사와라 섬)으로 추방. 제자 화전연차랑(和田延次郎, 와다 엔지로오) 얻음.	* 미국 헤이마켓사건 발생.
1888년 (고종 25년)	* 양력 8월, 일본정부가 김옥균을 북해도(北海道) 찰황(札幌, 삿뽀로)으로 옮김.	* 영국 축구 리그 출범. * 벤저민 해리슨이 미국 대통령에 당선.
1890년 (고종 27년)	* 양력 4월, 추방 해제되어 동경으로 귀환. (40세)	* 독일 비스마르크가 해임됨. * 운디드니 학살사건 발생.
1892년 (고종 29년)	* 양력 5월, 민영소(閔泳韶)가 자객 이일직(李逸稙) 파견, 이에 홍종우(洪鍾宇) 합류.	* 6월, 조오수호통상조약 체결. * 미국 스프링필드에서 최초의 공식 농구경기가 개최됨.
1894년 (고종 31년)	* 양력 3월 27일, 이홍장(李鴻章)의 양자 이경방((李經方), 리 징팡)의 초청으로 서경환(西京丸)(사이꾜오 마루)를 타고 일본 신호(神戸, 코오베)를 출발해 상해에 도착. 외국 조계 안에 있는 여관 동화양행에 암전삼화(岩田三和, 이와따 미와)라는 가명으로 투숙. * 양력 3월 28일, 오후 3시경 상해 객실에서 홍종우에게 저격되어 병원으로 옮겨졌지만 오후 4시경 사망, 향년 43세. * 양력 4월 13일, 청국 군함 위정(威靖)에 실려 온 유해가 인천을 거쳐 서울 양화진(楊花津)에 도착. * 양력 4월 14일, 능지처참. * 양력 4월 24일, 동경 진정사(眞淨寺)에 갑비군치(甲斐軍治, 카이 군지)가 수거한 두발과 옷을 묻음. * 4월 15일, 갑신정변 직후 천안 감옥에 영어된 생부 교수됨.	* 1월 10일(양력 2월 15일), 갑오농민전쟁 발발. * 양력 7월 25일, 청일전쟁 발발. * 양력 7월 27일, 갑오경장 시작.

1894년 (고종 31년)	* 양력 5월 20일, 김옥균 우인회, 동경 본원사(本願寺)에서 장례식을 치르고 청산(靑山)묘지에 두발을 묻음. (44세)	
1895년 (고종 32년)	* 양력 11월, 총리대신 김홍집과 법부대신 서광범의 상소로 사면·복권.	
1896년 (고종 33, 건양建陽 원년)	* 2월, 아관파천(俄館播遷) 후 사면·복권 취소. * 1월, 『독립신문』을 기획하고 있는 서재필에게 5천원을 국고 보조. * 아관파천으로 김홍집 내각이 붕괴되자 일본으로 망명.	* 조선에 태양력 도입. * 2월 11일, 아관파천. * 4월 7일, 『독립신문』 창간. * 제1회 근대 올림픽 대회 개최.
1904년	* 2월 18일, 사자(嗣子) 김영진(金英鎭)이 주도하여 동경 청산 묘지에 박영효가 찬하고 이준용이 서(書)한 비를 세움.	
1910년 (순종 3, 융희隆熙 4년)	* 6월 29일, 정일품대광보국숭록대부(特贈正一品大匡輔國崇祿大夫) 규장각대제학(奎章閣大提學) 특증. * 6월 30일 시호 충달공(忠達公) 추서됨.	
1912년	* 12월 3일, 충청남도 아산(牙山)군 영인(靈仁)면 아산리 143번지에 묘를 조성(사자嗣子 김영진이 아산군수 시절, 아산 출신인 고균의 심복 유혁로가 도움).	
1914년	* 9월 11일, 부인 기계유씨(杞溪俞氏)가 병사하자, 영진이 청산 묘지에서 의발을 수습하여 유씨의 시신과 합장함.	
1926년	* 민태원 『오호 고균거사(居士): 김옥균실기』(박문서관) 출간. 『조선일보(朝鮮日報)』 연재(1926. 3. 29~4. 22).	
1936년	* 김기진 장편 『청년 김옥균』(한성도서주식회사) 출간. 『동아일보(東亞日報)』에 '심야의 태양'으로 연재(1934. 5. 3~9. 29).	
1947년	* 동명(東溟)이 민태원의 책을 증보하여 『갑신정변과 김옥균』(국제문화협회) 출간.	
1979년	* 영인본 『김옥균전집』(아세아문화사) 출간.	
1989년	* 2월 22일, 공주군청 주도로 생가 터를 정비하고 추모비 건립.	

유길준 연보*

연도	유길준	국내외 주요 사건
1856년 (철종 7년)	* 병진(丙辰) 9월 25일 서울 북촌 계동 본제에서 유진수(兪鎭壽)와 한산이씨(韓山李氏)의 차남으로 출생. 본은 기계(杞溪)로 5대조 한준(漢雋)과 고조 만주(晚柱) 모두 저명한 문장가. 자는 성무(聖武), 호는 구당(矩堂), 기독교로 개종한 이후 천민(天民).	* 제2차 아편전쟁 발발.
1864년 (고종 1년)	* 가정에서 교육받기 시작. (9세)	* 태평천국운동이 진압됨. * 캄보디아가 프랑스의 보호령이 됨.
1866년 (고종 3년)	* 병인양요로 집안이 경기도 광주 덕풍리 선영 아래로 이거.	* 2월, 병인박해. * 9~11월, 병인양요.
1869년 (고종 6년)	* 서울로 돌아와 도정(都正)을 지낸 외조 이경직에게 수학.	* 5월, 일본 무진전쟁 종결.
1870년 (고종 7년)	* 경주김씨와 결혼. (15세)	
1873년 (고종 10년)	* 환재 박규수의 문하에 듦. 환재의 조부 연암 박지원과 유길준의 5대조 저암(著菴) 유한준은 문장으로 함께 들린 벗이었는데 중간에 틀어져 두 집안이 원수지간이 된바, 그럼에도 환재가 유길준의 시를 보고 나라의 큰 그릇이 될 것을 짐작하고 문하에 받아 출중한 개혁파로 훈도함.	* 대원군 실각하고 민씨 세도 성립.
1874년 (고종 11년)	* 초취 경주김씨 별세.	* 고종 친정 시작. * 만국우편연합 창설.
1876년 (고종 13년)	* 12월 27일, 박규수 별세.	* 2월 3일, 조일수호조약으로 개항.
1877년 (고종 14년)	* 「과문폐론」을 초하여 과거제의 폐지를 주장.	* 영국 빅토리아 여왕이 인도 황제에 즉위.
1880년 (고종 17년)	* 충주이씨와 재혼. (25세)	* 12월, 통리기무아문 설치.

* 『유길준전서[V]』에 수록된 연보(390~97면)를 바탕으로 『실록』을 대조하고, 정용화의 『문명의 정치사상: 유길준과 근대 한국』(문학과지성사 2004) 등을 참고하여 다시 작성함.

1881년 (고종 18년)	* 1월, 어윤중의 수행원으로 신사유람단에 참가하여 방일. * 6월, 최초의 일본유학생으로 경응의숙(慶應義塾, 케이오오 의숙)에 입학.	* 9월, 청나라에 영선사 파견.
1882년 (고종 19년)	* 12월, 임오군란으로 학업을 중단하고 수신사 박영효 일행과 함께 귀국.	* 5월, 조미수호통상조약 체결. * 6월 9일, 임오군란 발발. * 7월, 조중상민수륙무역장정 체결. 제물포조약 체결.
1883년 (고종 20년)	* 2월, 통리교섭사무아문 주사로 임명되나 4월 칭병하고 사퇴. * 7월, 보빙사 민영익의 수행원으로 미국을 방문. * 11월, 동경 유학 때 인연을 맺은 매사추세츠주 세일럼(Salem) 소재 피바디박물관장 모스(E. Morse)의 지도를 받음.	* 1월, 인천항 개항. * 6월, 미국에 보빙사 파견. * 10월, 『한성순보』 창간.
1884년 (고종 21년)	* 9월, 매사추세츠주 바이필드(Byfield) 소재 더머학원에 입학함으로써 최초의 미국 유학생이 됨. * 12월, 갑신정변으로 학업을 중단하고 귀국길에 오름.	* 8월, 청불전쟁 발발. * 10월, 갑신정변 발발. * 11월 24일, 한성조약 체결.
1885년 (고종 22년)	* 12월 16일, 귀국하여 포도대장 한규설의 집에 연금. 영국의 거문도 점령사건에 촉발되어 열강 사이에서 독립을 도모할 획기적인 「중립론」 집필. (30세)	* 3월 1일, 영국군 거문도 점령.
1887년 (고종 24년)	* 한규설의 배려로 백록동 취운정((翠雲亭), 민영익 산장)으로 옮겨 『서유견문』 집필 착수.	* 2월, 영국이 거문도에서 철수. * 3월, 국내 최초로 경복궁 건청궁에 전등 설치.
1889년 (고종 26년)	* 3월, 『서유견문』 원고 완성. * 8월, 장남 만겸 출생.	* 9월, 함경도 지역에 방곡령 선포. * 일본 헌법 공포.
1892년 (고종 29년)	* 주미 공사 박정양(朴定陽)의 독립외교에 대한 청의 간섭을 배격할 것과 서양인의 전기가설권 매수의 부당성을 비판하는 등 정부의 자문에 응함. * 11월, 7년의 연금에서 풀려남.	* 6월, 조오수호통상조약 체결. * 미국 스프링필드에서 최초의 공식 농구경기가 개최됨.
1894년 (고종 31년)	* 6월 22일, 갑오경장의 시작과 함께 김홍집 내각의 통리교섭통상사무아문 주사로 복임. * 6월 25일, 참의교섭통상사무로 임명됨과 동시에 군국기무처 회의원(會議員)으로 참여할 것을 명받음. * 7월 10일, 형조참의에 임명.	* 2월 15일, 갑오농민전쟁 발발. * 7월 25일, 청일전쟁 발발. * 7월 27일, 갑오경장 시작.

1894년 (고종 31년)	* 7월 15일, 의정부도헌에 임명. * 7월 28일, 내무아문협판에 임명. * 8월 2일, 의정부도헌으로 복임. * 10월, 보빙대사 의화군(義和君, 의친왕 이강)과 함 께 일본 시찰.	
1895년 (고종 32년)	* 4월 1일, 내각 총서에 임명됨. * 4월 25일, 동경 교순사에서 『서유견문』 간행. * 5월 10일, 박영효 내각의 내부협판으로 부임. * 5월 14일, 내부대신의 사무를 서리함. * 8월 16일, 외직 의주관찰사로 명받음. * 8월 20일, 내부협판으로 복임. * 11월 15일, 내부대신으로 승차. 차남 억겸(億兼) 출생. (40세)	* 8월 20일, 을미사변.
1896년 (고종 33년, 건양 1년)	* 1월, 『독립신문』을 기획하고 있는 서재필에게 5천원을 국고 보조. * 아관파천으로 김홍집 내각이 붕괴되자 일본으로 망명.	* 조선에 태양력 도입. * 2월 11일, 아관파천. * 4월 7일, 『독립신문』 창간. * 제1회 근대 올림픽 대회 개최.
1898년 (고종 35년)	* 11월, 부친 별세.	* 중국 변법자강운동 시작. * 파쇼다사건 발발.
1900년 (고종 37년)	* 3월, 모친 별세.	* 1월, 대한제국 만국우편연합 가입. * 7월, 한강철교 준공.
1901년 (고종 38년)	* 3남 조겸(兆兼) 출생.	* 영국령 오스트레일리아 연방 출범. * 의화단운동 진압됨.
1902년 (고종 39년)	* 6월, 일본육사 출신 한국청년장교들과 '혁명일심 회'란 조직을 만들어 쿠데타를 추진하다가 국내 자금책 서상집의 밀고로 실패하자, 일본 정부에 의해 오가사와라제도(小笠原諸島)의 하하지마(母 島)로 유배되고, 본국에서는 동생 성준(星濬)이 구금됨.	* 영일동맹 체결. * 오스트레일리아 여성 참정권 인정.
1903년 (고종 40년)	* 이즈제도(伊豆諸島)의 하찌조오지마(八丈島)로 이배하여 3년간 거처. (48세)	* 라이트 형제가 최초로 동력비 행에 성공.
1907년 (고종 44년, 융희隆熙 1년)	* 3월, 일본 망명 때 이뤄진 미완의 역술 「정치학」 처음 부분이 『만세보(萬歲報)』에 실림. * 7월 29일, 순종의 은사로 11년간의 일본 망명 생 활을 끝내고 귀국. * 9월 8일, 궁내부 특진관에 임명.	* 7월 19일, 고종 퇴위, 순종 즉위.

1907년 (고종 44년, 융희隆熙 1년)	* 10월, 11일 3차로 소를 올려 특진관 면체. * 11월, 흥사단을 설립하고 부단장에 취임.	
1908년 (순종 1년)	* 5월, 역술(譯述)『보로사국 후례두익대왕 칠년전사(普魯士國厚禮斗益大王七年戰史)』광학서포(廣學書舖)에서 간행. * 6월, 역술『영법노토제국의 가리미아전사(英法露土諸國)의 (哥利米亞戰史)』광학서포에서 간행. * 역술『파란쇠망전사(波蘭衰亡戰史)』광학서포에서 간행. * 7월,『노동야학독본 제일』경성일보사에서 간행. * 9월, 한자통일회 조직. * 11월, 지방자치를 내다보며 한성부민회를 조직하고 회장에 취임. * 순종이 노량진 용양봉저정을 하사하자 조호정으로 개명한 뒤 퇴거. * 4남 경겸(京兼) 출생.	* 3월, 장인환과 전명운이 전 외교 고문 스티븐스를 사살. * 12월, 일제가 동양척식주식회사 설립. * 튀르키예 청년투르크당 혁명.
1909년 (순종 2년)	* 2월,『대한문전』동문관(同文館)에서 간행. * 12월, 국채보상금 처리회장. 호남철도주식회사 사장 취임. 기아수양소(棄兒收養所) 총재.	* 10월 26일, 안중근이 이등박문(伊藤博文, 이또오 히로부미) 사살.
1910년 (순종 3년)	* 2월, 경성고아원장. * 3월, 국민경제회 회장. * 4월, 훈일등 태극장. * 10월, 남작을 반환. (55세)	* 8월 29일, 경술국치.
1911년	* 5월, 단군교 대교정(大敎正)으로 추대.	* 중국 신해혁명.
1912년	*『구당시초(籧堂詩鈔)』간행.	* 중화민국 수립.
1913년	* 9월, 조선한방의사회 회장. * 11월, 중앙학교 교장 선임. 사립 조산부(助産婦)양성소 소장.	* 5월, 안창호가 샌프란시스코에서 흥사단 재결성. * 원세개(袁世凱, 위안스카이)가 중화민국 총통으로 정식 취임. * 제1차 발칸전쟁 종전, 제2차 발칸전쟁 발발.
1914년	* 갑인, 2월 중앙학교 교장을 사임하고 고문으로 위촉됨. * 9월 30일, 숙환 신장염으로 노량진 조호정에서 향년 58세로 별세. * 10월 7일, 사회장 거행.	* 제1차 세계대전 발발.

1914년	* 10월 8일, 광주 선영에 안장.
1971년	*『유길준전서』(전 5권, 을유문화사) 간행.
1986년	* 6월, 경기도 하남시 창우리 산 1번지 16호로 이장.

주시경 연보*

연도	주시경	국내외 주요 사건
1876년 (고종 13년)	* 병자(丙子) 11월 7일 황해도 봉산(鳳山) 무릉골에서 출생. 본관 상주(尙州). 초명 상호(相鎬), 관명 시경, 일명 한힌샘.	* 2월 27일, 조일수호조약으로 개항.
1883년 (고종 20년)~	* 가정 수학.	
1887년 (고종 24년)~	* 사숙(私塾) 수학. * 남대문시장에서 객주업을 하는 양부를 따라 상경. * 중바닥 서당을 다니다 이진사(李進士)와 심승지(沈承旨)의 사숙으로 옮겨 1889년까지 수학.	
1893년 (고종 30년)	* 배재학당(培材學堂)의 교사 박세양(朴世陽), 정인덕(鄭寅德)에게 산술·만국지지·역사·한문을 개인적으로 배움.	* 뉴질랜드 여성 참정권 인정. * 시카고 만국박람회 개최. * 미국에서 경제공황 발생.
1894년 (고종 31년)	* 머리 깎고 사립 정동(貞洞) 배재학당 입학.	* 2월 15일, 갑오농민전쟁 발발. * 7월 25일, 청일전쟁 발발. * 7월 27일, 갑오경장 시작.
1895년 (고종 32년)	* 6월, 농상공부(農商工部)에서 실시한 관립 인천(仁川) 이운학교(利運學校) 장학생 선발에 뽑혀 배재학당 자퇴. (20세)	* 8월 20일, 을미사변.
1896년 (고종 33년)	* 1월, 이운사(利運社) 마산(馬山) 지사장으로 피선되었으나 곧 지사가 폐지되는 바람에 취임하지 못함. * 2월, 이운학교 폐지로 다시 배재학당 입학. * 봄, 배재학당 협성회(協成會)의 전적(典籍) 겸 『협성회회보』 찬술원(纂述員)으로 피선. * 4월, 독립신문사 회계사무 겸 교보원(校補員)에 임명. * 5월, 독립신문사 안에 표기 통일을 위한 국문동식회(國文同式會) 설립.	* 2월 11일, 아관파천. * 4월 7일, 『독립신문』 창간. * 조선에 태양력 도입. * 제1회 근대 올림픽 대회 개최.

* 『전집: 하』(713~49면)에 실린 9통의 자필 이력서를 바탕으로 하되, 1960년 한글학회에서 발행한 김윤경 엮음 『주시경 선생전기』(열화당 2016) 등을 참고하여 편자가 새로 구성함.

1897년 (고종 34년)	* 4월과 9월, 『독립신문』에 새 받침과 가로쓰기를 주장한 첫 논문 「국문론」 발표. * 6월, 중추원 고문 겸 독립신문사 사장 서재필에게 수학하여 배재학당 만국지지(萬國地誌) 특별과 졸업.	* 대한제국 수립.
1898년 (고종 35년)	* 봄, 독립신문사 총무 겸 교보원으로 임명. * 9월, 독립신문사 사임.	* 중국 변법자강운동 시작. * 파쇼다사건 발발.
1900년 (고종 37년)	* 1월, 영국 선교사 스크랜튼(W. B. Scranton)의 한국어교사(1905년 9월까지). * 4월, 사립 수진동(壽進洞) 흥화학교(興化學校) 야학과(夜學科)에 입학. * 5월, 동교 양지과(量地科)에 입학. * 6월, 배재학당 보통과 졸업. 교장 아펜젤러(H. G. Appenzeller) 목사에게 세례 받고 예수 교인이 됨. * 11월, 사립 흥화학교 양지과 졸업. (25세)	* 1월, 대한제국 만국우편연합 가입. * 7월, 한강철교 준공.
1904년 (고종 41년)	* 3월, 정동 보구여관(普救女舘, 1887년 스크랜튼이 설립한 한국 최초의 여성 전문 병원)의 간호원 양성학교의 사무원으로 임명되었다가 6월에 사임.	* 2월, 러일전쟁 발발.
1905년 (고종 42년)	* 2월, 상동교회(尙洞教會) 부설 사립 청년학원 강사로 초빙. * 9월, 사립 상동 청년학원 학감(學監)으로 임명. (30세)	* 11월 17일, 을사늑약. * 특수상대성이론 발표.
1906년 (고종 43년)	* 5월, 『가정잡지』(유일선이 간행한 여성지)의 교보원으로 피선. * 5월, 사립 공옥학교(攻玉學校) 강사로 초빙. * 6월, 사간본(私刊本) 『대한국어문법』 편찬(상동 청년학원에서 가르친 교재를 묶은 것으로 표제 『국문강의(國文講義)』). * 11월, 창동(倉洞) 정리사(精理舍, 유일선이 설립한 수리(數理학교)에 입학하여 수물학(數物學)을 수학.	* 2월, 서울에 통감부 설치. * 11월, 남만주철도회사 설립.
1907년 (고종 44년)	* 6월, 상동 청년학원 학감 사임. * 7~9월, 청년학원 안에 제1회 하기(夏期) 국어강습소를 설치하여 강습 실시. * 7월, 학부(學部) 국문연구소 주임(奏任)연구위원에 임명. * 11월, 사립 서우학교(西友學校) 강사로 초빙. 역서 『월남망국사』(박문서관) 출간. * 12월, 학부 상금 20원.	* 7월 19일, 고종 퇴위, 순종 즉위.

1908년 (순종 1년)	* 7~8월, 청년학원에 제2회 하기 국어강습소를 설치하여 강습 실시 * 8월, 안현(鞍峴) 봉원사(奉元寺)에서 하기 국어강습소 졸업생과 동지 들이 모여 국어연구학회(國語研究學會)를 조직. * 9월, 국문연구소의 전임위원으로 선출. * 10월, 『한자초습(漢字初習)』 간행(현재 미발견). 사립 이화학당(梨花學堂) 강사로 초빙. * 11월, 청년학원 강의록을 바탕으로 『국어문전음학(國語文典音學)』(박문서관)을 찬함. 이화학당 강사를 사임하고 박동(礴洞, 현 수송동) 명신여학교(明新女學校, 숙명의 전신) 강사로 초빙. * 12월, 국문연구소 보고서 「국문연구안(國文研究案)」 편찬. 학부 상금 30원.	* 3월, 장인환과 전명운이 전 외교 고문 스티븐스를 사살. * 12월, 일제가 동양척식주식회사 설립. * 튀크키예 청년투르크당 혁명.
1909년 (순종 2년)	* 1월, 나철의 대종교(人倧敎) 창립 이후 언젠가 기독교에서 대종교로 개종. * 2월, 『국문초학』(박문서관) 간행. 사립 흥화학교 강사로 초빙. * 3월, 국문연구소의 보고서 「국문연구(國文研究)」 편찬. 사립 기호학교(畿湖學校) 강사로 초빙. * 4월, 사립 휘문의숙(徽文義塾) 강사로 초빙. * 7~8월, 청년학원에 제3회 하기 국어강습소를 설립하고 강습 실시. * 12월, 학부 상금 25원. 숙명고등여학교(淑明高等女學校) 상금 20원.	* 10월 26일, 안중근이 이등박문 사살.
1910년 (순종 3년)	* 1월, 사립 보성중학교(普成中學校) 강사로 초빙. * 4월, 사립 융희학교(隆熙學校) 강사로 초빙. 대표 저서 『국어문법(國語文法)』(박문서관) 간행. * 6월, 사동(寺洞) 사립 천도교 사범강습소 강사로 초빙. * 9월, 사립 배재학당 강사로 초빙. * 10월, 서북협성학교(西北協成學校)의 후신 오성학교(五星學校) 강사 잉임(仍任). * 11월, 사립 융희학교와 기호학교가 통합한 사립 중앙학교(中央學校) 강사 잉임. * 12월, 숙명여학교 상금 20원. (35세)	* 8월 29일, 경술국치.
1911년	* 1월, 사립 사범강습소 강사 해임. * 9월, 국어연구학회를 배달말글몬음(조선언문회, 朝鮮言文會)으로, 국어강습소를 조선어강습원으로 변경.	* 중국 신해혁명.

1911년	* 12월, 숙명여학교 상금 20원. 『국어문법』의 개정 판 『조선어문법(朝鮮語文法)』(신구서림新舊書林) 간행.	
1912년	* 3월, 조선어강습원 중등과 1회 졸업생 배출.	* 중화민국 수립.
1913년	* 3월, 배달말글몯음(조선언문회)을 한글모로 바꿈. 조선어강습원 중등과 2회 졸업생 배출. 조선 어강습원 고등과 1회 졸업생 배출. * 9월, 『조선어문법』 재판(신구서림) 간행.	
1914년	* 3월, 조선어강습원 중등과 3회 졸업생 배출. 조선 어강습원 고등과 2회 졸업생 배출(김두봉金枓奉 과 함께 강습함). * 4월, 조선어강습원을 한글배곧으로 바꿈. 한힌샘 의 필생의 저서 『말의 소리』(신문관新文館) 간행. * 7월 27일, 망명을 준비하던 중 서울 내수동(內需 洞) 자택에서 향년 38세로 급서. 상동교회에서 장 례식.	* 제1차 세계대전 발발.
1976년	* 이기문 편 『주시경전집: 상하』(아세아문화사) 출판.	

찾아보기

창비 한국사상선 17

김옥균·유길준·주시경
조선의 근대를 개척하다

초판 1쇄 발행 / 2024년 7월 15일

지은이 / 김옥균 유길준 주시경
편저자 / 최원식
펴낸이 / 염종선
책임편집 / 박주용 박대우
조판 / 박아경 박지현
펴낸곳 / (주)창비
등록 / 1986년 8월 5일 제85호
주소 / 10881 경기도 파주시 회동길 184
전화 / 031-955-3333
팩시밀리 / 영업 031-955-3399 편집 031-955-3400
홈페이지 / www.changbi.com
전자우편 / human@changbi.com

ⓒ 최원식 2024
ISBN 978-89-364-8036-3 94150